dtv

Verwegene Gestalten mit schwarzer Augenklappe, Holzbein und einem furchterregenden Entermesser im Gürtel, manchmal mit einem Papagei auf der Schulter, der grobe Flüche und Anzüglichkeiten krächzt... so oder so ähnlich stellen wir uns Piraten vor. Literatur und Film haben diese Bilder geprägt. Dichtung und Legendenbildung über die Seeräuberei sind im Lauf der Zeit so einflußreich geworden, daß hinter all den abenteuerlichen Geschichten und heroischen Gestalten die historische Wirklichkeit fast verschwunden ist. David Cordingly entlarvt die Mythen und erzählt auf der Grundlage authentischer Quellen die wahre Geschichte vom Leben der Piraten, insbesondere des 17. und 18. Jahrhunderts. Er zeichnet lebendige Porträts der Berühmten und Berüchtigten, schildert das beschwerliche Leben auf See und entwirft ein detailreiches Panorama dieser Blütezeit der Seeräuberei, in der man als Freibeuter im Auftrag der Mächtigen mit Mord und Plünderung zu Reichtum und Ansehen gelangen konnte, wesentlich häufiger jedoch als geächteter Verbrecher ein grausames Ende am Galgen fand.

David Cordingly ist Historiker am National Maritime Museum in London und international anerkannter Experte für die Geschichte der Seefahrt.

David Cordingly

Unter schwarzer Flagge

Legende und Wirklichkeit
des Piratenlebens

Aus dem Englischen von
Reiner Pfleiderer und Wolfram Ströle

Deutscher Taschenbuch Verlag

Für Matthew und Rebecca

August 2001
2. Auflage Februar 2002
Deutscher Taschenbuch Verlag GmbH & Co. KG,
München
www.dtv.de
© 1995 David Cordingly
Titel der englischen Originalausgabe:
Under the Black Flag (Random House, New York 1996)
© der deutschen Ausgabe:
Sanssouci Verlag AG, Zürich 1999
Das Werk ist urheberrechtlich geschützt.
Sämtliche, auch auszugsweise Verwertungen bleiben vorbehalten.
Umschlagkonzept: Balk & Brumshagen
Umschlagbild: ›Angriff auf eine Galeone‹ (ca. 1905) von Howard Pyle
Satz und Lithos: Reinhard Amann, Aichstetten
Druck und Bindung: Kösel, Kempten
Gedruckt auf säurefreiem, chlorfrei gebleichtem Papier
Printed in Germany · ISBN 3-423-30817-6

Inhalt

Einführung

Piraten waren stets schwer faßbare Gestalten. Sie kamen wie aus dem Nichts, sie griffen an, sie plünderten, und sie verschwanden wieder. Sie hinterließen keine Spuren und keine persönliche Habe. Ein paar Tagebücher gewähren flüchtige Einblicke in das Piratenleben, doch die Holzschnitte und Stiche, die frühe Bücher über Seeräuberei schmücken, sind ebenso Phantasieprodukte wie die vielen Geschichten über vergrabene Schätze. Und doch hat das Fehlen konkreter Zeugnisse ihrer geheimnisvollen Anziehungskraft nichts anhaben können. Der Verstand sagt uns, daß Piraten nichts weiter als gewöhnliche Kriminelle waren, und doch verklären wir sie zu romantischen Gestalten. Wir verbinden mit ihnen tollkühne Abenteuer in Spanisch-Amerika, schnittige schwarze Schoner, tropische Inseln und Seekisten, die von Gold und Silber überquellen.

Die meisten von uns werden nie einem Piraten begegnen, und doch wissen wir genau, oder glauben zumindest zu wissen, wie sie aussehen. Wir kennen sie seit unserer Kindheit. Aus dem Kino, aus dem Theater. Sie sind so leicht zu erkennen wie Cowboys, und wie Cowboys sind sie zu einer Legende geworden. Sie haben die Phantasie namhafter englischer Schriftsteller beflügelt, und inbesondere zwei Piratengeschichten, *Die Schatzinsel* und *Peter Pan*, sind Klassiker der Literatur geworden.

Im Laufe der Zeit sind Dichtung und Wahrheit verschmolzen. Einige Geschichten entpuppen sich sogleich als bloße Erfindung, wenn man sie genauer unter die Lupe nimmt. So glauben die meisten, daß Piraten ihren Opfern die Augen verbanden und sie dann über eine Schiffsplanke ins Meer trieben, denn dieses Schicksal bereitete Kapitän Hook den Verlorenen Jungen. Doch für solche Rituale hatten echte Piraten keine Zeit. Seeleute, die Widerstand leisteten, wurden niedergemetzelt und über Bord geworfen. Die typische Piratenbeute bestand nicht aus Truhen voller Dublonen oder Pesos, sondern aus ein paar

Ballen Seide und Baumwolle, einigen Fässern Tabak, einer Ankertrosse, Ersatzsegeln, Zimmermannswerkzeug und einem halben Dutzend schwarzer Sklaven. Nicht alle Bilder, die wir mit Piraten verbinden, sind freilich erfunden. Die gängige Vorstellung von ihrem Aussehen kommt der Realität überraschend nahe: Piraten banden sich wirklich Tücher um den Kopf, und sie waren tatsächlich bis an die Zähne mit Pistolen und Entermessern bewaffnet. Daß Piratenkapitäne auf Bühne und Leinwand Gehröcke und Allongeperücken der Stuart-Zeit tragen, kann durchaus der historischen Realität entsprechen, denn in der Regierungszeit König Karls II. agierten in der Karibik die meisten Bukaniere. Dieses Buch will das heutige Piratenbild untersuchen. Wie ist dieses Bild zustande gekommen und inwieweit entspricht es dem wirklichen Piratenleben? Die Vorstellungen, die heute die meisten Menschen haben, sind eine Mischung aus historischen Fakten und Mythen, die durch die Balladen, Melodramen, epischen Gedichte, Romane, Abenteuergeschichten, Comics und Filme der letzten dreihundert Jahre geschaffen wurden. Die Piraten haben eine romantische Aura bekommen, die sie im 17. Jahrhundert nicht hatten und gewiß auch nicht verdienten. Piraten waren keine Robin Hoods der Meere. Piraterie beruhte, wie gewöhnlicher Raub, auf der Anwendung oder Androhung von Gewalt, und häufig gingen Piratenüberfälle mit Grausamkeiten, Folter und Mord einher. John Turner, Erster Offizier auf der *Tay*, fiel 1806 chinesischen Piraten in die Hände und wurde fünf Monate lang gefangengehalten. Er wurde geschlagen und getreten und nachts unter Deck in einen Verschlag gesperrt, einen halben Meter breit und 1,20 Meter lang. Und das war noch harmlos im Vergleich zu der Behandlung, die mitgefangenen Offizieren der chinesischen Marine zuteil wurde. Turner beschrieb, wie die Piraten einen Mann an die Deckplanken nagelten, indem sie ihm lange Nägel durch die Füße trieben:»Daraufhin schlugen sie ihn mit vier zusammengedrehten Rohrstöcken, bis er Blut spuckte. In diesem Zustand ließen sie ihn eine Zeitlang liegen, dann brachten sie ihn an Land und hackten ihn in Stücke.« Einem anderen Offizier schlitzten die Piraten den Leib auf, schnitten ihm das Herz heraus, tunkten es in Schnaps und aßen es auf.[1]

Ähnliche Greuelgeschichten sind auch aus dem Mittelmeer und der Karibik bekannt. Ein besonders ergreifender Bericht über einen Piratenüberfall stammt von Miss Lucretia Parker, einer jungen Frau, die 1825 kubanischen Seeräubern in die Hände fiel. Sie fuhr mit der Sloop *Eliza-Ann* von St. Johns nach Antigua. Am elften Tag der Reise ver-

Dieses furchterregende Bild von Piraten unter einer schwarzen Flagge wurde
von N. C. Wyeth gemalt, der 1911 Stevensons *Schatzinsel* illustrierte. Wyeth
war ein Schüler Howard Pyles. Die Piratenbilder der beiden Künstler zeichnen
sich durch Realismus und Detailreichtum aus.

legte ihnen ein Schoner den Weg, dessen Deck von schwerbewaffneten Männern wimmelte. Nach kurzem Gefecht kaperten die Piraten
die *Eliza-Ann,* plünderten sie aus und segelten mit beiden Schiffen zu
einem Eiland vor der Küste Kubas. Dort schafften sie die Gefangenen
an Land. In einem Brief an ihren Bruder in New York schilderte Miss
Parker, was dann geschah:

Zunächst beraubten sie die bedauernswerte Besatzung der *Eliza-Ann* aller Kleidungsstücke bis auf Hemd und Hose, dann fielen sie wie wilde
Kannibalen mit Säbeln, Messern und Beilen über sie her! Vergeblich bet-

telten sie um Gnade und flehten ihre Peiniger an, ihr Leben zu schonen! Vergeblich versuchte Kapitän Smith, sie zu rühren und ihr Mitleid zu erregen, indem er ihnen die Lage seiner unschuldigen Familie vor Augen führte – daß er eine Frau und drei kleine Kinder habe, die ohne ihren Ernährer verloren seien! Aber, ach, alles Flehen des armes Mannes war umsonst! Er appellierte an Ungeheuer, deren Herzen jedes menschliche Gefühl fremd war. Einer versetzte ihm einen kräftigen Hieb mit einem Beil. Darauf sprengte er die Fesseln, mit denen er gebunden war, und versuchte zu entfliehen, doch ein anderer Unhold trat herzu und stieß ihm ein einen Dolch ins Herz! Ich stand daneben und wurde mit seinem Blut besudelt – tödlich getroffen fiel er mir mit einem Seufzer vor die Füße ... Lieber Bruder, ich brauche dir wohl nicht zu schildern, wie mir in diesem schrecklichen Augenblick zumute war![2]

Miss Parker fürchtete schon, sie käme nun selbst an die Reihe, doch bald wurde deutlich, daß der Piratenkapitän sie für sich allein haben wollte. Ein britisches Kriegsschiff, das unverhofft am Horizont auftauchte, rettete ihre Tugend. Die Piraten gaben die *Eliza-Ann* auf und flohen. Sie wurden später gefaßt und nach Jamaica gebracht, wo Miss Parker sie identifizierte. Sie endeten alle am Galgen.

Piraten gibt es seit Urzeiten. Es gab sie schon bei den Griechen und bei den Römern, und jahrhundertelang suchten räuberische Wikinger und Dänen die Küsten Europas heim. Im 16. Jahrhundert machten Schmuggler und Piraten die englische Südküste unsicher. Die seeräuberischen Meer- oder Wassergeusen spielten eine kleine, aber keineswegs unbedeutende Rolle in der Geschichte der Niederlande. In den Jahren 1571 und 1572 gaben sie vorübergehend ihre Raubzüge auf und halfen Wilhelm von Oranien bei der Befreiung der Niederlande von der spanischen Herrschaft. Im Mittelmeer fochten Piraten im heiligen Krieg, der jahrhundertelang zwischen Christen und Muslimen tobte: Die Barbaresken lauerten Schiffen auf, die durch die Straße von Gibraltar segelten oder aus den Handelshäfen Alexandria und Venedig kamen. Mit ihren schnellen Galeeren, die mit Segeln und Rudern angetrieben wurden, kaperten sie schwerbeladene Kauffahrer, raubten die Ladung, nahmen Passagiere und Seeleute gefangen und forderten für sie Lösegeld oder verkauften sie in die Sklaverei.

Franzosen spielten eine herausragende Rolle in der Geschichte der Piraterie. Viele erfolgreiche und gefürchtete Bukaniere, die Spanisch-Amerika unsicher machten, stammten aus französischen Seehäfen. Korsaren aus Dünkirchen bedrohten Mitte des 17. Jahrhunderts die Schiffahrt im Ärmelkanal. Ihr berühmtester Anführer war Jean Bart, auf dessen Konto die Kaperung von rund 80 Schiffen ging. Er trat später der französischen Marine bei und wurde 1694 von Ludwig XIV. in den Adelsstand erhoben.

Das Rote Meer und der Persische Golf waren zu allen Zeiten berüchtigte Piratenreviere, und an der Malabar-Küste im Westen des indischen Subkontinents waren die Mahratta-Piraten beheimatet, die unter der Führung der Angria-Sippe in der ersten Hälfte des 18. Jahrhunderts Schiffe der Ostindischen Kompanie ausplünderten.

Der Ferne Osten war ein Piratenparadies. Die Ilanun-Piraten von den Philippinen durchkreuzten die Meere um Borneo und Neuguinea und überfielen mit ihren Flotten, die aus großen Galeeren mit jeweils 40 bis 60 Mann Besatzung bestanden, Schiffe und Küstendörfer, bis sie 1862 von einer Marineexpedition vernichtet wurden. Doch die mächtigsten und grausamsten von allen waren die Piraten des Südchinesischen Meers. Sie erreichten zu Beginn des 19. Jahrhunderts den Gipfel ihrer Macht. Damals beherrschten etwa 40000 Piraten mit rund 400 Dschunken die Küstengewässer und brachten jedes Handelsschiff auf, das sich in diese Gewässer verirrte. Ab 1807 standen sie unter dem Befehl einer bemerkenswerten Frau, einer ehemaligen Prostituierten aus Kanton namens Cheng.

Wir werden später auf die chinesischen Piraten und die Barbaresken zurückkommen, doch in erster Linie beschäftigt sich dieses Buch mit den Piraten Europas und Amerikas, insbesondere mit dem großen Zeitalter der Piraterie, das um 1650 anbrach und um 1725 ein jähes Ende fand, als Marinepatrouillen die Piraten aus ihren Schlupfwinkeln trieben und viele ihrer Kapitäne bei Massenhinrichtungen starben. Diese Epoche hat den Stoff für die meisten Bücher, Bühnenstücke und Filme über Piraten geliefert und das Piratenbild in der westlichen Welt geprägt. Sie beginnt mit den Bukanieren in der Karibik, doch auch die brutalen Überfälle Henry Morgans auf Portobello und Panama und das tragische Leben und der jämmerliche Tod Captain Kidds fallen in diese Zeit. Sie erreicht ihren Höhepunkt um 1720, als rund 2000 Piraten auf beiden Seiten des Atlantiks die Schiffahrt in Angst und Schrecken versetzten und zu einer ernsten Bedrohung für den Handel mit den amerikanischen Kolonien wurden.

Bevor wir fortfahren, müssen wir klären, worin der Unterschied zwischen Piraterie und Freibeuterei besteht und was mit Bezeichnungen wie »Korsar« und »Bukanier« gemeint ist.

Ein Pirat war und ist jemand, der auf See plündert und raubt. Nach einem Gesetz, das unter Heinrich VIII. erlassen wurde, galten jedoch nicht nur räuberische Überfälle auf hoher See als Piratenakte, sondern auch alle Verbrechen, Diebstähle und Morde, die in einem Hafen, einer Bucht, auf einem Fluß und überall dort verübt wurden, wo die Admiralitätsgerichte zuständig waren.

Als Freibeuter wurden bewaffnete Schiffe oder deren Kapitäne und Besatzungsmitglieder bezeichnet, die mit offizieller Genehmigung feindliche Schiffe aufbrachten. Die Genehmigung erfolgte in Form eines schriftlichen Dokuments, des sogenannten Kaperbriefs. Ursprünglich stellte der Monarch solche Kaperbriefe aus, um Kaufleuten, die bei Überfällen ein Schiff oder Fracht verloren hatten, die Möglichkeit zu geben, Vergeltung zu üben, den Feind anzugreifen und die erlittenen Verluste auszugleichen. Im 16. Jahrhundert mißbrauchten die Seemächte das System jedoch dazu, in Kriegszeiten feindliche Schiffe anzugreifen. Sie stellten Privatschiffen Kaperbriefe aus und sparten so Kosten für den Bau und Unterhalt einer stehenden Flotte.

Der Kaperbrief war ein eindrucksvoll aussehendes Dokument, das in schwerfälligem Juristenjargon abgefaßt und mit kunstvollen Schnörkeln verziert war. Der Kapitän eines Freibeuters war angehalten, ein Logbuch zu führen und alle erbeuteten Schiffe und Waren einem Marinegericht zu übergeben, damit ihr Wert geschätzt werden konnte. Ein Teil des Gewinns ging an die Krone, der Rest an die Schiffseigner, den Kapitän und die Mannschaft. Theoretisch genoß ein Freibeuter, der mit behördlicher Genehmigung eines Staates kaperte, den Schutz des internationalen Rechts und durfte nicht als Pirat vor Gericht gestellt werden, doch das System öffnete dem Mißbrauch Tür und Tor, und häufig waren Freibeuter nichts anderes als staatlich lizenzierte Piraten.

Piraten, die im Mittelmeer beheimatet waren, hießen Korsaren. Die berühmtesten waren die Barbaresken. Sie hatten ihre Stützpunkte in Algier, Tunis, Salé und anderen nordafrikanischen Häfen und waren von den Herrschern der muslimischen Länder ermächtigt, die Schiffe christlicher Länder aufzubringen. Weniger bekannt waren die Korsaren von Malta. Sie plünderten Schiffe im Auftrag des Johanniterordens, der zur Zeit der Kreuzzüge gegründet worden war und im Namen der Christenheit die Muselmanen bekämpfte. Für die Kapitäne und Besatzungen der Handelsschiffe, die das Mittelmeer befuhren, waren alle Korsaren Piraten. Gelegentlich entsandte ein europäisches Land ein Geschwader Kriegsschiffe, um sie zu vernichten, doch erst der Beschuß Algiers durch eine starke alliierte Flotte im Jahr 1816 vermochte die Macht der Korsaren zu brechen, so daß sie fortan für die Schiffahrt keine ernste Gefahr mehr darstellten.

Bukaniere waren Piraten, die im 17. Jahrhundert die Karibik und die

Küsten Südamerikas unsicher machten. Heutzutage wird der Begriff sehr weit gefaßt und auf gesetzlose Abenteurer angewandt, die jedes Schiff ausraubten, das ihren Kurs kreuzte, aber auch auf Männer wie Henry Morgan, der im Auftrag des englischen Gouverneurs von Jamaika die Spanier bekämpfte. Ursprünglich lebten Bukaniere in den Wäldern und Tälern der bergigen Karibikinsel Hispaniola, die heute in Haiti und die Dominikanische Republik aufgeteilt ist. In der Mehrzahl Franzosen, jagten sie verwilderte Rinder und Schweine, die von den ersten spanischen Siedlern auf der Insel ausgesetzt worden waren. Wie die Arawak-Indianer machten sie das Fleisch im Rauchhaus haltbar, das auf französisch *boucan* genannt und von dem die Bezeichnung Bukanier abgeleitet wurde. Diese wilden, rohen Gesellen trugen unbehandelte Felle, stanken entsetzlich und sahen mit ihren riesigen Messern und blutbefleckten Kleidern wie Schlachter aus.

Ab 1620 zogen sie vom Landesinnern an die Nordküste und ließen sich vor allem auf der vorgelagerten Insel Tortuga nieder. Von dort aus überfielen sie vorüberfahrende Handelsschiffe und spanische Galeonen, die, beladen mit Schätzen aus Mexiko und Peru, nach Spanien segelten. Anfangs waren die Bukaniere kaum organisiert, doch bald schon gründeten sie eine Art Bruderschaft, die als die »Brüder der Küste« bekannt wurde. In regelmäßigen Abständen schlossen sie sich zusammen und unternahmen größere Raubzüge. Besonders berühmt ist der Überfall auf die spanische Stadt Panama, die sie 1671 unter der Führung Henry Morgans plünderten und brandschatzten.

Viele Piratenkapitäne waren furchteinflößende Männer, und einige Ereignisse im großen Zeitalter der Piraterie waren so dramatisch wie ein Roman. Könnte man die Geschichte Blackbeards und seines letzten Gefechts zwischen den Sandbänken vor der Küste Carolinas nicht detailliert in den Logbüchern der beteiligten Marineoffiziere nachlesen, würde man sie nicht für möglich halten. Kaum weniger spektakulär war das Gefecht zwischen der Piratenflotte des Bartholomew Roberts und dem britischen Kriegsschiff *Swallow*, das auf der anderen Seite des Atlantiks vor der Küste Afrikas stattfand. Mit Beginn der Schlacht zog ein Unwetter auf. Regen peitschte die aufgewühlte See, und während die Seeleute auf den Decks der stampfenden Schiffe versuchten, die Geschütze zu laden und abzufeuern, brach ein tropischer Sturm los, Blitze zuckten, und Donnergrollen erfüllte die Luft. Das Gefecht markierte einen Wendepunkt im Kampf gegen die Piraten.

Prozeßakten, Logbücher, Berichte von Kolonialgouverneuren und die Aussagen gefangener Piraten und ihrer Opfer sind unsere wichtigsten Quellen zu dieser großen Zeit der Piraterie. Eine andere Quelle ist ein bemerkenswertes, von Schriftstellern und Filmemachern weidlich ausgeschlachtetes Buch, das zwei oder drei Jahre nach vielen auf diesen Seiten geschilderten Ereignissen erschien. Es trägt den Titel *A General History of the Robberies and Murders of the Most Notorious Pyrates* und stammt aus der Feder eines gewissen Captain Charles Johnson. Die erste Auflage erschien am 14. Mai 1724 und war so schnell vergriffen, daß in rascher Folge weitere nachgedruckt wurden. Johnson stützte sich vor allem auf Prozeßakten und zeitgenössische Zeitungsberichte. Seine lebendige Schilderung von Schauplätzen und Gesprächen läßt allerdings vermuten, daß er auch mit Seeleuten und ehemaligen Piraten gesprochen hatte. Er beherrschte die Seemannssprache so souverän, daß er tatsächlich Seekapitän gewesen sein könnte. Denkbar wäre aber auch, daß ein Schriftsteller oder Journalist den Namen des Captain Johnson als Pseudonym benutzt hat.

1932 behauptete der amerikanische Wissenschaftler John Robert Moore auf einer Literaturtagung, daß der wahre Autor von *Die allgemeine Geschichte der Piraten* (wie sie gewöhnlich genannt wird) kein geringerer als Daniel Defoe gewesen sei.[3] In jahrelanger Arbeit trug er Beweise für seine Theorie zusammen und veröffentlichte sie schließlich in *Defoe in the Pillory and Other Studies*. Moores Argumente klangen überzeugend. Er zeigte auf, daß der Sprachstil und die häufige Einflechtung moralisierender Kommentare typisch für Defoe waren, und er verwies auf die unbestreitbare Tatsache, daß Defoe von Piraten fasziniert gewesen war: Im Jahr nach der Veröffentlichung von *Robinson Crusoe* schrieb Defoe *Leben, Abenteuer und Piratenstreiche des berühmten Kapitäns Singleton*, einen Roman, dem er die Form einer Autobiographie gab. Zudem veröffentlichte er eine Biographie über Kapitän Avery mit dem Titel *The King of the Pirates* und einen Bericht über den schottischen Piraten John Gow.

Professor Moores Ruf als führender Defoe-Kenner seiner Generation veranlaßte Bibliotheken in aller Welt, den Katalogeintrag für die *Allgemeine Geschichte der Piraten* zu ändern und sie fortan unter dem Namen Defoe zu führen. Doch 1988 widerlegten die beiden Wissenschaftler P. N. Furbank und W. R. Owens Moores Theorie in ihrem Buch *The Canonisation of Daniel Defoe*: Zum einen gab es keinen einzigen historischen Beleg, der Defoe mit der *Allgemeinen Geschichte der Piraten* in Verbindung gebracht hätte, zum anderen gab es zwischen den Geschichten in dem Buch und den anderen Arbeiten über Piraten, die Defoe zugeschrieben wurden, zu viele Widersprüche. Ihre Argumente waren so überzeugend, daß einem nichts anderes übrigblieb, als die reizvolle Theorie, die *Allgemeine Geschichte der Piraten* stamme aus Defoes Feder, fallenzulassen und die Autorschaft wieder dem geheimnisvollen Captain Johnson zuzuschreiben. Wer immer sich hinter dem Namen verbergen mochte, das Buch hat das Piratenbild in der Öffentlichkeit nachhaltig geprägt. Es ist unsere wichtigste Quelle über das Leben vieler Piraten in der sogenannten goldenen Ära der Piraterie. Es machte eine Generation von Schurken berühmt und erhob Männer wie Blackbeard und Captain Kidd zu legendären Gestalten, die später Eingang in Balladen und Bühnenstücke fanden.

Als die Bedrohung durch Piraten abnahm und Überfälle auf Handelsschiffe in der Karibik und an Amerikas Küsten seltener wurden, wandelte sich das Piratenbild in der Bevölkerung. Aus gewöhnlichen Mördern und Räubern wurden mit der Zeit romantisch verklärte Gesetzlose. Dieses Bild malte vor allem eine Verserzählung Lord Byrons, die zu Beginn des 19. Jahrhunderts erschien. Sie trug den Titel *Der Korsar* und handelt von den Abenteuern des stolzen und tyrannischen Piratenführers Conrad. Der von den Menschen enttäuschte und misanthropische Korsar verbindet in seiner Person die Laster des Schurken im Schauerroman mit den Idealen des aristokratischen Geächteten. Byron erzählt, wie Conrad eine schöne Sklavin aus dem Harem des türkischen Paschas befreit. Sie bringt ihm einen Dolch, mit dem er seinen Feind, den Pascha, im Schlaf ermorden soll. Conrad entscheidet sich gegen die heimtückische Tat, und daraufhin begeht das Mädchen selbst den Mord. Sie fliehen auf Conrads Pirateninsel. Dort muß Conrad entdecken, daß Medora, seine geliebte Frau, ihn für tot hielt und aus Gram darüber gestorben ist. Conrad ist verzweifelt. Er segelt davon, und man hört nie wieder von ihm.

Byron hatte eine ausgedehnte Bildungsreise im Mittelmeerraum gemacht und sich für Conrad und seine Besatzung die in der Ägäis operierenden Korsaren zum Vorbild genommen. *Der Korsar* erschien im Februar 1814 und eroberte London im Sturm. John Murray, der Verleger, konnte sich an kein Buch erinnern, das für soviel Furore gesorgt hatte. »Am Erscheinungstag«, so berichtete er Byron, »habe ich 10 000 Exemplare verkauft.«[4] Doch Byrons Verserzählung wurde nicht nur in England ein Bestseller, sondern fand auch auf dem Kontinent eine begeisterte Leserschaft. Zu den vielen Werken, denen das Piratenepos als Vorlage diente, zählen Verdis Oper *Il Corsaro* von 1848 und die Ouvertüre *Le Corsaire* von Berlioz.

Das 19. Jahrhundert erlebte ein Blüte der Piratenliteratur. Walter Scott schrieb den historischen Roman *The Pirate*, der sich auf das Leben des berüchtigten schottischen Seeräubers John Gow stützte. Captain Marryat veröffentlichte eine Abenteuergeschichte unter demsel-

ben Titel, und R. M. Ballantyne erzählte in *Coral Island*, seinem erfolgreichsten Jugendroman, von Piraten. Doch es war vor allem Robert
Louis Stevenson, der mit einem schmalen Band über einen Schiffskoch, eine Schatzkarte und einen Schoner namens *Hispaniola* die ver-
sunkene Welt der Piraten wieder zum Leben erwecken sollte.

Holzbeine und Papageien

Robert Louis Stevenson schrieb *Die Schatzinsel* im Alter von 30 Jahren. Das Buch wurde sein erster Erfolg als Romanautor, und sein Name wird unauslöschlich mit ihm verbunden bleiben, auch wenn *Der seltsame Fall des Dr. Jekyll und Mr. Hyde* und *Der Herr von Ballantrae* von vielen Kritikern höher geschätzt werden. Die ersten Kapitel verfaßte er im August und September 1881 im schottischen Hochland.[1] Es war ein scheußlicher Frühherbst, und Stevenson drängte sich mit seiner Familie um den Kamin in Miss Mcgregors Cottage, während der Wind durch das Tal des Dee heulte und der Regen an die Fenster peitschte. Sie waren zu fünft: Stevensons Eltern, seine amerikanische Frau Fanny und ihr zwölfjähriger Sohn Lloyd Osbourne, sein Stiefsohn. Um sich die Zeit zu vertreiben, malte Lloyd Aquarelle, und eines Nachmittags griff auch Stevenson zum Pinsel, warf die Karte einer Insel aufs Papier und fügte Namen von Buchten und Bergen hinzu. »Ich werde nie vergessen«, schrieb Lloyd später, »welche Erregung sich meiner bemächtigte, als ich die Skelett-Insel, den Fernrohr-Hügel und dann die drei Kreuze sah! Und meine Erregung stieg noch, als er in die rechte obere Ecke das Wort ›Schatzinsel‹ schrieb! Und er schien so viel darüber zu wissen – über die Piraten, den vergrabenen Schatz, den Mann, der auf der Insel ausgesetzt worden war.«[2]

Ein Jahr vor seinem Tod schrieb Stevenson, die Geschichte habe in seinem Kopf Gestalt angenommen, als er die Karte betrachtete. Sie sollte von Bukanieren handeln, von einer Meuterei, einem wackeren alten Squire namens Trelawney, einem einbeinigen Schiffskoch und einem Seemannslied mit dem Refrain »Jo-ho-ho, und 'ne Buddel voll Rum«.

Drei Tage später waren drei Kapitel fertig. Er las sie der Familie vor, und alle bis auf Fanny waren begeistert und steuerten eigene Vorschläge bei. Nach Lloyds Ansicht sollten in der Geschichte keine Frauen vorkommen. Stevensons Vater ersann den Inhalt von Bill

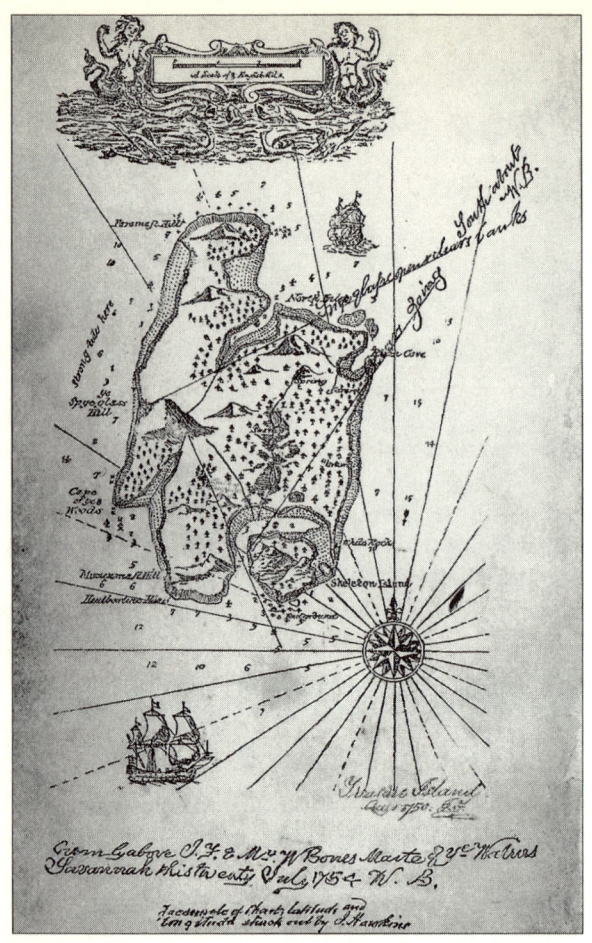

Von Stevenson gemalte Karte für die Titelseite der *Schatzinsel*. Vor allem auf sie geht die verbreitete Vorstellung von Schatzkarten zurück, auf denen ein X den Ort markiert, an dem die Piraten ihre Beute vergraben haben.

Bones' Seemannskiste und skizzierte die Szene, in der sich Jim Hawkins in der Apfeltonne versteckt. Wenig später kam Dr. Alexander Japp zu Besuch. Auch er war begeistert und brachte die ersten Kapitel zum Verleger der Jugendzeitschrift *Young Folks*. Man einigte sich darauf, daß die Geschichte in wöchentlichen Fortsetzungen erscheinen sollte, doch nach dem 15. Kapitel fiel Stevenson plötzlich nichts mehr ein. Die Ferien gingen zu Ende, und er kehrte nach Weybridge zurück, korrigierte die Fahnen der ersten Kapitel und dachte dabei verzweifelt über die Vollendung des Buches nach. Stevenson litt zeit seines Lebens unter chronischen Bronchialbeschwerden, die ihn häufig zwangen, in Luftkurorte zu reisen. Die Ferien in Schottland waren ihm nicht gut bekommen, und so beschloß er, den Winter in Davos zu verbringen. Im Oktober traf er dort ein, und der Ortswechsel wirkte Wunder. »Am Morgen nach meiner Ankunft setzte ich mich an die unvollendete Geschichte, und siehe da!, die Worte flossen nur so aus mir heraus, und in einem zweiten Schub vergnügter Schaffenskraft beendete ich, abermals mit einem Ausstoß von einem Kapitel pro Tag, *Die Schatzinsel.*«[3] *Die Schatzinsel* erschien 1883 und wurde ein Riesenerfolg. Sie war eigentlich als Jugendbuch gedacht, doch wie *Robinson Crusoe* und *Alice im Wunderland* begeisterte sie auch erwachsene Leser. Die subtile Zeichnung der Figuren, die lebendige Bildkraft der Sprache und die unterschwellig bedrohliche Atmosphäre zogen jung und alt in ihren Bann. Die Geschichte wurde für die Bühne bearbeitet, und alljährlich sprechen in London und andernorts bekannte Schauspieler und weniger bekannte Papageien für eine Rolle vor. Außerdem wurde der Stoff mindestens fünfmal verfilmt.

Die dominierende Figur in *Die Schatzinsel* ist natürlich Long John Silver. Er ist bekannter als jeder echte Pirat der Geschichte und hat, zusammen mit Captain Hook, das Piratenbild vieler Menschen geprägt. Er ist groß und kräftig und hat einen schillernden Charakter, der zwischen jovialer Aufgeräumtheit und, wenn er dem Gold nachjagt, brutaler Rücksichtslosigkeit schwankt. Als Quartiermeister unter Captain Flint hat er das linke Bein verloren, als sein Schiff vor Malabar von einer Breitseite getroffen wurde. Er hat kein Holzbein, sondern trägt eine Krücke, »die er mit erstaunlicher Gewandtheit handhabe und an der er wie ein Vogel herumhüpfte«. Captain Johnsons *Allgemeine Geschichte der Piraten* enthält die denkwürdige Beschreibung eines »Mannes mit einem gräßlichen Backenbart und einem Holzbein, der, mit Pistolen behangen, fluchend und schwadronierend aufs Achterdeck tritt«.[4] Vielleicht hatte Stevenson diese Figur im Hinterkopf, als er Long John Silver schuf. Er selbst hat allerdings stets betont, daß er bei dieser Gestalt an einen Freund dachte, den Schriftsteller und Verleger W. E. Henley, der auf jeden, der ihm begegnete, einen tiefen Eindruck machte. Lloyd Osbourne beschrieb ihn als »großen, breitschultrigen Mann mit rotem Bart und Krücke, freundlich, von verblüffender Intelligenz und mit einem Lachen, das er hinausschmetterte wie ein Lied. William Ernest Henley war wie kein zweiter. Sein Feuer und seine Vitalität waren unglaublich. Man mußte von ihm einfach begeistert sein.«[5]

Kurz nach Vollendung der *Schatzinsel* schrieb Stevenson seinem

Porträt des 37jährigen Robert Louis Stevenson, 1887 gemalt von W. B. Richmont. Der Autor war damals bereits durch Bücher wie *Die Schatzinsel*, *Dr. Jekyll und Mr. Hyde* und *Verschleppt* bekannt.

Freund Henley aus der Schweiz: »Ich muß Ihnen ein Geständnis machen. Es war der Anblick Ihrer Stärke und Überlegenheit als Behinderter, der John Silver in *Die Schatzinsel* zum Leben verhalf. Natürlich ähnelt er Ihnen sonst in keinster Weise, doch die Idee, einen behinderten Mann zu erschaffen, der andere beherrscht und dessen bloße Erwähnung Furcht einflößt, geht allein auf Sie zurück.«[6] Stevenson führte das später näher aus: Sein Ziel sei gewesen, den bewunderten Freund seiner edleren Eigenschaften zu berauben, bis nur noch seine Stärke und Freundlichkeit übrigblieben, und dann wollte er diese Charakterzüge der Gestalt eines rauhen Seemanns verleihen.

Zum Thema Piraten besticht *Die Schatzinsel* vor allem durch die vollkommen überzeugende Schilderung der Figuren und der nautischen Details. Stevenson war nie einem Piraten begegnet, und doch gelang es ihm, eine Bande abgefeimter, blutrünstiger Figuren zu erschaffen und eine eindringliche, von Betrug und Gewalt geprägte Atmosphäre zu erzeugen. Long John Silver begeht den Mord an Tom Morgan mit einer routinierten Beiläufigkeit, die Jim Hawkins das Blut in den Adern gefrieren läßt, und Jims Kampf mit dem hinterhältigen Israel Hands ist aus dem Stoff, aus dem Alpträume sind. Ebenso effektvoll sind die Beschreibungen der *Hispaniola*, die »in der ruhigen See nur wenig rollte und ab und zu ihren Bugspriet in die Schaumkrone einer Woge tauchte«. 1890 erzählte W. B. Yeats seinem Kollegen Stevenson, *Die Schatzinsel* sei das einzige Buch gewesen, das sein Großvater, ein Seemann, mit Vergnügen gelesen habe. Der Grund dafür liegt auf der Hand: Stevenson beherrschte nicht nur die Seemannssprache, er verstand auch etwas vom Segeln.

Der Einfluß der *Schatzinsel* auf unser Bild von den Piraten kann gar nicht überschätzt werden. Seit Stevenson sind Seeräuber für alle Zeiten mit Schatzkarten, schwarzen Schonern, tropischen Inseln und einbeinigen Seemännern verknüpft, die Papageien auf den Schultern tragen. Die Karte mit dem Kreuz, das die Stelle markiert, wo ein Schatz vergraben liegt, ist zu einem der bekanntesten Piratenrequisiten geworden und hat Eingang in zahlreiche Abenteuergeschichten gefunden. Und doch ist sie eine pure Erfindung und verdankt ihre Popularität der krakligen Zeichnung der Schatzinsel, die das Frontispiz vieler Stevenson-Ausgaben schmückt.

Holzbeine und Papageien waren hingegen keine Erfindung. Piraten setzten jedesmal ihre Knochen aufs Spiel, wenn sie bei schwerem Wetter an Deck arbeiteten oder ein Handelsschiff angriffen. Robert Dangerfield gehörte zu einer Piratencrew, die 1684 an der Küste Westafrikas einen holländischen Kauffahrer überfiel. Beide Schiffe feuerten Breitseite um Breitseite. Zwei Piraten wurden getötet und fünf verwundet: »Zwei von ihnen verloren ein Bein.«[7] Kapitän Skyrm, der eines von Bartholomew Roberts' Piratenschiffen befehligte, wurde im Gefecht mit der britischen *Swallow* ein Bein zerschossen. Im selben Gefecht verlor Israel Hynde, Bootsmann auf Roberts' Schiff *Ranger*, einen Arm.[8] Die Behandlung solcher Verwundungen war kurz und schmerzhaft: William Phillips erhielt bei einem Gefecht zwischen zwei Piratenschiffen einen Beinschuß, und da kein Wundarzt zur Stelle war, mußte der Schiffszimmermann in die Bresche springen. Er zog die größte Säge aus seinem Werkzeugkasten und machte sich ans Werk, »als wolle er eine Planke durchsägen, und bald war das Bein vom Rumpf des Patienten getrennt«.[9] Zum Ausbrennen der Wunde erhitzte er sein Breitbeil, handhabe es aber mit weniger Geschick als die Säge und versengte mehr Fleisch als nötig. Wie durch ein Wunder überlebte Phillips die Operation.

Stevenson wußte, warum er Long John Silver zum Koch machte. In der Royal Navy war es üblich, daß man die Stelle des Kochs mit einem

Versehrten besetzte. In einem ungeschminkten Bericht über das Bordleben im frühen 18. Jahrhundert schrieb Ned Ward: »Der Smutje war im letzten Krieg ein tüchtiger Kerl, und das war er auch in diesem, bis ihm vor La Hogue eine heimtückische Kugel das Bein wegriß, so daß er für den Posten des Schiffskochs wie geschaffen war.«[10] Thomas Rowlandson, der berühmte Karikaturist und Maler des georgianischen England, schuf eine entzückende Serie von Aquarellen, mit denen er verschiedene Ränge und Berufe in der Marine darstellte. Sein Smutje balanciert auf einem Holzbein, während er mit einem langen Löffel in einem dampfenden Kessel rührt.

Daß Piraten gerne mit Papageien in Zusammenhang gebracht werden, geht ebenfalls auf *Die Schatzinsel* zurück. Long John Silver hält seinen Papagei in einem Käfig in der Kombüse der *Hispaniola*, nimmt ihn aber auch mit an Land. Das Tier, das er Käpt'n Flint nennt, soll zweihundert Jahre alt sein und Madagaskar und Portobello gesehen haben.

Der Schiffskoch, aus einer 1780 von Thomas Rowlandson geschaffenen Serie von Bildern über britische Seeleute. Köche waren in der Britischen Navy meist invalide Matrosen; Stevenson wußte das zweifellos, als er die Gestalt des Long John Silver schuf, eines ehemaligen Kochs, der in einem Seegefecht ein Bein verloren hat.

Seeleute brachten von Reisen in die Tropen gern Vögel und andere exotische Tiere als Andenken mit. Besonderer Beliebtheit erfreuten sich Papageien. Sie waren schön bunt, lernten sprechen und waren an Bord eines Schiffes leichter zu halten als Affen und andere wilde Tiere. Außerdem blühte der Handel mit Vögeln im London des 18. Jahrhunderts, und Papageien erzielten stolze Preise. Im September 1717 bot ein gewisser Michael Bland in der Zeitung *The Post-Man* »Sittiche mit roten Köpfen aus Guinea und zwei schöne, sprechende Sittiche aus Buenos Aires sowie mehrere junge sprechende Papageien« zum Verkauf an. In der nächsten Ausgabe des Blattes übertrumpfte ihn Daid Randall: Er bot Papageien feil, »die Englisch, Holländisch, Französisch und Spanisch sprechen und auf Befehl pfeifen, sowie Sittiche mit roten Köpfen, sehr zahm und possierlich«.[11]

Bisweilen verwendete man Papageien auch dazu, Beamte zu bestechen oder sich ihr Wohlwollen zu sichern. Clinton Atchinson, ein berüchtigter Pirat der elisabethanischen Zeit, schenkte 1583 den Stellvertretern des Vizeadmirals von Dorset Papageien. Der Piratenkapitän Stephen Haynes beglückte 1582 den Diener von Sir Christopher Halton und den Koch des Lord Admiral mit jeweils zwei Papageien.[12] Woodes Rogers' Buch *A Cruising Voyage Round The World* von 1712 enthält mehrere Hinweise auf Papageien, doch der interessanteste Bericht darüber, wie Bukaniere Papageien sammelten und hielten, findet sich in William Dampiers Schilderung seiner zweiten Südamerikareise. Bei einem Aufenthalt in der Bucht von Campeche nahe Veracruz im Jahr 1676 stellte er fest, daß es dort die größten und schönsten zahmen Papageien von ganz Westindien gab:

Ihre Farbe war gelb und rot, sehr grob gesprenkelt. Sie plapperten sehr manierlich, und es gab kaum einen Mann, der sich nicht einen oder zwei an Bord geholt hätte. So kam es, daß unser Schiff vollgestopft war mit Proviant, Kisten, Hühnerställen und Papageienkäfigen, mit denen wir zu segeln gedachten.[13]

Was für Leute waren die Piraten und woher kamen sie? Die überwältigende Mehrheit waren Seeleute. Von 700 zufällig ausgewählten Männern, die zwischen 1600 und 1640 der Piraterie angeklagt wurden, gaben 73 Prozent Matrose oder Seemann als Beruf an.[14] Nach 1720, der großen Ära der Piraterie, war ihr Anteil sogar noch höher. Aus Marcus Redikers Studie über anglo-amerikanische Piraten im westlichen Atlantik und in der Karibik geht hervor, daß 98 Prozent früher auf Handelsschiffen, Kriegsschiffen oder Freibeutern gefahren waren.[15] Die meisten hatten in der Handelsmarine gedient und sich, als ihre Schiffe gekapert wurden, freiwillig den Piraten angeschlossen.

Daß fast alle Piraten Seeleute von Beruf waren, erklärt vieles. Zum Beispiel, daß sie lange Fahrten unternehmen konnten, die sie nicht selten von Amerika nach Afrika und in den Indischen Ozean führten. Oder daß sie sich zwischen den tückischen Riffen und Untiefen der Karibik zurechtfanden und so häufig der Kriegsmarine entwischten. Und es hilft, ihr Verhalten und ihre Weltanschauung besser zu verstehen.

In der Ära der Segelschiffahrt waren Seeleute ein besonderer Menschenschlag. Ihre Sprache war so gespickt mit technischen Ausdrücken, daß sie für Landratten nahezu unverständlich war. Aber sie sprachen nicht nur anders, sie sahen auch anders aus. Ihre Gesichter und Arme waren sonnenverbrannt und wettergegerbt wie bei Stevensons Kapitän Billy Bones. Viele hatten Narben von Verletzungen, die sie sich beim Segeltrimmen oder Anholen von Leinen in schwerem Wetter zugezogen hatten. Vom monatelangen Leben auf dem schwankenden Deck hatten sie einen schaukelnden Gang. Vor allem aber unterschieden sie sich durch ihre Kleidung. Im frühen 18. Jahrhundert kleideten sich die meisten Landratten in lange Röcke und Westen über Kniehosen und Strümpfen. Seeleute hingegen trugen kurze blaue Jacken, karierte Hemden und lange Leinenhosen, dazu häufig rote Westen und ein Tuch um den Hals.[16]

Die meisten Piraten bevorzugten Varianten dieser traditionellen Kleidung, denn sie war strapazierfähig und bequem. Allerdings ergänzten sie manche durch ausgefallene Kleidungsstücke, die sie auf gekaperten Schiffen erbeutet oder sich aus gestohlenen Stoffen wie Seide und Samt selber genäht hatten. Kit Oloard trug eine »Hose und Jacke aus schwarzem Samt, karmesinrote Strümpfe aus Seide, einen schwarzen Filzhut und mit schwarzer Seide bestickte Hemdkragen«.[17] John Stow berichtete von zwei Piraten, die vor der Hinrichtung ihre elegante Garderobe verschenkten, darunter Breecheshosen aus rotem Taft, Samtwämse mit goldenen Knöpfen und Samthemden mit goldenen Litzen. Piratenkapitäne übernahmen offenbar die Mode der Kriegs- und Handelskapitäne, die sich in dieser Epoche wie englische Gentlemen kleideten. Bartholomew Roberts trug bei seinem letzten Seegefecht 1722 angeblich »eine Weste und Hose aus kräftig rotem Damast, im Hut eine rote Feder und um den Hals eine goldene Kette, an der ein Diamantkreuz baumelte«.[18]

Piratenführer waren weder aufrechte Helden, wie sie Errol Flynn oder Douglas Fairbanks auf der Leinwand darstellten, noch waren sie liebenswerte Schurken wie in Gilberts und Sullivans *The Pirates of Penzance*. Sie waren harte und ruchlose Männer, die vor Graumsamkeiten und Mord nicht zurückschreckten. Sie wurden von der Besatzung zum Kapitän gewählt und konnten wieder abgesetzt werden, wenn die Mehrheit mit ihnen nicht zufrieden war. Neben Mut und Entschlossenheit im Gefecht wurden navigatorische und seemännische Kenntnisse verlangt. Vor allem aber mußten sie die starke Persönlichkeit besitzen, die nötig war, um einen wilden Haufen von Seeleuten im Zaum zu halten. Die Piraten, die in Westindien operierten, stammten aus verschiedenen Seefahrernationen. Hinzu kamen viele schwarze Sklaven. Von einem nationalen Zusammengehörigkeitsgefühl kann also nicht die Rede sein. Die meisten Piraten waren von Natur aus aufsässig. Sie waren berüchtigt für ihre obszöne Sprache und für ihre zügellosen Trinkgelage, die häufig mit Schlägereien endeten. Was sie einte, war die Aussicht auf fette Beute und der Wunsch nach einem bequemen Leben.

Wir haben überraschend wenig detaillierte Beschreibungen von Piratenführern, und die wenigen, die es gibt, sind nicht eben schmeichelhaft. Den schottischen Kapitän Alexander Dolzell, der 1715 als Pirat am Galgen endete, beschrieb der Kaplan des Newgate-Gefängnisses als »hinterhältiges, gefährliches Subjekt, von Natur aus mürrisch, widerspenstig und bösartig«.[19]

Ein ähnlicher Schurke war Philip Lyne, der die Kapitäne gekaperter Schiffe regelmäßig folterte und umbrachte. Er gestand den Mord an 37 Kommandanten und einer unbestimmten Zahl von tüchtigen Seeleuten. Die *Boston Gazette* berichtet am 28. März 1726, wie Lyne und seine Crew nach ihrer Gefangennahme vor der Küste Südamerikas zu ihrem Prozeß auf Barbados kamen:

> Der Anführer ging an der Spitze, dahinter folgten weitere 20 Piraten mit ihrer schwarzen Flagge aus Seide, auf der ein Mann in voller Größe dargestellt war, in der einen Hand ein Entermesser und in der anderen eine Pistole; da ihre schweren Wunden nicht verbunden waren, boten sie einen abscheulichen Anblick und stanken widerwärtig, insbesondere Lyne, der Anführer, dem ein Auge ausgeschossen worden war, das nun mit einem Teil der Nase in seinem Gesicht hing.

Die denkwürdigste Beschreibung eines Piraten ist die von Blackbeard in Captain Johnsons *Allgemeiner Geschichte der Piraten*. Blackbeard ist zu einer legendären Gestalt geworden und hat zusammen mit Phantasiefiguren wie Captain Hook, John Silver und Byrons Korsar maßgeblich unser heutiges Piratenbild geprägt.

Kapitän Teach nahm den Beinamen *Blackbeard* an, aufgrund jener ungeheuren Menge Haare, die wie ein furchterregender Meteor sein ganzes Gesicht bedeckten und Amerika mehr in Angst und Schrecken versetzten als irgendein Komet, der in vielen Jahren dort erschienen ist. Dieser Bart war schwarz, und er ließ ihn zu einer extravaganten Länge wachsen. Was die Breite angeht, so stand er ihm bis an die Augen. Er pflegte ihn mit Bändern zu kleinen Zöpfen zu zwirbeln, in der Art unserer Ramillies-Perücken, und wickelte sich diese dann um die Ohren. Im Gefecht trug er drei Paar Pistolen um die Schultern, die in Holstern hingen wie an Bandeliers, und unter seinen Hut steckte er brennende Lunten. Da diese sein Gesicht rahmten und seine Augen von Natur aus wild und grausam aussahen, machten sie ihn insgesamt zu einer solchen Erscheinung, daß die Phantasie sich keine Vorstellung von einer Furie aus der Hölle machen könnte, die furchterregender aussähe.[20]

Dieses Schreckensbild entspringt nicht nur Johnsons Phantasie. Henry Bostock, Kapitän der Sloop *Margaret*, wurde im Morgengrauen des 5. Dezember 1717 von Blackbeard angegriffen und beschrieb ihn später als »einen großen, hageren Mann mit einem tiefschwarzen Bart, den er sehr lang trug«.[21] Leutnant Maynard, jener Marineoffizier, der die Expedition gegen Blackbeard befehligte und an Deck seines Schiffes einen Zweikampf auf Leben und Tod mit ihm ausfocht, schrieb einem Kameraden, daß Kapitän Teach »Blackbeard genannt wird, weil er seinen Bart wachsen ließ und mit schwarzen Bändern festband«.[22]

Das Tragen mehrerer Pistolen sollte den Gegner einschüchtern und war darüber hinaus eine kluge Vorsichtsmaßnahme. Auf Pistolen mit Steinschloß war auf See kein Verlaß, und wenn eine nicht losging, weil das Pulver feucht geworden war, konnte eine zweite das Leben retten. Im Gefecht mit dem 40-Kanonen-Kriegsschiff *Swallow* trug Bartholomew Roberts »nach Piratenmanier« an einer Seidenschlinge zwei Paar Pistolen über den Schultern.[23] Dies bestätigt ein interessantes Fundstück aus dem gesunkenen Piratenschiff *Whydah*: Im Heck des Wracks entdeckte man eine elegante Pistole mit kunstvoller Messingverzierung, an deren Griff ein meterlanges Seidenband geknotet war. Piraten trugen ihre Waffen aber nicht ausschließlich im Kampf. Robert Drury besuchte 1716 eine Piratensiedlung auf Madagaskar und stellte fest, daß die Männer auf ihren Plantagen einen gewissen Stil pflegten. Einer von ihnen war ein Holländer namens John Po, der gut Englisch sprach: »Er trug einen kurzen Rock mit großen Silberknöpfen, aber weder Schuhe noch Strümpfe. In seiner Schärpe steckten zwei Pistolen, und eine hielt er in der Rechten. Der andere Mann war englisch gekleidet und hatte ebenfalls zwei Pistolen in seiner Schärpe und eine in der Hand.«[24]

Wie normale Seeleute waren Piraten meist junge Männer zwischen 20 und 30. Das Durchschnittsalter der Piraten im frühen 18. Jahrhundert betrug 27 Jahre und lag damit exakt so hoch wie in der Handelsmarine und annähernd so hoch wie in der Kriegsmarine.[25] Jugend war auch vonnöten, denn der Dienst auf einem Segelschiff stellte hohe Anforderungen. Gefordert waren Behendigkeit, Fitneß, Ausdauer, eine beachtliche Körperkraft und eine robuste Gesundheit, um den entsetzlichen Lebensbedingungen auf und unter Deck zu trotzen. Die Männer mußten zu jeder Tages- und Nachtzeit in Nässe und Kälte in die Takelage aufentern und 30 Meter über dem Deck eines krängenden und stampfenden Schiffs nasse, schlagende Segel reffen.

Die Piraten vor Westindien und der amerikanischen Küste stammten aus aller Herren Länder. Die Bukaniere des 17. Jahrhunderts waren zumeist Franzosen oder Briten, doch waren auf ihren Schiffen auch andere Nationen vertreten. Von den 500 Männern, mit denen Henry Morgan 1668 den spanischen Schatzhafen Portobello überfiel, waren 40 Holländer, mehrere Franzosen, Italiener, Portugiesen, Mulatten oder Schwarze, und der Rest waren Briten.[26] Im frühen 18. Jahrhundert gingen die meisten Überfälle in der Karibik auf das Konto französischer Freibeuter, und in den Jahren nach 1725 klagten die Gouverneure der Kolonien über zahlreiche Raubzüge der spanischen Küstenwächter (*guardo del costa*), die über ihren Auftrag, spanische Besitzungen zu schützen, hinausgingen und sich auf Seeräuberei verlegten. Doch die Piraten, die zwischen 1715 und 1725 die Karibik unsicher machten und die Bahama-Insel Providence als Stützpunkt benutzten, kamen überwiegend aus englischsprachigen Ländern. Der bei weitem größte Teil, rund 35 Prozent, waren gebürtige Engländer; in den amerikanischen Kolonien geborene Männer stellten etwa 25 Prozent; 20 Prozent stammten aus westindischen Kolonien, hauptsächlich aus Jamaika, Barbados und von den Bahamas; 10 Prozent waren Schotten, 8 Prozent Waliser und der Rest Schweden, Holländer, Franzosen, Spanier und Portugiesen.[27]

Auf den Piratenschiffen dienten auch viele Schwarze. Christian Tranquebar fuhr auf einem Schiff, das Bartholomew Roberts 1721 mit zwei Fahrzeugen angriff. Nach seinem Bericht hatte Roberts 180 Weiße und 48 Schwarze an Bord; sein Begleitschiff, eine Brigantine, war mit 100 Weißen und 40 Schwarzen bemannt.[28] Kapitän Chaloner Ogle besiegte Roberts bei Cape Lopez vor der afrikanischen Küste. Als er nach dem Gefecht die Überlebenden auf den Schiffen des Piraten zusammentrieb, zählte er 187 Weiße und 75 Schwarze. Das Verhältnis war auf vielen anderen Piratenschiffen ähnlich.

Unklar ist, welchen Status die Schwarzen auf diesen Schiffen hatten. Angesichts der demokratischen Grundsätze der Piraten und ihrer Verachtung für die Sitten ihrer Zeit wurde die Vermutung geäußert, sie hätten Schwarze als gleichberechtigte Partner an Bord willkommen geheißen. Ferner wurde behauptet, entlaufene Sklaven aus Westindien hätten sich Piraten angeschlossen, weil sie an Bord eine Zuflucht gefunden und die Freiheit erlangt hätten. Das sind mit Sicherheit romantische Träumereien ohne historische Grundlage. Piraten hatten dieselben Vorurteile wie andere Weiße. Schwarze Sklaven waren für sie eine Ware und dienten auch an Bord der Piratenschiffe als Sklaven: Sie arbeiteten an den Pumpen, gingen an Land, um Holz und Wasser zu holen, schrubbten das Deck und bedienten den Kapitän. Robert Dangerfield fuhr zwei Jahre lang auf einem Piratenschiff. Bei einem Überfall auf ein französisches Schiff vor der Westküste Afrikas erbeuteten sie 50 Tonnen Eisen, 25 Fässer Brandy, mehrere Ballen Leinen und 16 Schwarze, die sie später dem englischen Gouverneur verkauften.[29] Die Mannschaft, mit der William Dampier 1681 auf Kaperfahrt ging, bestand aus 44 Weißen, einem spanischen Indianer und zwei Indianern, die alle Waffen trugen,»und fünf Sklaven aus der Südsee«.[30]

Daß die Sklaven unbewaffnet waren, belegt ihren untergeordneten Status. Die Bukanierführer Lollonois und Henry Morgan plünderten spanische Städte in Mittelamerika und betrachteten Sklaven als Teil der Beute. Morgan wurde ein reicher Mann, und als er auf Jamaika starb, gehörten zu seinem Besitz auch 109 Sklaven.

Kapitän Kidd ließ schwere Arbeiten von Sklaven verrichten, auch wenn er im Indischen Ozean dafür keine Schwarzen einsetzte, sondern Laskaren, die in diesem Teil der Welt leichter zu beschaffen waren. Und Basil Ringrose beschreibt in seinem Tagebuch, wie seine Bukaniere 1679 einen spanischen Kauffahrer überfielen und unter anderem »zwölf Sklaven« erbeuteten, »von denen wir guten Gebrauch zu machen gedachten, indem wir ihnen die stumpfsinnige Schinderei an Bord übertrugen«.[31] Um 1720 kaperten westindische Piraten zahlreiche Sklavenschiffe, ja, sie gingen sogar an Land, um auf den Inseln schwarze Sklaven zu rauben. 1724 schrieben Kaufleute, die mit Jamaika Handel trieben, an den Londoner Rat für Handel und Plantagen, Piraten seien »für die Verwüstung und Zerstörung von Schiffen verantwortlich, die für den Negerhandel verwendet werden, von dem in erster Linie das Wohl unserer Kolonien abhängt«.[32]

30

Ein beliebtes Motiv in vielen Piratenfilmen und Romanen ist die Darstellung des Piratenkapitäns als Aristokrat oder gebildeter Mann aus der Oberschicht, der infolge eines jüngst erlittenen Unrechts Pirat geworden ist. Der Held in dem Film *Unter Piratenflagge* ist ein gutaussehender englischer Arzt, gespielt von Errol Flynn, der zu Zwangsarbeit in Westindien verurteilt worden ist, weil er dabei ertappt wurde, wie er einen verwundeten Rebellen behandelte. Er entflieht, kapert ein Schiff und wird Piratenkapitän. In *Der Schwarze Pirat* spielt Douglas Fairbanks einen Herzog, der sich Seeräubern anschließt, um herauszufinden, welche Piraten seinen Vater ermordet haben, und sich dann an ihnen zu rächen. Tatsächlich gab es im frühen 18. Jahrhundert unter den englischen und amerikanischen Piraten keinen einzigen Aristokraten, im Jahrhundert davor dafür aber gleich mehrere. Der interessanteste ist Sir Henry Mainwaring. Er absolvierte 1602 das Brasenose College in Oxford, studierte am Inner Temple in London Jura und erwarb nach kurzer Dienstzeit in der Armee bei dem berühmten Schiffbauer Peter Pett ein Schiff und fuhr als Pirat zur See. Von 1613 bis 1615 plünderte er im Ärmelkanal und an der iberischen Küste spanische Schiffe, dann kehrte er nach England zurück, wurde begnadigt und startete eine erfolgreiche Karriere als Marinekommissar, Unterhausabgeordneter und Autor von Büchern über die Seefahrt. Eine seiner Schriften trug den Titel: »Über die Anfänge, Praktiken und Unterdrückung der Piraten«.[33]

Weniger Erfolg hatte Sir Francis Verney, der nach einem Streit mit seiner Stiefmutter wegen seines Erbes England verließ, sich den Korsaren im Mittelmeer anschloß und »seinen eigenen Landsleuten Schaden zufügte und Prisen, die Kaufleuten in Poole und Plymouth gehörten, nach Algier entführte«. Er geriet später in die Gefangenschaft sizilianischer Korsaren und diente ihnen zwei Jahre lang als Galeerensklave. Er starb im Alter von 39 Jahren in einem Hospital in Messina. William Lithgow besuchte ihn kurz vor seinem Tod und berichtete, daß Verney »im größten Elend und in bitterster Not den Tod herbeisehnte«.[34]

In der elisabethanischen Ära gab es mehrere Aristokraten und reiche Grundbesitzer, die zu Piraten und Schmugglern vor der britischen Küste enge Beziehungen unterhielten und von ihren Beutezügen profitierten. So etwa Sir Richard Edgecumbe, Sir Robert Rich, Sir Richard Bulkerey aus Beaumaris in Wales und Sir John Killigrew und seine Gattin, Lady Killigrew, aus Pendennis Castle in Cornwall.

Lady Killigrew könnte Daphne du Maurier zu ihrem Roman *Frenchman's Creek* inspiriert haben. Der französische Held der Geschichte ist eine besonders romantische Piratengestalt. Er wohnt in einem schönem Haus in der Bretagne und betreibt die Piraterie aus bloßer Abenteuerlust und Freude an der Gefahr. Er besitzt ein schmuckes Schiff namens *La Mouette*, mit dem er an der Küste Cornwalls tollkühne Überfälle unternimmt. Er verdreht Lady St. Colomb den Kopf, der liebenswerten Heldin der Geschichte, die es tief beeindruckt, daß er Gedichte von Ronsard liest und stundenlang Seevögel zeichnet. Überflüssig zu betonen, daß er mit den rauhen Schurken, die im frühen 18. Jahrhundert die Schiffahrtsstraßen im Atlantik unsicher machten, keinerlei Ähnlichkeit hat. Doch es gab durchaus einige gebildete Piraten, allen voran Major Stede Bonnet. Bei seinem Prozeß in Charleston, South Carolina, nannte ihn der Richter »einen Gentleman, der den Vorteil einer höheren Bildung genossen hat und auch ganz allgemein als ein gelehrter Mann geschätzt wird«. Bonnet hatte auf Barbados ein geruhsames Leben in Frieden und Wohlstand geführt, bis er eines Tages genug davon hatte. Er rüstete auf eigene Kosten eine Sloop mit zehn Geschützen aus, heuerte 70 Mann als Besatzung an und wurde Pirat. Er kaperte vor der Küste Virginias und Carolinas eine Reihe von Schiffen und tat sich dann mit Blackbeard und seiner Crew zusammen. Bonnets Problem war, daß er keine seemännische Erfahrung besaß und folglich nicht zum Schiffsführer taugte. Blackbeard schwatzte ihm seine Sloop ab und vertraute sie einem erfahrenen Seemann an. Die Zeitung *Boston News Letter* berichtete am 11. November 1717, daß Bonnet auf Blackbeards Schiff gesehen worden sei: »Er führte nicht das Kommando, sondern ging im Morgenmantel umher und begab sich dann zu seinen Büchern; er hat tatsächlich eine ganze Bibliothek an Bord.«

Bonnets Herkunft und Erziehung wirkten sich bei seinem Prozeß eher strafverschärfend aus, und der Richter nahm sie zum Anlaß für eine langatmige Moralpredigt. Bonnet war am Boden zerstört, als sein Todesurteil verkündet wurde: »Sein mitleiderregendes Verhalten vor der Urteilsvollstreckung ging den Menschen der Provinz, insbesonders den Frauen, sehr nahe.«[35] Er schrieb aus dem Gefängnis einen Brief an den Gouverneur, in dem er um Gnade winselte – ohne Erfolg. Er wurde im Hafen von Charleston gehängt.

Der denkwürdigste fiktive Pirat ist, wenn wir einmal von Long John Silver absehen, Kapitän Hook, der Bösewicht in J. M. Barries Theaterstück *Peter Pan*. Zwar wird er auf der Bühne nicht immer als Aristokrat dargestellt, doch Barries Text läßt keinen Zweifel daran, daß er die allerbeste Erziehung genossen hat. Besonders grauenerregend an ihm ist natürlich der eiserne Haken, der die von einem Krokodil gefressene Hand ersetzt, doch vom Rest seiner Crew unterscheidet er sich durch seine »gewählte Ausdrucksweise, selbst wenn er flucht«, und durch seine Garderobe, denn er kleidet sich wie der elegante Stuart-König Karl II., dem er angeblich verblüffend ähnlich sah. 1927, viele Jahre nach der Uraufführung von *Peter Pan*, enthüllte Barrie im Gespräch mit Schülern des Eton College, daß Kapitän Hook in Eton und Balliol erzogen worden sein soll.

Anders als Robert Louis Stevenson, den bis zum Erscheinen der *Schatzinsel* nur eine kleine Leserschaft kannte, war sein schottischer Landsmann Barrie bereits ein berühmter Autor und Dramatiker, als er *Peter Pan* schrieb.[36] Das Stück, das auf einer Zauberinsel und einem Piratenschiff spielt, handelt von einem Jungen, der nicht erwachsen wird. Es wurde am 27. Dezember 1904 in London uraufgeführt und begeisterte das Publikum. Die Kinder waren von Peter und Wendy bezaubert, und die Kritiker stimmten Lobeshymnen an.

Obwohl die Piratenepisode nur einen Teil der Handlung ausmacht, hat sie Barrie bei der Arbeit offenbar großes Vergnügen bereitet. Er macht mehrere Anspielungen auf *Die Schatzinsel* (er war ein Freund und Bewunderer Stevensons) und die historischen Piraten, die er aus Captain Johnsons Buch kannte. Hooks Schiff liegt in Kidd's Creek, und wir erfahren, daß er einst als Bootsmann unter Blackbeard diente und »der schlimmste von allen« war. Kein Erwachsener wird ernstlich glauben, daß Bootsmann Smee mit seiner Brille und seiner Nähmaschine oder Gentleman Starkey, ein ehemaliger Hilfslehrer, irgendwelche Gemeinsamkeiten mit richtigen Piraten haben. Doch bei Kapitän Hook liegen die Dinge ganz anders. Er wurde zu einer legendären Gestalt und ist bis heute einer der beliebtesten Bühnen- und Leinwandschurken. Hook ist eine Traumrolle für jeden Schauspieler. Stars wie Charles Laughton, Boris Karloff, Alastair Sim, Donald Sinden und Dustin Hoffman haben ihn gespielt. Im Lauf der Zeit ist eine regelrechte Peter-Pan-Industrie entstanden. Alljährlich an Weihnachten wird in unzähligen Theatern und Gemeindesälen in Großbritannien und in den Vereinigten Staaten *Peter Pan* aufgeführt. Der Buchhandel bietet Dutzende von illustrierten Ausgaben des Buches an. Walt Disney gab eine Comic-Version heraus, und Steven Spielberg drehte *Hook*, ein Filmepos mit Starbesetzung, verblüffenden Effekten, eindrucksvollen Kostümen und einem großartigen Piratenschiff.

Wenn es jemals einen typischen Piraten gegeben hat, dann Henry Avery. Er war weder Aristokrat, noch war er für seine Grausamkeit berüchtigt. Und seine Karriere war erstaunlich kurz, wie so oft in diesem Gewerbe. Er ist heute längst nicht so berühmt wie Captain Kidd oder Blackbeard, und er beschloß seine Tage als einsamer Mann, doch er war schon zu Lebzeiten eine Legende. Ein Bühnenstück mit dem Titel *The Successful Pirate*, dem seine Geschichte zugrunde lag, lief mehrere Jahre am Drury Lane Theatre in London, und Daniel Defoe schrieb ein Buch mit dem Titel *The King of the Pirates*, das auf Gesprächen zwischen Defoe und Avery beruhen soll.

Henry Avery paßt in kein modernes Piratenklischee. Er war eine Frohnatur, mittelgroß, ziemlich fett und ungepflegt. Nach Defoe wurde er 1653 in Plymouth geboren und diente einige Jahre in der Royal Navy, unter anderem als Fähnrich auf der *Kent* und der *Rupert*.[37] 1694 wurde er Erster Maat auf der *Charles*, einem Freibeuter, der zu Raubzügen an den Küsten der spanischen Kolonien ausgeschickt wurde. Das Schiff lag mehrere Monate im Hafen von La Coruña, und die Mannschaft murrte, weil der Sold ausblieb. Am 7. Mai – der Kapitän schlief gerade einen Rausch aus – brachte Avery das Schiff mit einigen Gefährten in seine Gewalt.

»Ich bin nun Kapitän dieses Schiffes«, verkündete er. »Mein Ziel ist Madagaskar, und ich habe vor, dort mein Glück zu machen und auch das aller braven Männer, die mir gefolgt sind.«

Sie tauften das Schiff in *Fancy* um und segelten nach Süden. Bei den Kapverdischen Inseln kaperten sie drei englische Schiffe, und nahe der Insel Principe an der Westküste Afrikas brachten sie zwei Holländer auf. Anschließend umrundeten sie das Kap der Guten Hoffnung und kreuzten zur Nordostspitze Madagaskars, wo sie Anker warfen und an Land gingen, um dringend benötigten Proviant aufzunehmen. Avery hatte die Absicht, Schiffe der Pilgerflotte abzufangen, die jedes Jahr vom indischen Surat nach Mocha an der Einfahrt zum Roten Meer und dann nach Mekka hinauf segelten. Die Flotte war für Piraten ein fast ebenso attraktives Ziel wie die spanischen Schatzschiffe für die Bukaniere in der Karibik, denn mit den Pilgern reisten Kaufleute, die Gewürze und Tuche gegen Gold und Kaffee tauschten. Und der Großmogul und Herrscher Indiens ließ seine Schiffe in der Flotte der Pilger mitfahren.

Im September 1695 kreuzte Avery vor der Einfahrt zum Roten Meer. Die *Fancy* war inzwischen mit 46 Kanonen bestückt und hatte 150 Männer an Bord. In ihrer Begleitung waren mehrere andere Piratenschiffe, darunter die *Pearl* und die *Portsmouth Adventure* aus Rhode Island und die *Amity* aus New York. Das erste Pilgerschiff, das den Piraten in die Hände fiel, war die *Fath Mahmamadi*. Sie hatte Gold und Silber im Wert von über 50000 Pfund geladen! Ein paar Tage später sichtete Avery das Schiff, mit dem er ein Vermögen machen und seinen legendären Ruf begründen sollte. Die *Ganj-i-Sawai* (oder *Guns-way*, wie sie später genannt wurde) war das größte Schiff des Groß-moguls. Sie war mit 40 Kanonen bestückt, und Kapitän Muhammed Ibrahim verfügte über 400 Musketenschützen, die das Schiff für einen Angreifer zu einem gefährlichen Gegner machten.

Avery hatte das Glück auf seiner Seite. Seine Piratenflottille hielt auf die *Ganj-i-Sawai* zu und fällte mit einem der ersten Kanonenschüsse den Großmast. Dann explodierte ein Geschütz an Bord des muslimi-schen Schiffes, richtete an Deck ein Blutbad an und stiftete Verwir-rung. Das Gefecht dauerte zwei Stunden. Als die Piraten längsseits gin-gen und das Schiff enterten, stießen sie zu ihrer Überraschung nur auf geringen Widerstand. Der indische Historiker Khafi Kahn berich-tet, der Kapitän der *Ganj-i-Sawai* habe einige türkische Mädchen in Männerkleidung gesteckt und gezwungen, gegen die Piraten zu kämp-fen. Er selbst sei unter Deck geflüchtet und habe sich im Laderaum versteckt.

Anderen Berichten zufolge befand sich neben einer Anzahl von Sklavinnen und vielen wohlhabenden Kaufleuten auch eine Tochter des Großmoguls mit ihrem Gefolge an Bord. Avery behauptete später, daß den Frauen kein Haar gekrümmt worden sei, doch ein Mitglied der Piratenbande gestand bei seinem Prozeß, daß die »entsetzlichsten Grausamkeiten« verübt worden seien.[38] Alles spricht dafür, daß die Piraten auf den Schiffen, die beigedreht im Arabischen Meer lagen, tagelang plünderten, folterten und vergewaltigten. Sie erbeuteten bei dieser Orgie der Gewalt eine riesige Menge Gold und Silber, darunter 500 000 Rial. Jeder Pirat erhielt aus der Beute einen Anteil von 1000 Pfund.

Nach der Eroberung dieser Prise beschloß Avery, seine kurze Lauf-bahn als Pirat zu beenden. Er ließ die anderen Schiffe zurück und se-gelte nach Westindien. Dort bestach er den Gouverneur von New Pro-vidence, damit er und seine Männer an Land gehen konnten, und schenkte ihm sein Schiff und Elfenbein im Wert von 1000 Pfund. Die Piraten trennten sich. Einige gingen nach Carolina, andere nach Eng-land. Sechs Mitglieder von Averys Besatzung wurden schließlich ge-faßt. Im Oktober 1696 wurden ihnen im Londoner Old Baley unter regem öffentlichen Interesse der Prozeß gemacht. Sie wurden zum Tode verurteilt.

Der Großmogul in Indien war empört über den Vorfall und forderte von der britischen Regierung die Bestrafung der Schuldigen. Doch Avery selbst wurde nie gefaßt. Man munkelte, er habe seinen Lebens-abend als wohlhabender Mann auf einer tropischen Insel verbracht, doch wie es scheint, wurde er von Kaufleuten in Südwestengland um einen Großteil seiner Beute betrogen und beschloß seine Tage in der Ortschaft Bideford in Devon. Als er starb, war »sein Nachlaß nicht einmal den Sarg wert«.[39] Das Bühnenstück, in dem Averys Leben nachgestellt wurde, trug erheblich zur Legende vom Piraten als tapferem Geächteten bei und nährte den Glauben, daß Avery und seinesgleichen ein Vermögen erbeutet hätten. *The Successful Pirate* wurde 1713 im Drury Lane Theater uraufgeführt. Avery, als Arviragus, König von Madagaskar, nur wenig verschleiert, wurde zum romantischen Helden verklärt, der im Holländischen Krieg einen Brander befehligt hatte, anschließend der Menschheit jedoch den Krieg erklärte und Pirat wurde. Er hatte sich zum König der Geächteten aufgeschwungen und herrschte über ein »Bande von Vagabunden, den Auswurf der Menschheit«. In der ersten Szene erfahren wir, daß ein Schiff aus Indien gekapert und in den Hafen von Laurentia gebracht wurde. Es ist mit Gold und Juwelen beladen und hat die liebenswerte Zaida, die Enkelin des Großmoguls, und eine Unmenge von Dienerinnen an Bord. Arviragus beschließt, die Beute unter seinen Seeleuten aufzuteilen, die »mit mir die Welt umsegelt, mit mir gefroren, geschmachtet, gehungert haben ...« Zaida liebt Aranes, einen jungen Adligen aus ihrem Gefolge, doch Arviragus begehrt die Fürstentochter ebenfalls. Am Ende des Stückes löst sich jedoch alles in Wohlgefallen auf, denn wie wir erfahren, ist Aranes der verlorene Sohn des Arviragus. Dies gibt Arviragus die Möglichkeit, den Thron an Aranes und Zaida abzutreten und »das Zepter aus der Hand zu legen und als einfacher Mann zu sterben, wie ich auch geboren wurde«.

Der Autor von *The Successful Pirate* war Charles Johnson (nicht zu verwechseln mit dem Autor der *Allgemeinen Geschichte der Piraten*), ein zweitklassiger Dramatiker, der sich den Spott seiner Schriftstellerkollegen zuzog, weil er zuverlässig ein Stück pro Jahr produzierte.[40] *The Successful Pirate* war das erste in einer langen Reihe von Melodramen über Piraten, die das Londoner Publikum in den folgenden 150 Jahren verzückten. Stücke wie *Blackbeard or The Captive Princess* von 1798 hatten historische Figuren als Vorbilder. Andere waren pure Erfindung. *The Red Rover or The Mutiny of the Dolphin*, das am 9. Februar im Adelphi Theatre uraufgeführt wurde, beruhte auf einer Abenteuergeschichte von James Fenimore Cooper und wurde von Edward Fitzball für die Bühne bearbeitet. Die Kritiker taten das Stück als »Schund« ab, lobten aber die temperamentvolle Darstellung des Red Rover durch Frederick Yates. Yates war ein ehemaliger Soldat und verdiente sein Brot jetzt als Direktor des Adelphi. Sein kühnes Auftreten und seine athletische Gestalt paßten ideal zu der Figur des schurkischen Piraten, der auf den Meeren Angst und Schrecken verbreitet und in der letzten Szene unter dramatischen Umständen durch die Kugel eines Meuterers stirbt. Gilbert und Sullivan parodierten die Melodramen mit *The Pirates of Penzance*. Die Londoner Premiere fand am 3. April 1880 in der Opera Comique statt. Mit seinem witzigen Libretto, den bunten Kostümen und einigen der denkwürdigsten Songs und Refrains von Arthur Sullivan wurde *The Pirates of Penzance* auf Anhieb eines der beliebtesten Stücke des Autorengespanns. Die Geschichte selbst ist purer Nonsense. Die Piratenbraut Ruth gibt Frederick, den Helden, versehentlich bei einem Piraten in die Lehre statt bei einem Lotsen. Die Piraten sind ebenso liebenswert und vertrottelt wie die Gesetzeshüter, die sie fangen sollen, doch die verwickelte Handlung endet glücklich mit der Hochzeit Fredericks und Mabels, der hübschen Tochter des Generalmajors, und die Piraten erweisen sich als aufrechte Patrioten, die nie wieder auf Kaperfahrt gehen. Trotz der humoristischen Behandlung des Themas hat das Stück das Piratenbild vieler Menschen nachhaltig geprägt. Seit über 100 Jahren wird es von Laiengruppen und Profibühnen aufgeführt, und die gutmütigen Figuren haben zu der kindischen Auffassung beigetragen, Piraten seien in Wirklichkeit liebenswerte Raufbolde, die keinem Menschen etwas zuleide tun wollen.

Plündern und Brandschatzen der Schatzhäfen

Nombre de Dios liegt in einer Bucht an der Landenge von Panama. Um 1670 war der Ort einer der größten Schatzhäfen an der heißen und feuchten Nordküste Südamerikas, die den Süden der Karibik umschließt. Zweimal im Jahr ankerte in der Bucht eine Flotte spanischer Galeonen und nahm Gold und Silber an Bord, das Schiffe und Maultiere aus den entlegenen Bergen Perus und Boliviens herbeigeschafft hatten. Im Gegensatz zu Panama, Cartagena und anderen spanischen Städten in Mittelamerika besaß Nombre de Dios keine schönen Häuser. Rund 200 Hütten und Schuppen schmiegten sich, roh aus Brettern zusammengezimmert, an den Dschungel und säumten den Strand. Nach der Ankunft der Schatzschiffe wimmelte der Ort von Seeleuten, Sklaven und Beamten. Zu anderen Zeiten standen die meisten Holzhäuser leer.[1] In der Regenzeit gingen schwere Gewitter nieder. Moskitos, Fieber, tropische Krankheiten und die feuchte Hitze peinigten die Bewohner dieser Küste.

Der bedeutendste britische Seefahrer der elisabethanischen Ära stattete diesem Ort 1571 einen Besuch ab. Als spanischer Kaufmann verkleidet, kundschaftete Francis Drake aus, wo das königliche Schatzhaus lag. In der Nähe entdeckte er eine kleine Bucht, die ihm bei künftigen Unternehmungen als sicherer Ankerplatz dienen konnte. Außerdem hatte er Kontakte zu entlaufenen schwarzen Sklaven geknüpft, sogenannten Cimaroons, die im Dschungel lebten und nur auf eine Gelegenheit warteten, sich an den verhaßten Spaniern zu rächen. Im Juli 1572 kehrte Drake mit zwei kleinen Schiffen, der *Pasco* und der *Swan,* und 73 Mann nach Nombre de Dios zurück.[2] Hinter einer Landzunge östlich der Stadt ging er vor Anker. In der Nacht stiegen seine Leute in Kanus und paddelten um die Landzunge herum in die Bucht. Gegen drei Uhr landeten sie, überwältigten den Soldaten, der die Küstenbatterie bewachte, und vernagelten die sechs Geschütze. Dann teilte

Drake seine Leute in zwei Gruppen auf. Eine Gruppe zog unter Führung seines Bruders John zum Westrand der Stadt und machte dort einen Ablenkungsangriff. Drake selbst griff gleichzeitig im Osten an und marschierte mit Pauken und Trompeten in die Stadt ein. Unter den Bewohnern brach Panik aus.

Doch dann nahmen die Dinge eine ungünstige Wendung. Eine Abteilung spanischer Soldaten eröffnete das Feuer, tötete einen englischen Trompeter und verwundete Drake am Oberschenkel. Unter großen Schmerzen führte er seine Männer zum Schatzhaus, doch seine Wunde blutete so heftig, daß das Blut, wie ein Begleiter sich später erinnerte, in seinen Fußstapfen stand. Er wollte gerade die Türen des Schatzhauses einschlagen lassen, da brach ein Gewitter los, und der heftige tropische Regenguß setzte die Straßen so unter Wasser, daß die Angreifer Schutz suchen mußten. Als der Regen aufhörte, stellten viele Männer fest, daß ihre Arkebusen und Armbruste unbrauchbar waren, denn Pulver, Lunten und Sehnen waren naß geworden. Einige wollten aufgeben, doch Drake trieb sie an:»Ich habe euch zur Schatzkammer der Welt geführt. Wenn ihr mit leeren Händen abzieht, habt ihr euch das selbst zuzuschreiben und niemandem sonst.«[3] Es war vergebliche Müh. Sie erbrachen die Türen des Schatzhauses, doch es war leer. Die letzte Schatzflotte war vor sechs Wochen ausgelaufen, und die nächsten Lieferungen wurden erst in einigen Monaten erwartet. Drake hatte mittlerweile so viel Blut verloren, daß er einen Schwächeanfall bekam und zu den Booten getragen werden mußte. Der Überfall war ein totaler Fehlschlag.

Doch Drake war nicht der Mann, der leicht aufgab. Er beschloß, auf die nächste spanische Flotte zu warten und die Zeit bis dahin sinnvoll zu nutzen. Kaum von der Verwundung genesen, unternahm er Überfälle an der Küste und erkundete mit Hilfe einheimischer Führer das Landesinnere. Am 11. Februar 1573 erklomm er einen Berg, auf dem die Cimaroons einen Ausguck errichtet hatten. Von diesem Beobachtungsplatz aus erblickte er in der Ferne den Pazifischen Ozean. Er betete laut zu Gott, er möge es ihm ersparen, jemals mit einem englischen Schiff durch diese glitzernde See segeln zu müssen.

Er und seine Männer marschierten durch die Sümpfe und den Dschungel, bis Panama-Stadt in Sicht kam. Sie beobachteten Schatzschiffe, die aus Peru eintrafen, und warteten, bis ihre Reichtümer entladen, kontrolliert und auf Maultiere gepackt waren. Drake legte am Maultierpfad einen Hinterhalt, doch erneut ging alles schief. Einer seiner Leute war betrunken und griff zu früh an. Sie erbeuteten nur ein paar Tiere, die wertlose Waren schleppten. Der Rest der Kolonne flüchtete. Drake hatte fünf Monate auf der Lauer gelegen, und nun das!

Doch Drake gab nicht auf. Er überfiel die Stadt Venta Cruces am Sagres-Fluß. Dann kam ihm der Zufall zu Hilfe. Im März traf er eine Gruppe französischer Hugenotten. Ihr Anführer war Kapitän le Testu, ein Freibeuter aus Le Havre, und der berichtete ihm, daß drei Karawanen mit 190 Maultieren nach Nombre de Dios unterwegs seien. 20 Meilen hinter der Stadt überfielen Engländer, Franzosen und Schwarze im Dschungel den Maultierzug. Jedes Tier trug 300 Pfund Silber. Eine fette Beute. Drake entwischte einer spanischen Flotille, die vor der Küste kreuzte, und segelte nach England zurück. Bei dem Überfall auf den Maultierzug und seinen anderen Unternehmungen hatte er rund 15 Tonnen Silber in Barren und Goldmünzen im Wert von 100 000 Pfund erbeutet.

Drake war kein Pirat wie Blackbeard oder Bartholomew Roberts, und doch beging er zahlreiche Akte offener Piraterie. Wie Nelson war er ein glühender Patriot und haßte die Feinde Englands. Wenn er ein

Die englischen Seefahrer und Freibeuter Thomas Cavendish (1560–1592), Sir Francis Drake (?1540–1596) und Sir John Hawkins (1532–1595), gemalt von einem unbekannten Künstler.

spanisches Schiff oder eine spanische Stadt angriff, so tat er es im Namen der Königin Elisabeth und unter englischer Flagge. Er plünderte jedes spanische Schiff aus, dem er begegnete, und raffte und raubte ein Vermögen zusammen. Er war ein ehrgeiziger und kühner Draufgänger, und doch bewies er Fingerspitzengefühl im Umgang mit seinen Männern, die ihn verehrten, und mit gefangenen Feinden, die ihn bewunderten. Als Sproß einer Seemanns- und Bauernfamilie wirkte er unter den eleganten Höflingen, die seine Königin umgaben, wie ein ungehobelter Bauerntölpel, doch seine überragenden Fähigkeiten als Seemann und Navigator und seine Ruhmestaten in Spanisch-Amerika ließen seine bescheidene Herkunft vergessen.

Drake hatte seinen Cousin John Hawkins auf dessen Fahrten nach Afrika und Westindien begleitet, doch erst mit dem Überfall auf den Maultierzug machte er sich einen Namen. Drei Jahre nach seiner Rückkehr aus Nombre de Dios brach er in Plymouth zu einer Reise auf, die ihn um die ganze Welt führen sollte. Am 13. Dezember 1577 stach er mit der *Pelican*, die er später in *Golden Hind* umtaufte, in See. Die kleine Galeone war nur 30 Meter lang und 6 Meter breit, jedoch ein glänzender Segler.[4] Zwei Monate später erreichte sie mit ihren vier Begleitschiffen die südamerikanische Küste in der Nähe des Río de la Plata. Im September 1578 segelte Drake durch die Magellanstraße. Er hatte inzwischen drei Schiffe aufgeben müssen, und das vierte verlor in einem Sturm den Kontakt zur *Golden Hind* und kehrte nach England zurück.

Vor der chilenischen Küste überfiel Drake mehrere spanische Siedlungen und Schiffe. Vor Valparaiso kaperte er ein Schiff, das Gold im Wert von 8000 Pfund und 1770 Krüge Wein geladen hatte. Auf weiteren Prisen erbeutete er 4000 Silberdukaten, eine Kiste ungemünztes Gold und ein smaragdbesetztes Kruzifix. Dann, am 1. März 1579, sichtete er das Schatzschiff *Nuestra Señora de la Concepción*, das von Lima nach Panama unterwegs war. Bei seinen Überfällen an der Küste hatte er erfahren, daß dieses große Schiff eine schwimmende Schatzkammer war, gefüllt mit Silber und Gold aus Peru. Wegen seiner vielen Geschütze trug es den Spitznamen *Cacafuego*, was gewöhnlich – und nicht ganz korrekt – mit »Feuerspucker« übersetzt wird.

Drake griff zu einer Taktik, die sich bei Piraten aller Zeiten großer Beliebtheit erfreute: Er tarnte sein Schiff als trägen, harmlosen Kauffahrer. Er rief seine Leute auf Gefechtsstation und ließ alle Segel setzen, verringerte jedoch die Geschwindigkeit seines Schiffes, indem er Trossen mit Matratzen und schweren Kochtöpfen achtern in die See ließ und hinter sich herschleppte. San Juan de Antón, der Kapitän der *Ca-*

41

cafuego, fiel auf den Trick herein. Als Drakes Schiff auf Rufweite herangekommen war, fragte er, wie bei solchen Begegnungen auf hoher See üblich, nach dem Namen und Zielhafen des Schiffes. »Streicht die Segel«, schallte es zurück, »oder wir bohren euch in den Grund.« Der Spanier lehnte natürlich ab und forderte den Engländer auf, an Bord zu kommen und sein Schiff zu übergeben. Auf der *Golden Hind* ertönte ein Trompetensignal, und Bewaffnete tauchten am Schanzkleid auf. Die erste Breitseite kappte den Besanmast des Spaniers, ein tödlicher Hagel von Armbrustbolzen und Kugeln folgte. Die Engländer nutzten die Überraschung des Gegners. Eine Pinasse mit einer Entermannschaft schor längsseits der *Cacafuego.* Der spanische Kapitän wurde gefangengenommen und gezwungen, sein Schiff zu übergeben. Drake behandelte ihn höflich und tröstete ihn, er solle sich nicht grämen, so sei der Krieg nun einmal.

Drake brachte die Prise an einen sicheren Küstenstrich und inspizierte die Ladung. Der Frachtraum war mit Schätzen gefüllt. Einem zeitgenössischen Bericht zufolge enthielt er neben Juwelen und anderen Kostbarkeiten »80 Pfund Gold und 26 Tonnen Silber«.[5] Der Wert des Edelmetalls, das in den Frachtpapieren unter dem Namen des spanischen Königs und anderer Personen aufgeführt war, betrug 362000 Pesos. Hinzu kamen nicht verzeichnete Reichtümer, deren Wert der spanische Kapitän auf 400000 Pesos schätzte. Die Gesamtsumme von 762000 Pesos würde einem heutigen Wert von circa 36 Millionen Mark entsprechen. Drake hatte eine der fettesten Prisen aller Zeiten gekapert. Seine Leute brauchten sechs Tage, um den Schatz an Bord der *Golden Hind* zu schaffen.

Bevor Drake sich von der *Cacafuego* trennte, stellte er ihrem Kapitän einen Geleitbrief aus und verteilte an ihn und seine Männer Geschenke. Dies war eine großzügige Geste gegenüber einem besiegten Feind, vermochte aber die Wut und Empörung der spanischen Behörden nicht zu besänftigen, als sie vom vollen Ausmaß des Schadens erfuhren. An der gesamten amerikanischen Küste hielten spanische Schiffe nach ihm Ausschau, doch Drake beschloß klugerweise, den Beutezug zu beenden und nach Westen in den Weiten des Pazifischen Ozeans zu verschwinden. Wie durch ein Wunder überstand er Stürme, Überfälle feindseliger Insulaner und einen Zwischenfall, bei dem sein Schiff östlich von Celestes auf ein Korallenriff lief. Am 26. September 1580, zwei Jahre und neun Monate, nachdem er ausgelaufen war, traf er wieder in Plymouth ein.

Die *Golden Hind* war erst das zweite Schiffe in der Geschichte, das die Welt umsegelt hatte, und da Magellan auf seiner Pionierfahrt gestorben war, war Drake der erste Kapitän, der die Weltumsegelung vollendet hatte. Drake wurde ein Nationalheld. Der spanische Botschafter forderte Entschädigung für die »Plünderungen dieses gemeinen Korsaren«, doch seine Proteste stießen auf taube Ohren. Königin Elisabeth gewährte Drake eine sechsstündige Audienz im Richmond Palace und lauschte seinem Reisebericht. Später ließ sie ihn an Bord seines Schiffes in Deptford zum Ritter schlagen. Obwohl von seiner Beute eine amtliche Bestandsaufnahme gemacht wurde, läßt sich der Gesamtwert des Schatzes, den er in jenen Monaten an Südamerikas Küste erbeutete, nur schwer schätzen. 10 000 Pfund durfte Drake für sich behalten und 8000 Pfund unter seiner Mannschaft verteilen. Die Geldgeber, die das Unternehmen finanziert hatten (darunter auch die Königin), erhielten eine stattliche Rendite für ihr Risikokapital. Der Gesamtwert des Schatzes von 1580 betrug schätzungsweise 200 Millionen Mark in heutigem Geld.

Als Drake in der Karibik seinen ersten Überfall machte, verschifften die Spanier bereits seit einem halben Jahrhundert Gold und Silber nach Europa. Die spanische Eroberung der Neuen Welt hatte mit Christoph Kolumbus begonnen. Am 12. Oktober 1492 betrat er nach siebzig Tagen auf den Wogen des Atlantiks die Bahama-Insel Guanahani. Von den Bahamas segelte er weiter nach Kuba und Hispaniola (dem heutigen Haiti). Seine zweite Fahrt führte ihn nach Dominica und an der Küste der Kleinen Antillen entlang nach Puerto Rico, Hispaniola und Jamaika, wo er am 5. Mai 1494 landete. Die gebirgigen Inseln Jamaika und Hispaniola sollten zu den wichtigsten Stützpunkten der Bukaniere werden und eine Schlüsselrolle in der Geschichte der Piraterie spielen.

Auf der dritten und vierten Reise segelte Kolumbus an der südamerikanische Küste entlang und in den Golf von Darién. Das gesteckte Ziel, einen Seeweg nach Indien zu finden, erreichte er zwar nicht, doch seine Fahrten veränderten die Landkarte der bekannten Welt. Schon bald schlugen die Spanier Kapital aus seinen Entdeckungen. 1502 errichteten sie auf Hispaniola eine dauerhafte Siedlung, und Balboa gründete eine weitere Kolonie auf dem amerikanischen Festland bei Panama. Doch erst die folgende Expedition sollte die Haltung der Europäer zur Neuen Welt von Grund auf verändern und zwei Jahrhunderte der Freibeuterei und Piraterie in Spanisch-Amerika einleiten.

Im Jahr 1519 landete eine kleine Armee an der Küste Mexikos in der Nähe des heutigen Veracruz. Die 600 Soldaten waren mit Säbeln, Piken und Armbrusten bewaffnet und führten 16 Pferde, ein paar kleine

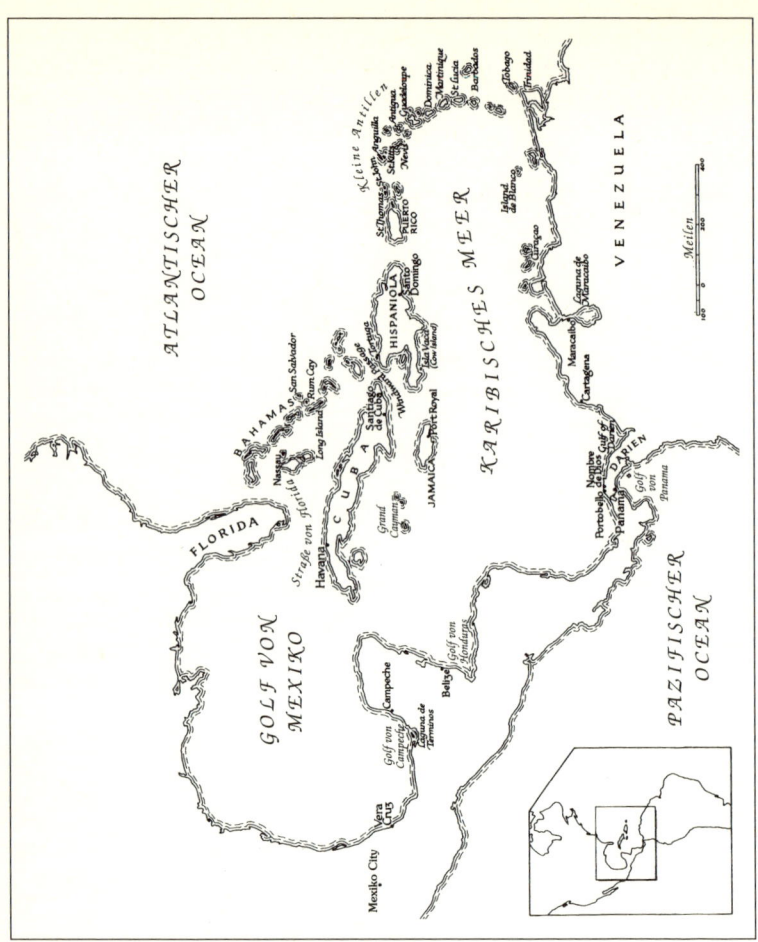

Karibik und Mittelamerika, 1500–1730.

Kanonen und 13 Musketen mit sich. Unter der Führung von Hernando Cortez wateten sie durch die Sümpfe an der Küste und erklommen das Hochland Zentralmexikos. In den Dörfern erfuhr Cortez, daß das Land von den Azteken beherrscht wurde, einem kriegerischen Volk, das Tribut erhob und die Bewohner der Dörfer zu Frondiensten zwang.[6] Obwohl die Azteken weder den Gebrauch des Rades gelernt hatten noch über Pferde oder Rinder verfügten, hatten sie eine Hochkultur hervorgebracht, die vor allem durch ihre Feldbaumethoden, ihre Bildhauerkunst, Bilderschrift und Architektur beeindruckte. Besonders impo-

44

sant waren die Tempel, auf denen sie Menschenopfer darbrachten, ein Brauch, der die Spanier gleichermaßen erschreckte wie faszinierte. Noch mehr faszinierte Cortez und seine Männer freilich der Reichtum an Gold und Silber und der herrliche Schmuck, den aztekische Goldschmiede schufen.

Innerhalb von zwei Jahren eroberte Cortez ganz Mexiko. Er belagerte die Azteken-Haupstadt Tenochtitlán, nahm sie ein und machte sie dem Erdboden gleich. Aus ihren Ruinen wuchs später Mexiko Stadt empor. Moctezuma, der Herrscher der Azteken, wurden von seinen eigenen Untertanen gesteinigt, und die Eroberer errichteten das Vizekönigreich Neuspanien, das den unterworfenen Völkern ebenso wie sein Vorgänger Tribute auferlegte. Schon um 1620 wurden Kisten voller Gold und Edelsteine auf spanische Schiff verladen.

Bald kamen den Spaniern in Panama Gerüchte über ein sagenhaftes Reich im Süden Mexikos zu Ohren. Das Land, das von den Inka in Peru beherrscht wurde, umfaßte die Berge und Täler der Anden und reichte rund zweitausend Meilen nach Süden. Die Städte lagen in über 3000 Meter Höhe, doch die Inka verfügten über ein ausgezeichnetes Straßennetz, das es den Inkaherrschern ermöglichte, die weit verstreute bäuerliche Bevölkerung zu kontrollieren. Wie die Azteken waren die Inka hervorragende Baumeister und Handwerker und verarbeiteten Gold und Silber zu großartigem Schmuck und zu Bildnissen ihrer Götter. Im Jahr 1532 drang unter Francisco Pizarro eine kleine spanische Armee mit 180 Soldaten und 27 Pferden von Panama aus ins Landesinnere vor.

Im nordperuanischen Cajamarca stießen sie auf Atahualpa, den Herrscher des Inkareichs. Pizarro überlistete ihn, nahm ihn bei einem kühnen Handstreich gefangen und ermordete einen Großteil seines Gefolges. Wenig später erhielt er Verstärkung und marschierte mit 600 Mann auf die Hauptstadt Cuzco. Ihres Führers beraubt, vermochte die Inka-Armee dem Ansturm der Konquistadoren nicht standzuhalten. Im November 1533 plünderten Pizarros Männer Cuzco. Als Lösegeld für Atahualpa mußten die Inka einen riesigen Saal mit Goldschmuck füllen. Der Schmuck wurde eingeschmolzen und zusammen mit der übrigen Beute unter den spanischen Soldaten verteilt. Ein Fünftel des Goldes ging an den König von Spanien. Doch obwohl das Lösegeld bezahlt worden war, befahl Pizarro, Atahualpa hinzurichten.

Weitere zehn Jahre später kontrollierten die Spanier fast ganz Süd- und Mittelamerika und damit auch die größten Gold- und Silbervorkommen der Welt. 1545 entdeckten sie in Potosi im heutigen Bolivien einen Berg, der unermeßlich reiche Silberadern enthielt. Sie errichteten am Fuß des Berges eine Stadt und zwangen einheimische Indianer zur Arbeit in den Silberminen. Maultiere brachten das Edelmetall über Gebirgspässe und Dschungelpfade zu den Küstenstädten Cartagena und Portobello. Anfangs wurden das Aztekengold und das Silber aus Potosi in Form von Barren verladen, doch schon bald wurden in der Neuen Welt auch Münzen geprägt: die erste 1536 in Mexiko-Stadt, eine zweite 1565 in Lima, eine dritte 1574 in Potosi. Der Gesamtwert der Gold- und Silbermünzen, die dort geprägt und nach Spanien verschifft wurden, war erstaunlich. Zwischen 1596 und 1600 importierte Spanien Schätze im Wert von 34 428 500 Pesos aus der Neuen Welt.[7] Der Gegenwert in heutigem Geld beträgt rund 1,5 Milliarden Mark.

Die berühmtesten Münzen der Neuen Welt waren die spanischen Pesos oder »Stücke von Achten«. Sie flossen in riesigen Mengen ins Mutterland, lieferten ihm die Mittel zu seiner Machtentfaltung und wurden zur Handelswährung in Spanisch-Amerika und Westindien. Über hundert Jahre lang waren die »Stücke von Achten«, die in der Neuen Welt kursierten, primitive Prägungen und bisweilen eher viereckig als rund. Von besserer Qualität waren die Münzen, die in Spanien und ab 1732 auch in Mexiko geprägt wurden. Beide trugen gewöhnlich auf der einer Seite das spanische Wappen und auf der anderen ein Bild, das die Säulen des Herkules darstellte. Die Säulen symbolisierten die Grenzen der Alten Welt an der Meerenge von Gibraltar. Auf frühen Darstellungen ragten sie aus dem Meer, und später füllten den Raum zwischen ihnen zwei Halbkugeln aus, die für die Alte und die Neue Welt standen. Die »Stücke von Achten« fanden eine solche Verbreitung, daß aus den Säulen schließlich das heutige Dollarzeichen entstand. Ein »Stück von Achten« war 1644 ungefähr 45 Mark in heutigem Geld wert.

Durch französische Korsaren, die vor europäischen Häfen kreuzten, erfuhren Spaniens Rivalen und Feinde von den unermeßlichen Reichtümern der Neuen Welt. 1523 sichtete Jean Fleury vor der Südküste Portugals drei schwerbeladene spanische Karavellen. Die Schiffe, die Kapitän Quiñones befehligte, kamen aus Mexiko. Fleury und seine Männer kaperten zwei, und sie staunten nicht schlecht über ihre Beute: drei große Kisten mit Goldbarren, 500 Pfund Goldstaub in Beuteln, 680 Pfund Aztekenperlen, dazu Smaragde, Topase, mit Edelsteinen besetzte Goldmasken, goldene Ringe und Helme sowie Federumhänge.[8] Jean Fleury stand im Dienst des Grafen von Dieppe, und in Windeseile sprach sich die Nachricht von seiner fetten Prise an den europäischen Höfen herum. Franz I., der französische König, stellte Seekapitänen Vollmachten aus, und in den kommenden 40 Jahren machten französische Freibeuter und Bukaniere Jagd auf spanische Schatzschiffe und überfielen spanische Schatzhäfen.

Einer der ersten war Kapitän François le Clerc, wegen seines Holzbeins auch Jambe de Bois genannt. 1553 ging er mit einem Geschwader in See, das aus drei Schiffen des Königs und mehreren Freibeutern bestand. Vor Puerto Rico und Hispaniola kaperte er mehrere Kauffahrer, und 1554 griff er Santiago de Cuba an, die damals größte spanische Siedlung auf Kuba. Mit acht Schiffen und 300 Mann segelte er in den Hafen, plünderte die Stadt und richtete solche Verwüstungen an, daß der Wiederaufbau Jahre dauerte. Im Jahr darauf eroberte Jacques de Sores, einer seiner Begleiter, Havanna an der Nordküste der Insel. Als man ihm das geforderte Lösegeld verweigerte, brannte er die Stadt nieder, steckte alle Schiffe im Hafen in Brand und verwüstete das Umland. In einem letzten Akt des Vandalismus entweihten seine Soldaten die Kirche, stahlen die Gewänder der Priester und benutzten sie als Umhänge.

Die nächsten, die den Spaniern die Reichtümer der Neuen Welt streitig machten, waren die Engländer. Sir Francis Drake war der berühmteste und von den Spaniern auch gefürchtetste englische »Sea Dog«, doch tatsächlich hatte ihn John Hawkins auf die Fährte gesetzt und ihm das Piratenhandwerk beigebracht. Hawkins stammte aus einer Seemannsfamilie in Plymouth und wurde durch seine Handelsfahrten einer der reichsten Männer Englands.[9] Auch wenn seine Unternehmungen den Zorn der Spanier erregten, war er genaugenommen kein Pirat, sondern Kaufmann und Freibeuter. Mit den Anweisungen, die er seinen Seeleuten gab, hätte er auf einem Piratenschiff nur Hohngelächter geerntet: »Jeder soll täglich seinem Gott dienen, seinen Nächsten lieben, seinen Proviant schützen, sich mit Feuer vorsehen und sich gesittet benehmen.«[10]

Seine erste Fahrt führte ihn 1562 von Plymouth nach Guinea an der westafrikanischen Küste. Dort belud er seine drei Schiffe mit 300 schwarzen Sklaven, überquerte den Atlantik und verkaufte die Sklaven mit stattlichem Gewinn an Plantagenbesitzer auf Hispaniola. Der Erfolg des Unternehmens sicherte ihm bei seiner zweiten Fahrt die Unterstützung höchster Kreise. Königin Elisabeth stellte ihm das 700-Tonnen-Kriegsschiff *Jesus of Lubeck* als Flaggschiff zur Verfügung, und der Marinerat und Londoner Kaufleute beteiligten sich mit Risikokapital.

Das Geschwader ging im Oktober 1564 wieder in See und trieb an der westafrikanischen Küste bei mehreren Überfällen 400 Sklaven zusammen. Doch bei seiner Ankunft in Südamerika mußte Hawkins feststellen, daß die spanischen Behörden ihre Siedlungen vor Geschäften mit ihm gewarnt hatten. Unbeeindruckt segelte er von Hafen zu Hafen, und schließlich gelang es ihm mit einer Mischung aus Gewaltandrohung und Überredungskunst, die menschliche Fracht und andere Waren, die er geladen hatte, an den Mann zu bringen. Im September 1565 kehrte er nach England zurück. Er hatte bewiesen, daß das spanische Handelsmonopol in der Neuen Welt gebrochen werden konnte.

Der spanische Botschafter war empört, und als er erfuhr, daß Hawkins eine dritte Fahrt plante, warnte er König Philipp von Spanien eindringlich vor diesem Freibeuter.

Diesmal bestand Hawkins Flotte aus sechs Schiffen, die im Oktober 1567 in See gingen. Mit von der Partie war sein junger Cousin Francis Drake, dem er später das Kommando über eines der Schiffe übertrug. Sie lagen mehrere Monate vor der afrikanischen Küste und hatten größte Mühe, Sklaven zu beschaffen, und nach der Überquerung des Atlantiks mußten sie feststellen, daß ihnen die Befehle des spanischen Königs vorausgeeilt waren: »Wir segelten an der Küste entlang und führten zähe Verhandlungen mit den Spaniern, denn der König hatte alle seine Gouverneure in diesen Gebieten strikt angewiesen, keinerlei Handel mit uns zu dulden, unter keinen Umständen.«[11] Wieder gelang es ihm mit einer Mischung aus Bitten und Drohungen, seine Ware loszuwerden, doch ein Sturm im Golf von Mexiko zwang ihn, in San Juan de Ulúa, dem Schatzhafen von Veracruz, Zuflucht zu suchen. Kurzerhand eroberte er das Kastell, das den Hafen überragte. Tags darauf lief die spanische Schatzflotte ein, eskortiert von zwei Kriegsschiffen, und Hawkins mußte nun nicht mehr mit den örtlichen Befehlshabern verhandeln, sondern mit dem frisch ernannten Vizekönig von Neuspanien persönlich.

Mitten in den Verhandlungen und ohne Vorwarnung gab der Vizekönig Befehl, die britischen Schiffe anzugreifen, und eine heftige Seeschlacht entbrannte. Hawkins und Drake entkamen mit knapper Not. Drakes Heimreise verlief ohne Zwischenfälle, doch Hawkins' Fahrt glich einem Alptraum. Als er in Plymouth einlief, bestand seine Besatzung nur noch aus 15 Mann. Wegen akuten Proviant- und Wassermangels hatten sich Hunderte an der Küste Mexikos absetzen lassen. Viele starben an Krankheiten oder verhungerten, andere stellten sich den spanischen Behörden: Zwei wurden hingerichtet, die anderen zu zweihundert Peitschenhieben und acht Jahren Galeerendienst verurteilt.

Nach der Schlacht von San Juan de Ulúa erkannten Hawkins und seine Landsleute, daß ein friedlicher Handel mit den Spaniern in Westindien nicht mehr möglich war. Drake vergaß den Verrat des spanischen Vizekönigs niemals und widmete fortan seine ganze Kraft dem Krieg gegen Spanien.

Erbost über die Überfälle englischer und französischer Freibeuter bauten die Spanier in den Schatzhäfen Veracruz, Cartagena, Portobello und Havanna mächtige Kastelle, um sich gegen Angriffe von See zu schützen. Zusätzliche Soldaten aus Spanien bemannten diese Kastelle und die Geschützbatterien, und die Schatzschiffe segelten nur noch in großen Flotten. Zweimal im Jahr traf aus Spanien eine Flotte mit Waren für die Kolonisten ein. Bis zu 30 Schiffe ankerten dann unter den Kanonen der Kastelle, entluden heimische Erzeugnisse und nahmen versiegelte Kisten mit Gold und Silber an Bord, bevor sie unter dem Schutz schwerbewaffneter Kriegsschiffe die Heimreise nach Sevilla antraten.

Solche Vorsichtsmaßnahmen mochten kleine Diebe abschrecken, doch sie schützten nicht vor den Attacken jener tollkühnen Freibeuter, die unter dem Namen Bukaniere bekannt wurden. Von spanischen Soldaten aus dem Landesinnern Hispaniolas vertrieben, zogen diese wilden Gesellen, die von der Jagd auf verwilderte Rinder und Schweine lebten, an die Nordküste der Insel. Entlaufene Sklaven, Deserteure, Gesetzlose und wegen ihrer Religion Verfolgte schlossen sich ihnen an. Um 1630 ließen sich einige auf einer kleinen felsigen Insel vor der Nordküste Hispaniolas nieder, die Kolumbus entdeckt hatte und die wegen ihrer Schildkrötenform Tortuga genannt wurde. Sie hat einen geschützten Hafen und liegt an den Schiffahrtsstraßen durch die Windward Passage. Einer der ersten Bukanierführer war Jean Levasseur, ein französischer Hugenotte und ehemaliger Offizier einer Pioniertruppe. Er errichtete auf dem Felsen über dem Hafen Befestigungsanlagen und bestückte sie mit 24 Kanonen. Jahrelang hinderten die Kanonen der Festung die Spanier, den Bukanierstützpunkt und die Insel zu erobern.

Den anschaulichsten Bericht über die Unternehmungen der Bukaniere bietet das bemerkenswerte Buch *Die amerikanischen Seeräuber* von Alexander Exquemelin. Es enthält bluttriefende Schauergeschichten von Überfällen, Folterungen und Plünderungen, aber auch ausführliche Beschreibungen der Landschaft Westindiens, seiner Fauna und Flora. Exquemelin landete 1666 mit einem Schiff der Französisch-Westindischen Kompanie auf Tortuga und schloß sich den Bukanieren später als Wundarzt an. Er lebte über zwölf Jahre bei ihnen und war Zeuge vieler Überfälle. Sorgfältige Vergleiche seiner Schilderungen mit spanischen Dokumenten aus jener Zeit haben gezeigt, daß die meisten Fakten stimmen, wenngleich er häufig Ortsnamen und Daten verwechselt.[12] Die wildesten Anekdoten dürfte er allerdings in Tavernen aufgeschnappt haben, doch mit Gewißheit war er an mehreren Raubzügen der Bukaniere beteiligt, auch an der Plünderung der Stadt Panama im Jahr 1671 durch Piraten unter Führung Henry Morgans.

Exquemelins Buch, das 1678 unter dem Titel *De Americaensche Zee-Rovers* zunächst in holländischer Sprache und später auch in mehreren Übersetzungen erschien, wurde ein großer Erfolg. Und das überrascht nicht, denn es gewährt tiefe Einblicke in das Leben der Bukaniere. Den ersten Teil widmet er einigen besonders interessanten Gestalten und ihren Taten: Bartholomäus Portugues kaperte ein spanisches Schatzschiff, geriet in Gefangenschaft und floh mit einem Floß aus leeren Weinflaschen. Der Holländer Rock Braziliano, ein notorischer Trunkenbold, briet einen Spanier bei lebendigem Leib am Spieß. Der Franzose Francis Lolonnois plünderte Maracaibo und erbeutete bei der Kaperung eines spanischen Schiffs 40 000 Pesos und Juwelen im Wert von 10 000 Pesos. Auch Lolonnois und seine Leute begingen nach Exquemelins Bericht barbarische Grausamkeiten: »Jeden Tag folterten sie die Gefangenen. Und Lolonnois selbst pflegte jeden, der ihm nicht gleich seine Fragen beantwortete, mit dem Degen zu zerstückeln und ihm die Zunge herauszureißen.«[13]

Nahezu die Hälfte des Buches widmet Exquemelin dem Waliser Henry Morgan, dessen Raubzüge in Spanisch-Amerika legendär wurden. Ob Morgan Pirat oder Freibeuter war, ist bis heute umstritten. In den Augen der Spanier war er natürlich ein Pirat, und weil er einige seiner spektakulärsten Überfälle unternahm, als zwischen England und Spanien Frieden herrschte, waren sie, wie die Unternehmungen Drakes, Piratenakte. Auf der anderen Seite handelte Morgan stets im Auftrag des Gouverneurs von Jamaika, so daß er rein juristisch gesehen ein Freibeuter war. Er selbst verstand sich als Soldat, der im Namen des Königs von England die Feinde seines Landes bekämpfte. Doch zweifellos war er auch der charismatische Führer jener Abenteurer aus aller Herren Länder, die als die Piraten der Karibik in die Geschichte eingingen.

Sir Henry Morgan

A m 25. August 1688 starb der berühmteste Bukanier auf seinem Anwesen auf Jamaika. Als den Gouverneur, den Herzog von Albemarle, die Todesnachricht erreichte, ordnete er sogleich ein Staatsbegräbnis an, und im Hafen von Port Royal notierte Kapitän Wright, Kommandant der HMS *Assistance*, in sein Logbuch:»Gegen elf Uhr heute morgen ist Sir Harry Morgan gestorben.«[1] Morgans Leichnam wurde nach Port Royal überführt und im King's House aufgebahrt, um Freunden, Verwandten und Zechkumpanen Gelegenheit zu geben, ihm die letzte Ehre zu erweisen. Der Sarg wurde auf eine Lafette gestellt, und der Trauerzug schlängelte sich langsam durch die heißen, staubigen Straßen zur Kirche St. Peters, die einige Jahre zuvor mit Morgans Spenden erbaut worden war. Als der Sarg schließlich auf dem Friedhof Palisadoes in die Erde gesenkt wurde, ließ Kapitän Wright die Stückmannschaften der *Assistance* 52 Schüsse Salut abfeuern. Dem regelmäßigen Donnern der Geschütze antworteten die Kanonen des Kriegsschiffes *Drake*, und als der letzte Schuß verhallt war, feuerten alle im Hafen liegenden Handelsschiffe ihre Geschütze ab.

Ein bemerkenswerter Abschied für einen Bukanier, aber Henry Morgan war kein gewöhnlicher Seeräuber.[2] Von König Karl II. zum Ritter geschlagen und zum Vizegouverneur von Jamaika ernannt, hatte er mehrere tausend Hektar Land auf der Insel erworben und hinterließ neben eigenen Zuckerplantagen nach über zwanzig glücklichen Ehejahren eine Frau, die er in seinem Testament»meine zutiefst und innig geliebte Lady Mary Elizabeth Morgan« nannte.[3] Er war ein einflußreicher Mann mit guten Beziehungen: Als er nach der Plünderung von Panama-Stadt festgenommen und nach London gebracht wurde, setzte sich Generalmajor Bannister, der Befehlshaber der Landstreitkräfte auf Jamaika, für ihn ein und schrieb an Lord Arlington, daß Morgan für seine Aktionen gegen die Spanier vom Gouverneur und vom Rat höchstes Lob geerntet habe.»Mit Verlaub möchte ich sagen, daß er ein sehr verdienstvoller und überaus mutiger Mann ist, der, mit Erlaubnis Seiner Majestät, zu Hause gute Dienste leisten oder für diese Insel von großem Nutzen sein könnte, falls es zum Krieg mit Spanien kommen sollte.« Während seines Zwangsaufenthalts in London war Morgan ein willkommener Gast in den Salons der guten Gesellschaft und besuchte häufig das Londoner Domizil des Herzogs von Albemarle, der Unterhausabgeordneter und überdies ein Freund des Königs war.

Leider besitzen wir keine Beschreibung Morgans aus seiner Zeit als Bukanierführer, denn er muß eine ungeheure Ausstrahlung gehabt haben. Immerhin brachte er es fertig, den bunt zusammengewürfelten Haufen aus Piraten, Jägern und Abenteurern, die unter seinem Kommando Portobello, Maracaibo und Panama überfielen, seinen Willen aufzuzwingen. Die einzigen Beschreibungen, die wir besitzen, stammen aus seinen letzten Lebensjahren, als er bereits über fünfzig war und unter den Folgen von tropischen Fiebern, Wassersucht und Alkoholismus litt. Hans Sloane, der Arzt und Naturforscher, der ihn in damals behandelte, beschrieb ihn als »hager, von fahler Farbe, die Augen etwas gelblich, der Bauch geschwollen«.[5] Trotz seiner angegriffenen Gesundheit blieb Morgan seinem ausschweifenden Lebensstil treu. »Er konnte auf Geselligkeit nicht verzichten, blieb bis spät in die Nacht auf und trank viel zuviel, was zu einem erneuten Auftreten der ersten Symptome führte ...«[6]

Henry Morgan stammte aus der walisischen Grafschaft Monmouth und legte in späteren Jahren Wert auf die Feststellung, daß er der Sohn eines Gentleman sei. Er wurde um 1635 geboren. Über seine Eltern ist wenig bekannt, doch wir wissen, daß zwei seiner Onkel hervorragende Soldaten waren: Der eine war Generalmajor Sir Thomas Morgan, der andere Oberst Edward Morgan, der für kurze Zeit das Amt des Vizegouverneurs von Jamaika bekleidete.[7] Bereits in jungen Jahren beschloß Morgan, in ihre Fußstapfen zu treten. »Ich ging zu früh von der Schule ab«, schrieb er später, »und gewöhnte mich mehr an die Pike als an Bücher.« Er gehörte dem Expeditionskorps unter General Venebles und Admiral Penn an, das Großbritannien 1654 entsandte, um Hispaniola zu erobern. Eine Armee von 7000 Soldaten landete im Süden der Insel bei Santo Domingo, doch der erbitterte Widerstand der Spanier, Fehler der britischen Führung und die verheerenden Folgen tropischer Fieber zwangen sie zum Rückzug.

Das eigentliche Ziel der Expedition war nicht erreicht worden, und so beschlossen Penn und Venables, Jamaika anzugreifen, das nur von einer Handvoll spanischer Soldaten verteidigt wurde. Diesmal brachte

Porträt Henry Morgans aus einer der ersten Ausgaben von Exquemelins
Die amerikanischen Seeräuber.

die zahlenmäßige Überlegenheit den Sieg. Die Insel wurde britische
Kolonie und zu einer wichtigen Operationsbasis für die Royal Navy
und für Freibeuter. In den folgenden Jahren beteiligte sich Morgan an
Überfällen auf spanische Städte in Mittelamerika. Bei zwei erfolgreichen Angriffen unter Kapitän Myngs Kommando befehligte er, ausge-
stattet mit einem Patent des Gouverneurs von Jamaika, eines der beteiligten Schiffe. 1663 leitete Morgan selbst ein Unternehmen, das in der
Plünderung von Villahermosa und Gran Granada in Nicaragua gip-
felte. 1665 kehrte er als gefürchteter Militärführer nach Jamaika
zurück, und als Edward Mansfield, der Anführer der Freibeuter, in
Havanna von den Spaniern hingerichtet wurde, trat Morgan seine
Nachfolge an. Im Alter von 32 Jahren wurde er Admiral der »Brüder
der Küste«, einem lockeren Bund jener Freibeuter und Piraten, die später unter dem Namen Bukaniere bekannt werden sollten.

Nach Drakes Überfall auf den Maultierzug im Jahr 1572 hatten die
Spanier Nombre de Dios als Schatzhafen aufgegeben und ihre Unter-
nehmungen nach Portobello verlegt, einige Meilen die Küste hinauf.
Der Bukanierarzt Lionel Wafer besuchte den Ort 1680 und beschrieb

ihn als »einen sehr schönen, großen und zweckmäßigen Hafen. Er verfügt über eine schmale Einfahrt und wird innen breiter. Hier finden die Galeonen aus Spanien während ihres Aufenthalts in Portobello einen guten, geschützten Ankerplatz, und hier nehmen sie die Schätze aus Peru auf, die auf dem Landweg aus Panama herübergeschafft werden.«[9] Zwei Kastelle schützten die beiden Flanken der Bucht, und ein drittes war am hinteren Ende des Hafens gerade im Bau. Es gab zwei Kirchen, ein Hospital, Ställe und Lagerhäuser und 150 Wohnhäuser für Kaufleute und Beamte. Trotz ihres imposanten Äußeren litt die Stadt ebenso unter dem feuchten Klima und tropischen Fiebern wie Nombre de Dios. Bei Ebbe lag ein breiter Saum trocken, »bestehend aus schwarzem, dreckigem Schlamm, der abscheulich stinkt und in der hier herrschenden Hitze giftige Dämpfe absondert«.[10]

Morgan hatte erfahren, daß die Kastelle, die den Ort zur See hin schützten, nur schwach bemannt waren, und glaubte, sie mit einem Überraschungsangriff von der Landseite her leicht nehmen zu können. Im Juli 1668 segelte er mit einer Flotte von zwölf Schiffen zur Bucht von Boca del Tora westlich von Portobello. Dort stiegen 500 Männer auf 23 Kanus um und paddelten im Schutz der Dunkelheit an der Küste entlang, bis sie nur noch drei Meilen von der Stadt entfernt waren. Gegen Mitternacht gingen sie bei Estera Long Lemos an Land und marschierten zu Fuß weiter. Eine halbe Stunde vor Sonnenaufgang erreichten sie Portobello. Man schrieb den 11. Juli 1668.

Zunächst galt es, den Vorposten am Stadtrand auszuschalten. Er war nur mit fünf Mann besetzt, die tapfer das Feuer eröffneten. Die Bukaniere überwältigten sie rasch. Doch die Schüsse hatten die Bewohner und die Wachen in den Kastellen alarmiert. In der Stadt brach eine Panik aus. Einige Bewohner flohen, andere verkrochen sich in ihren Häusern, und die Soldaten eilten zur Garnison im Santiago-Kastell. Obwohl die Überraschung nur teilweise geglückt war, gab Morgan den Befehl zum Angriff. Unter Gebrüll rannten seine Männer über den freien Platz vor dem Kastell. Sie rechneten mit schwerem Beschuß, doch im Kastell wurde nur eine einzige Kanone abgefeuert, und die Kugel flog über ihre Köpfe hinweg, ohne Schaden anzurichten, und schlug spritzend in die See. Fünf Minuten später stürmten sie in die Stadt. Sie machten jeden nieder, der Widerstand leistete, und trieben Männer, Frauen und Kinder in eine der Kirchen. Eine Gruppe erklomm den Hügel, der die Stadt überragte, und schoß mit ihren langläufigen Musketen die Soldaten von den Zinnen des Kastells.

Als die Morgensonne die Dächer beschien, war die Stadt in der Gewalt der Bukaniere. Jetzt galt es, die Kastelle zu nehmen. Das halbfertige Kastell San Geronimo lag auf einer kleinen Insel nahe dem Kai. Die Besatzung lehnte eine Übergabe zuerst ab, besann sich aber eines Besseren, als eine Gruppe grimmig dreinblickender Bukaniere zu ihnen hinauswatete. Das Santiago-Kastell war eine härtere Nuß, doch Morgan ging rücksichtslos zu Werke: Der Bürgermeister, mehrere Frauen und alte Männer sowie einige Mönche und Nonnen wurden aus der Kirche gezerrt und von den vorrückenden Bukanieren als menschliche Schutzschilde benutzt. Die Spanier im Kastell feuerten eine mit einer Kettenkugel geladene Kanone ab, töteten einen von Morgans Leuten und verletzten zwei Mönche. Die anderen Kanonen blieben stumm, und die Bukaniere erreichten ohne weitere Verluste das Haupttor. Inzwischen hatten andere Leitern aufgetrieben und erkletterten die Mauern auf der Seeseite. Sie hißten eine rote Flagge, und als die Scharfschützen auf dem Hügel sie erblickten, eilten sie herab und schlossen sich dem Angriff an. Trotz der erdrückenden Übermacht der Angreifer ergaben sich viele Männer im Kastell nicht, und 44 der 80 Garnisonssoldaten fielen, ehe das Kastell kapitulierte. Der Befehlshaber der Artillerie war über die Niederlage so zerknirscht, daß er um seine Erschießung bat. Einer der Bukaniere tat ihm den Gefallen und exekutierte ihn mit seiner Pistole. Dann wurde geplündert und getrunken. Dazu Exquemelin: »Alle Gefangenen wurden in die Stadt gebracht, Männer und Frauen in getrennten Gebäuden in Gewahrsam genommen, dann begann ein lustiges Treiben mit Wein und Weibern.«[11]

Am nächsten Tag schickte Morgan zwei Männer zum Kastell San Phelipe auf der anderen Seite des Hafens und forderte die Übergabe. Der Kommandant hatte 49 Männer und reichlich Munition, aber keinen Proviant, weil das Essen jeden Tag aus der Stadt gebracht wurde. Zunächst war er zum Durchhalten entschlossen, doch geriet er ins Wanken, als er sah, wie 200 bis an die Zähne bewaffnete Bukaniere in Kanus herüberpaddelten. Sie landeten im Osten des Kastells und bezogen zwischen den Felsen Stellung. Nach mehrstündiger sinnloser Knallerei auf beiden Seiten beschloß der Kommandant, mit den Engländern zu verhandeln. Seine Offiziere protestierten, und während sie noch miteinander stritten, schlichen sich einige Bukaniere ins Kastell und öffneten von innen das Haupttor. Die übrigen Bukaniere strömten in den Hof, und die Garnison ergab sich. Morgan ließ die englische Flagge über den Wällen aufziehen, und wenig später segelte seine Flotte, die draußen vor der Bucht gewartet hatte, in den Hafen.

In einem Brief an den Präsidenten von Panama forderte Morgan ein Lösegeld von 350 000 Pesos, andernfalls werde er Portobello niederbrennen. Don Agustín lehnte rundweg ab: »Ich halte Euch für einen Korsar und erwidere, daß die Vasallen des Königs von Spanien mit Personen niedrigeren Standes keine Verträge schließen.«[12] Und Morgans Antwort: »Obwohl Euer Brief keine Antwort verdient, da Ihr mich einen Korsar schimpft, sende ich Euch diese wenigen Zeilen und ersuche Euch, rasch zu kommen. Wir freuen uns auf Eure Ankunft und haben genug Pulver und Kugeln für Euren Empfang.«[13]

Die Verhandlungen zogen sich drei Wochen hin, und am Ende kapitulierte Don Agustín. Am 3. August verließen drei Maultierzüge Panama mit dem Lösegeld: 40 000 Pesos in Silbermünzen, 4000 Pesos in Goldmünzen, mehrere Kisten Silbergerät und 27 Silberbarren im Wert von 43 000 Pesos. Zusammen mit den in der Stadt geraubten Schätzen belief sich die Beute der Bukaniere auf rund 250 000 Pesos. Die Rückkehr nach Jamaika war für Morgan ein Triumphzug. In den folgenden Wochen war Port Royal Schauplatz einer spektakulären Orgie, und die Bukaniere verpraßten ihre Beute in Tavernen und Hurenhäusern.

Die Eroberung Portobellos war eine der erfolgreichsten Landeoperationen im 17. Jahrhundert und löste in London Begeisterung aus. Daran vermochte auch der Umstand nichts zu ändern, daß Großbritannien nur wenige Monate zuvor mit Spanien einen Friedensvertrag geschlossen hatte. König Karl empfing den spanischen Botschafter und hörte sich höflich seine Proteste an, lehnte es jedoch ab, den Gouver-

Henry Morgan und seine Piraten nach der Plünderung von Portobello 1668. Illustration von Howard Pyle für *Harper's Monthly Magazine*, 1888.

neur von Jamaika, der den Überfall genehmigt hatte, abzuberufen oder die Schätze zurückzuerstatten, die Morgan und seine Leute geraubt oder erpreßt hatten.

Die Bukaniere waren bald abgebrannt und forderten ihre Kapitäne auf, wieder in See zu stechen. Im Oktober 1668 gab Morgan bekannt, daß er einen weiteren Überfall plane, und segelte zur Insel Vaca an der Südwestküste Hispaniolas. Dort stießen mehrere französische Bukaniere aus Tortuga und das Kriegsschiff *Oxford* mit 40 Kanonen zu ihm, das nach Jamaika entsandt worden war, um bei der Verteidigung der Insel zu helfen. Im Januar 1669 lagen zehn Schiffe mit 800 Mann am Treffpunkt. Morgan übernahm das Kommando auf der *Oxford* und hielt Kriegsrat. Die Bukaniere beschlossen, als nächstes den Schatzhafen Cartagena zu überfallen, und feierten die Entscheidung mit einem feuchtfröhlichen Fest in der Kajüte des Flaggschiffs. Bei dem üblichen Salutschießen verirrte sich eine Funk in die Pulverkammer, und das Schiff flog in die Luft. Nur zehn Männer überlebten die Explosion, unter ihnen auch Morgan, der zwischen Wrackteilen aus dem Wasser gefischt wurde.

Der Verlust der *Oxford* und der Tod von rund zweihundert Männern vereitelte die ehrgeizigen Pläne zur Eroberung Cartagenas. Statt dessen segelte Morgan nach Maracaibo an der Küste Venezuelas. Keine der Festungen oder Ortschaften rund um die große Lagune von Maracaibo verfügte über eine ausreichende Verteidigung, und so konnten die Bukaniere eine Woche lang unbehelligt plündern und zechen. Dann erfuhr Don Alonso de Campos y Espinosa, der Admiral der spanischen Flotte in Westindien, von ihrem Treiben. Er segelte mit drei Kriegsschiffen zur Einfahrt der Lagune und stellte Morgan eine Falle. Er ließ die Kanonen der Festung, die Morgans Leute vernagelt hatten, wieder instandsetzen und ankerte mit seinen Schiffen mitten in der Fahrrinne. Morgan antwortete mit einem Täuschungsmanöver. Er ließ einen kubanischen Kauffahrer, den er in der Lagune gekapert hatte, in einen Brander umrüsten und als Kriegsschiff tarnen. Zu diesem Zweck schnitt man zusätzliche Stückpforten in die Bordwand und baute aus abgesägten Baumstämmen Geschützattrappen. An Deck stellte man Holzpflöcke mit Mützen und Jacken auf, die von weitem wie Seeleute aussahen. Dann lud man Pulverfässer in den Schiffsraum und versah sie mit Lunten. Mit Morgans Flagge im Masttopp führte der Kauffahrer, begleitet von zwei kleinen Fregatten, den Angriff an. Er steuerte direkt auf die *Magdalena* zu, mit 412 Tonnen das größte spanische Schiff in der Fahrrinne, glitt an ihre Seite und wurde mit Enterhaken an ihr festgemacht. Die zwölf Bukaniere, die sich an Bord befanden, steckten die

Lunten an und flüchteten in den Booten. Minuten später explodierte der Kauffahrer. Die Flammen griffen auf die *Magdalena* über, und alsbald war sie nur noch ein brennendes Wrack. Das zweite spanische Schiff holte hastig den Anker ein und suchte den Schutz des Forts, doch dabei lief es auf Grund. Der dritte Spanier wurde von Morgans Schiffen gejagt und gekapert.

Doch noch immer kontrollierte das Fort die Einfahrt, und an den Kanonen, die die Fahrrinne bestrichen, standen mehrere hundert Soldaten und Seeleute. Abermals griff Morgan zu einer List. Um die Spanier glauben zu machen, daß er einen Sturm auf die Festung plane, schickte er Boote mit Bewaffneten an Land. Doch die Männer stiegen nicht aus, sondern versteckten sich unter den Ruderbänken, als die Boote zur ankernden Flotte zurückkehrten. Die Spanier rechneten so fest mit einem Angriff von der Landseite, daß sie die Verteidigung dort verstärkten und sogar einige Geschütze verlegten. Mitten in der Nacht holten Morgans Schiffe die Anker ein und ließen sich lautlos an der Festung vorbeitreiben. Sie waren bereits außer Reichweite der Geschütze, als die Spanier sie bemerkten.

Wieder kehrte Morgan im Triumph nach Port Royal zurück, obwohl die Beute diesmal gerade halb so groß war wie bei dem Überfall auf Portobello.[14] Während die Bukaniere durch die Tavernen zogen, um ihren Anteil zu verprassen, erstattete Morgan Sir Thomas Modyford, dem Gouverneur, Bericht. Bei dieser Gelegenheit erfuhr er, daß London eine sofortige Einstellung aller feindlichen Handlungen gegen Spanien befohlen hatte. Für die Bukaniere war dies eine schlechte Nachricht, doch Morgan verschaffte sie eine Atempause. Er verbrachte einige Zeit mit seiner Frau, besuchte seine vielen Freunde auf Jamaika und kaufte Land. Er besaß bereits eine Plantage und erwarb nun weitere 3300 Hektar in der Gemeinde Clarendon bei Chapelton. Der Landstrich heißt noch heute Morgan's Valley.

Etwa um dieselbe Zeit, als auf Jamaika die Nachricht eintraf, daß die Überfälle auf spanische Schiffe und Siedlungen einzustellen seien, erhielt der Gouverneur von Cartagena von der spanischen Königin einen Brief, in dem sie ihn ermächtigte, Krieg gegen die Engländer zu führen. Der portugiesische Korsar Rivero nahm die Herausforderung an. Er besetzte die Cayman-Inseln und griff dann vor Kuba einen jamaikanischen Freibeuter an. Im Juni 1670 landete er mit 30 Mann in Montego Bay an der Nordküste Jamaikas und verwüstete die Siedlung. Einen Monat später plünderte er ein Küstendorf im Süden und brannte zwei Häuser nieder. Rivero war für Jamaika zu keinem Zeitpunkt eine ernste Bedrohung, doch seine Gewalttaten forderten natürlich Vergeltung. Dann traf vom holländischen Gouverneur von Curaçao die Nachricht ein, daß Spanien Jamaika offiziell den Krieg erklärt hatte. Der Rat von Jamaika trat zusammen und beschloß, »Admiral Morgan zum Admiral und Oberbefehlshaber aller diesem Hafen zugehörigen Kriegsschiffe zu ernennen« und zu ermächtigen, eine Flotte zu sammeln und »alle feindlichen Schiffe, die in seine Reichweite kommen, anzugreifen, zu kapern und zu versenken«. Außerdem erhielt er die Erlaubnis, in feindlichem Gebiet zu landen und alles zu tun, was »dem Schutz und Frieden dieser Insel dient«.[15]

Morgan erhielt den Auftrag am 1. August 1670, und wieder segelte er zur Insel Vaca, um sich mit den Bukaniern zu treffen. Ende September hatten sich unter Morgans Kommando immerhin 38 Schiffe und etwa 2000 Mann versammelt. Am 12. Dezember wurde auf dem Flaggschiff Kriegsrat gehalten und Panama zum neuen Angriffsziel auserkoren. Eine Woche später ging die größte Bukanierflotte aller Zeiten in See. Ihr Ziel: San Lorenzo an der Mündung des Rio Chagres. Das Kastell an der Flußeinfahrt leistete erbitterten Widerstand und konnte erst nach drei verlustreichen Angriffen genommen werden. Als die englische Flagge über den Zinnen wehte, segelte Morgans Flotte an den stummen Kanonen vorbei den Fluß hinauf. Mehrere Meilen stromauf stiegen die Bukaniere in kleine Boote und Kanus um. Abermals ein paar Meilen weiter traten sie den Fußmarsch durch den Dschungel an.

Panama war der wichtigste Schatzhafen an der mittelamerikanischen Pazifikküste für das Gold und Silber, das per Schiff aus Peru und Potosi herbeigeschafft wurde. Die 6000 Einwohner der Stadt waren überwiegend schwarze Sklaven. Don Juan Pérez de Guzmán, der Vorsitzende des Stadtrats (*Audiencia*), hatte die Verteidigung der Stadt nach Kräften ausgebaut, sie reichlich mit Waffen und Munition ausgerüstet und die Garnison verstärkt. Als Morgan und seine Männer aus dem Dschungel auftauchten und das freie Feld vor der Stadt betraten, versperrte ihnen Don Juans Armee den Weg in die Stadt. Sie bestand aus 1200 Fußsoldaten und etwa 400 Reitern, aber die meisten waren unerfahrene Rekruten, die Morgans kampferprobten Bukaniern nicht standhalten konnten.

Am 22. Januar 1671 gab Morgan um 7 Uhr morgens den Befehl zum Angriff. Seine Männer rückten in vier Abteilungen vor. Da ein Frontalangriff zu große Verluste gekostet hätte, führte eine Abteilung eine Schwenkbewegung aus und nahm einen Hügel zur Rechten der Stadt. Don Juans Männer glaubten, die Bukaniere wollten sich zurückziehen, und stürmten vorwärts. Die Bukaniere feuerten mit tödlicher

Präzision in den ungeordnet vorrückenden Haufen. Die französischen Scharfschützen der Vorhut erschossen die vorderen Pferde, und die überlebenden Reiter flohen zurück zur Stadt. Die Fußsoldaten liefen in eine verheerende Salve der Hauptstreitmacht der Bukaniere. Rund hundert Mann fielen, der Rest suchte sein Heil in der Flucht. Don Juans Geheimwaffe waren zwei Herden wilder Stiere, die schwarze Cowboys auf die Bukaniere zutreiben sollten. Die Stiere trampelten auf das Schlachtfeld, doch Morgans Leute jagten sie einfach in die Stadt zurück. Dann begann der Angriff auf die fliehende Armee. Gegen zehn Uhr lagen annähernd 500 Verteidiger tot oder verwundet unter der tropischen Sonne. Die Bukaniere hatten nur 15 Mann verloren.

Don Juan hatte dafür Sorge getragen, daß die siegreichen Angreifer nur eine leere Stadt vorfanden. Ein Großteil der Reichtümer war auf Schiffe verladen worden, als die Bukaniere sich noch einen Weg durch den Dschungel bahnten. In vielen Häusern standen Pulverfässer, und der Hauptmann der Artillerie hatte Befehl, das Munitionsdepot in die Luft zu jagen, wenn die ersten Bukaniere in die Stadt eindrangen. Als die fliehenden Verteidiger durch die Straßen rannten, legte der Hauptmann Feuer an die Lunten. Die Detonation war noch in sechs Meilen Entfernung zu hören. Auch die Pulverfässer in den Häusern wurden gezündet. Stundenlang herrschte Chaos. Die Bukaniere rannten von Haus zu Haus und suchten nach Gold und Wertgegenständen, und Schwarze huschten mit brennenden Fackeln hierhin und dorthin und setzten, wie von Don Juan befohlen, die Holzhäuser in Brand. Bei Einbruch der Dunkelheit stand der gesamte Stadtkern in Flammen, und am nächsten Morgen lag die Stadt in Schutt und Asche. Nur der Turm der Kathedrale und einige öffentliche Gebäude, die aus Stein errichtet waren, standen noch.

»So wurde die berühmte und alte Stadt Panama, der größte Umschlagplatz für Gold und Silber der Welt, ein Raub der Flammen«,[16] schrieb Morgan in seinem Bericht an Modyford. Seine Männer durchsuchten die rauchenden Ruinen und das Umland nach Schätzen und überfielen sogar die Inseln vor der Küste. Sie folterten die Bewohner auf grausamste Weise, um aus ihnen herauszupressen, wo sie ihr Geld versteckt hatten, und Ende Februar hatten sie beträchtliche Reichtümer zusammengerafft. Dann ging es durch den Dschungel zurück zu den Schiffen. Nach Exquemelin führten die Bukaniere 175 mit gebrochenem und gemünztem Silber beladene Maulesel und 600 Gefangene mit sich. Doch als es ans Teilen ging, erhielt jeder Mann nur wenig mehr als 15 Pfund. Der Zorn darüber war groß, und viele Bukaniere fühlten sich von Morgan betrogen. Auch Exquemelin war enttäuscht, und dies mag erklären, warum er ein so unvorteilhaftes Bild von Morgan malt und ihn als einen grausamen, skrupellosen Schurken darstellt. Morgans Bukaniere zerstreuten sich in alle Winde, und er selbst eilte nach Jamaika zurück. Die Plünderung Panamas war die letzte große Operation der Bukaniere. Natürlich ging die Seeräuberei weiter, und sie sollte zu einer wachsenden Bedrohung für den Handel in Westindien werden, doch die Piraten, die nach Morgan kamen, überfielen Schiffe aller Nationalitäten und handelten selten im Auftrag oder mit Billigung einer legitimen Regierung.

Die Nachricht von der Panama-Expedition wurde auf Jamaika positiv aufgenommen. »Ich glaube, wir haben süße Rache dafür genommen, daß sie im Norden und Süden unserer Insel Häuser niedergebrannt haben«,[17] schrieb Modyfords Bruder mit schamloser Untertreibung, und am 10. Juni 1671 sprach der Rat von Jamaika Morgan öffentlich seinen Dank aus. In London war man weniger erfreut. Trotz des Schreibens der spanischen Königin vom April 1669 und der anschließenden Überfälle spanischer Korsaren lebte England offiziell mit Spanien im Frieden. Sir Thomas Modyford hatte Morgan ohne Erlaubnis aus London die unbeschränkte Vollmacht erteilt, spanisches Eigentum anzugreifen und zu zerstören. Die spanischen Behörden in der Neuen Welt und in Madrid reagierten empört auf die Zerstörung Panamas. Die Königin von Spanien war über die Nachricht »so ungehalten und bekam vor Zorn einen so heftigen Weinkrampf, daß ihre Umgebung fürchtete, er könne ihr Leben verkürzen«.[18]

Die Briten distanzierten sich von dem »jüngsten Vorfall in Amerika«, indem sie ihn einer Bande von Freibeutern zuschrieben, die außer Kontrolle geraten sei. Sie beschlossen, Modyford als Gouverneur abzulösen, ernannten Sir Thomas Lynch zu seinem Nachfolger und schickten ihn mit dem geheimen Befehl nach Jamaika, Modyford zu verhaften und nach England zurückzuschicken. Bei seiner Ankunft in London wurde Modyford in den Tower eingeliefert. Doch dies war nur ein Propagandatrick, der die Spanier besänftigen sollte. Mordyford wurde überaus zuvorkommend behandelt, und nach zweijähriger Haft durfte er sein Leben in der feinen Londoner Gesellschaft wiederaufnehmen. Später kehrte er als Oberster Richter nach Jamaika zurück. Die Spanier waren keineswegs zufrieden und wiederholten ihre Forderung an die Briten, den unverschämten Korsaren zur Rechenschaft zu ziehen, der den Angriff auf Panama befehligt hatte. Im April 1672 wurde Henry Morgan verhaftet und auf der Fregatte *Welcome* nach England geschickt. Er hatte monatelang an einem schweren Fieber gelitten und erweckte großes Mitgefühl. Sogar Lynch setzte sich für ihn ein und schrieb:»Er ist, um die Wahrheit zu sagen, ein ehrlicher, tapferer Mann und handelte im Auftrag und auf Anweisung von Sir T. M. und dem Rat...«[19] Morgan blieb zwei Jahre in London. Er wurde nicht inhaftiert und konnte ungehindert Freunde und Bekannte besuchen. Er nutzte die Zeit gut und wurde von Lord Arlington sogar aufgefordert, dem König in einer Denkschrift Vorschläge zu unterbreiten, wie die Verteidigung Jamaikas verbessert werden könne.

Unterdessen hatte Gouverneur Lynch die Behörden in London mit Briefen regelrecht bombardiert. Das Piratenunwesen bereitete ihm wachsendes Kopfzerbrechen; zudem fürchtete er einen Angriff der Franzosen auf Jamaika. In London reifte die Einsicht, daß er nicht der richtige Mann für den Posten sein könnte, und im Januar 1674 wurde beschlossen, Lord Vaughan zu Lynchs Nachfolger zu ernennen und ihm Henry Morgan als Vizegouverneur zur Seite zu stellen. Bevor Morgan England verließ, wurde er von König Karl II. zum Ritter geschlagen. Ob ihm diese Ehre wegen der Würde des neuen Amts oder in Anerkennung seiner verdienstvollen Aktionen gegen die Spanier zuteil wurde, ist schwer zu sagen. Fest steht, daß er bei Hof viele Freunde hatte und weithin als brillanter und verwegener Kommandeur bewundert wurde.

Morgan reiste auf der *Jamaica Merchant* nach Westindien und erlitt vor der Insel Vaca Schiffbruch, jener Insel, die ihm vor den Angriffen auf Maracaibo und Panama als Sammelpunkt gedient hatte. Menschen kamen nicht zu Schaden, doch das Schiff sank und mit ihm die Kanonen, die Morgan mitgebracht hatte, um die Verteidigung von Port Royal zu verstärken. Ein Handelsschiff nahm die Schiffbrüchigen auf und brachte sie nach Jamaika, wo sie am 6. März 1676 eintrafen.

Die Vorzüge, die Morgan zu einem erfolgreichen Bukanier-Führer gemacht hatten, waren für das Amt eines Vizegouverneurs nicht erforderlich. Er besuchte Sitzungen des Parlaments, mehrte seinen Besitz und verbrachte viel Zeit mit der Verwaltung seiner Ländereien. Sein Verhältnis zu Lord Vaughan war gespannt, und der Lord klagte über seine»Unverschämtheit und Unfähigkeit zur Kooperation mit der Zivilregierung«[20] wie auch über seine Gewohnheit, in den Tavernen von Port Royal zu trinken und zu spielen. Nach Vaughans Abberufung übernahm Morgan vorübergehend die Amtsgeschäfte. Gerüchten zufolge lag zu der Zeit eine mächtige französische Flotte vor Curaçao und bedrohte Jamaika, und so ließ Morgan den Kriegszustand ausrufen, mobilisierte die Miliz und befahl den Bau von zwei neuen Forts zum besseren Schutz der Hafeneinfahrt von Port Royal. Außerdem schickte er ein Schiff zur Insel Vaca, um die Kanonen aus dem Wrack der *Jamaica Merchant* zu bergen. Die Bergungsaktion glückte, und 22 Geschütze wurden nach Port Royal geschafft und aufgestellt.

Im Jahr 1687, als Hans Sloane mit dem neuen Gouverneur, dem Herzog von Albemarle, auf Jamaika eintraf, war Morgan bereits schwer krank und von den jahrelangen Ausschweifungen und den Folgen der Wassersucht gezeichnet. Sloane verordnete ihm verschiedene Arzneimittel, die auch zu wirken schienen, doch Morgan setzte die Gelage mit Freunden fort. »Jeden Rat in den Wind schlagend, fiel er in seinen alten Lebenswandel zurück, und sein Bauch schwoll so an, daß er nicht mehr in seinen Rock paßte.«[21] Morgan konsultierte einen schwarzen Doktor, der ihm Schlammpackungen auflegte und Klistiere mit Urin verabreichte, »doch er siechte dahin, sein Husten verschlimmerte sich, und wenig später starb er«.

Piratinnen und Piratenfrauen

D er Hafen von Nassau ist ein langer Streifen glitzernden blauen
Wassers, der sich zwischen den Kais und einer kleinen, vorgelagerten Insel mit Sandstränden und Palmen hinzieht. Heute liegen hier
Kreuzfahrtschiffe und Yachten, doch im 18. Jahrhundert bot er kleinen
Handelsschiffen und gelegentlich auch Kriegsschiffen einen geschützten Ankerplatz. Zudem war er ein bekannter Schlupfwinkel und Sammelpunkt für Piraten. Am 22. August 1720 ruderten ein Dutzend Piraten zu einem Einmaster hinaus, der mitten in der Fahrrinne vor Anker
lag. Das Schiff, die Zwölf-Tonnen-Sloop *William* des in Nassau ansässi-
gen Kapitäns John Ham, hatte sonnengebleichte Decks und war mit
vier Geschützen und zwei im Schanzkleid eingelassenen Drehbassen
bewaffnet.[1] Die Piraten kletterten an Bord, holten den Anker ein, setzten Segel, und bald war die Sloop von den anderen Schiffen klar und
glitt auf die offene See hinaus. Diebstähle dieser Art waren in der Karibik keine Seltenheit, doch einem aufmerksamen Beobachter wäre diesmal vielleicht etwas Ungewöhnliches aufgefallen. Obwohl mit Männerjacken und langen Seemannshosen bekleidet, waren zwei der Piraten
Frauen.

Anführer der Bande war John Rackam, ein Draufgänger und Schürzenjäger, der wegen seines bunten Aufzugs den Spitznamen Calico
Jack trug.[2] Ehemals Steuermann in Kapitän Vanes Piratencrew, hatte er
im November 1718 gegen seinen Anführer gemeutert, als dieser sich
weigerte, in der Windward Passage zwischen Kuba und Haiti eine französische Fregatte anzugreifen. Die Mannschaft bezichtigte Vane der
Feigheit und wählte an seiner Stelle Rackam zum Kapitän. Er übernahm Vanes Schiff und raubte in den Gewässern um Jamaika eine
Reihe kleiner Schiffe aus. Über Greueltaten Calico Jacks ist nichts bekannt, und wie es scheint, verfuhr er mit Gefangenen recht human.
Neben Bartholomew Roberts und Blackbeard, die Kriegsschiffe mit 40
Kanonen befehligten und mit einer Flottille von Begleitschiffen ins

Ihre Schwangerschaft rettete die Piratin und einstige Soldatin und Abenteurerin Mary Read vor dem Galgen, doch starb sie kurz nach ihrem Prozeß in einem Gefängnis auf Jamaika an einem Fieber. Stich aus einer Ausgabe von Johnsons *Allgemeiner Geschichte der Piraten*.

Gefecht gingen, war er allerdings nur ein Westentaschenpirat. Am liebsten operierte er mit einer bescheidenen Sloop und überfiel Fischerboote und kleine Handelsschiffe. Den Ruhm, den er sich in seinen zwei Jahren als Seeräuberkapitän erwarb, verdankte er weniger seinen Taten als vielmehr seinen Komplizinnen Mary Read und Anne Bonny, deren Leben viel abenteuerlicher und interessanter war.

Anne Bonny lernte Calico Jack auf New Providence kennen. Er war im Mai 1719 zu der Insel gesegelt, weil der Gouverneur der Bahamas einen Gnadenerlaß für Piraten verkündet hatte. Dort hängte Calico Jack das Piratenhandwerk für eine Weile an den Nagel. Bei einer Zechtour durch die Nassauer Hafenspelunken traf er Anne Bonny und warb heftig um ihre Gunst: »Nicht lange gefackelt, längsseits geschoren, alle Geschütze ausgerannt, Prise geentert.«[3] Anne Bonny verließ ihren Mann und stach mit Calico Jack in See. Bald wurde sie schwan-

Anne Bonny war die Geliebte Calico Jacks und wurde in Spanish Town auf Jamaika als Piratin verurteilt. Ein Zeuge sagte im Prozeß aus, Anne habe während eines Angriffs auf sein Schiff eine Pistole in der Hand gehabt; sie und
Mary Read »benahmen sich sehr abstoßend, schrien und fluchten«. Stich aus
einer Ausgabe von Johnsons *Allgemeiner Geschichte der Piraten*.

ger, und er brachte sie zu Freunden nach Kuba, wo sie niederkam.
Doch nach einem kurzen Wochenbett kehrte sie in Männerkleidung
auf sein Schiff zurück. Etwa um dieselbe Zeit stieß auch Mary Read
zu Calico Jack, der längst wieder die Piraterie betrieb. Mary war,
ebenfalls als Mann verkleidet, auf einem Handelsschiff gefahren, das
Jack gekapert hatte. Anne Bonny verliebte sich in das neue Besatzungsmitglied und offenbarte »Mary Read schließlich ihr Geschlecht.
Da Mary wußte, was das bedeutete, und sie sich ihrer eigenen Unfähigkeit in dieser Hinsicht bewußt war, war sie gezwungen, sich mit
Anne ins Benehmen zu setzen, und so ließ sie diese zu deren großen
Enttäuschung wissen, daß auch sie eine Frau sei.«[4] Um weiterer Miß-
verständnissen vorzubeugen, weihten die beiden den Käpitän in das
Geheimnis ein.

Im Sommer 1720 weilten sie alle wieder auf New Providence. Die Behörden kannten sie mittlerweile bestens, und als die Sloop *William* aus dem Nassauer Hafen verschwand, wußte der Gouverneur sofort, wer dahintersteckte. Am 5. September blies er zur Jagd auf Rackam und seine Komplizen, darunter auch »zwei Frauen namens Ann Fulford alias Bonny und Mary Read«. In seiner Bekanntmachung hieß es: »Der genannte John Rackam und seine Besatzung werden hiermit zu Piraten und Feinden der britischen Krone erklärt und sind von allen Untertanen Seiner Majestät entsprechend zu betrachten und zu behandeln.«[5]

Mit Kapitän Woodes Rogers, dem damaligen Gouverneur der Bahamas, war nicht gut Kirschen essen. Er hatte von 1708 bis 1711 eine erfolgreiche Kaperfahrt um die halbe Welt unternommen und war 1718 nach Westindien gekommen, um die Seeräuberkolonie auf New Providence auszuräuchern. Im Namen König Georges bot er reumütigen Piraten eine Amnestie an, und Calico Jack war einer von vielen, die das Angebot angenommen hatten. Rogers griff jedoch hart durch, wenn die Reumütigen rückfällig wurden, und als einige begnadigte Piraten ihr altes Handwerk wieder aufnahmen, ließ er sie dingfest machen und im Nassauer Hafen unterhalb der Festungsmauern aufknüpfen.

Ebenso entschlossen reagierte Rogers, als er vom Diebstahl der Sloop *Willam* erfuhr. Er entsandte unverzüglich eine Sloop mit 45 Mann, um die Piraten zu fangen, und am 2. September nahm eine zweite Sloop mit 12 Kanonen und 55 Mann die Verfolgung auf.[6] Calico Jack bekam Wind davon, daß die Jagd auf ihn eröffnet war, und segelte nach Süden. Zuvor kaperte und plünderte er jedoch bei Harbour Island noch sieben Fischerboote. Am 1. Oktober brachte er vor der Küste Hispaniolas zwei Kauffahrer auf, und vierzehn Tage später kaperte er bei Port Maria an der Nordküste Jamaikas einen Schoner. In den folgenden drei Wochen kreuzte die *William* langsam nach Westen, vorbei an den kleinen Buchten und Sandstränden von Ochos Rios, Falmouth und Montego Bay, und erreichte schließlich Negril Point an der äußersten Westspitze der Insel. Und dort verließ die Göttin des Glücks Calico Jack.

Ganz in der Nähe segelte eine Sloop unter dem Kommando des Freibeuters Jonathan Barnet, »einem energischen Mann«, der im Auftrag des Gouverneurs von Jamaika Piraten jagte.[7] Barnet hörte einen Schuß, der von Rackams ankerndem Schiff abgefeuert wurde, und änderte den Kurs, um der Sache auf den Grund zu gehen. Beim Anblick des schwerbewaffneten Freibeuters suchte Rackam eilends das Weite. Barnet nahm die Verfolgung auf und stellte die Piraten gegen zehn

Uhr abends. Er rief sie an und erhielt als Antwort: »Jack Rackam aus Kuba.« Er forderte die Piraten zur Übergabe auf, doch sie lachten nur und eröffneten mit einer Drehbasse das Feuer. Barnet antwortete mit einer Breitseite. Eine Kugel durchschlug den Baum der *William* und machte sie manövrierunfähig.[8] Barnet ging längsseits und enterte das Piratenschiff. Nur Mary Read und Anne Bonny leisteten Widerstand. Sie schwenkten Pistolen und Entermesser, brüllten und fluchten und versuchten vergebens, ihre Kameraden anzustacheln, die sich kampflos ergaben. Tags darauf wurden die Gefangenen der Miliz übergeben, die sie ins Gefängnis von Spanish Town brachte.[9] Am 16. November standen Calico Jack und die zehn männlichen Mitglieder seiner Crew wegen Piraterie vor dem Admiralitätsgericht, und zwölf Tage später trat das Gericht erneut zusammen, um den beiden Piratinnen den Prozeß zu machen.

Mary Read und Anne Bonny erlangten nie die Berühmtheit eines Henry Morgan, Kapitän Kidd oder Blackbeard, und doch wurde ihnen mehr Aufmerksamkeit zuteil als vielen gefürchteten Seeräuberkapitänen der Geschichte. Dies ist wohl auf die lebendige Schilderung ihrer Lebensläufe in Johnsons *Allgemeiner Geschichte der Piraten* zurückzuführen, aber auch darauf, daß sie in der großen Ära der Piraterie die einzigen Seeräuberinnen waren. Sie wurden zu Legenden. Sie lieferten den Stoff für Romane, Theaterstücke und Filme und gingen sogar in die Schriften feministischer Historikerinnen und Bücher über Transvestismus ein.

Über die letzten beiden Lebensjahre der Frauen geben das gedruckte Protokoll ihres Prozesses und kurze Erwähnungen in Kolonialakten und zeitgenössischen Zeitungen Auskunft. Was ihre Jugend angeht, sind wir jedoch ganz auf den Bericht Captain Johnsons angewiesen, der gewöhnlich sorgfältig recherchiert hat, aber nur selten seine Quellen angibt. Und die Geschichten, die er erzählt, sind geradezu unglaublich. Johnson räumt selbst ein, daß die Biographien der beiden Frauen übervoll an überraschenden Wendungen und Abenteuern sind und »daß angesichts der merkwürdigen Ereignisse ihres Vagabundenlebens so manch einer versucht sein wird, die ganze Geschichte für wenig mehr als einen Roman oder eine Romanze zu halten«.[10]

Nach Johnson war Mary Read gebürtige Engländerin und das zweite Kind einer jungen Seemannsfrau, deren Mann bald nach der Hochzeit in See stach und nie zurückkehrte. Die Frau hatte eine Affäre mit einem anderen und wurde schwanger, schämte sich aber, ein uneheliches Kind zur Welt zu bringen, und zog daher zu Freunden aufs Land. Kurz vor Marys Geburt starb ihr erstes Kind, ein Junge. Bald ging ihr das Geld aus, und so beschloß sie, ihre Schwiegermutter um Hilfe zu bitten. Sie verkleidete Mary als Junge und reiste nach London, und die Schwiegermutter willigte pflichtschuldig ein, für den vermeintlichen Enkel eine Krone Unterhalt pro Woche zu bezahlen.

Mary wurde als Junge erzogen. Als sie dreizehn Jahre alt war, verschaffte ihr die Mutter eine Stellung bei einer französischen Dame – nicht als Kammerzofe, sondern als Lakai. Doch das Domestikenleben war nicht nach Marys Geschmack, und so musterte sie, »von Abenteuerlust gepackt, auf einem Kriegsschiff an«. Bald schon desertierte sie, trat als Kadett der flandrischen Infanterie bei und zeichnete sich in mehreren Gefechten durch Tapferkeit aus. Sie verliebte sich in einen flämischen Soldaten ihres Regiments, und nach der Beendigung des Feldzugs heiratete das Paar, verließ die Armee und eröffnete bei Breda das Wirtshaus »Zu den drei goldenen Hufeisen«.

Das Glück währte nicht lange. Kurz nach der Hochzeit starb Marys Mann, und als 1697 der Frieden von Rijswijk geschlossen wurde, zog die Truppe weiter und die Schenke verlor ihre Gäste. Mary Read schlüpfte wieder in Männerkleidung und heuerte auf einem Westindienfahrer an. Das Schiff wurde von Piraten gekapert, und nach weiteren Abenteuern landete sie schließlich auf Rackams Sloop.

Auch Anne Bonny war als Junge erzogen worden. Sie war die uneheliche Tochter eines Dienstmädchens und eines Anwalts im irischen Cork. Ihr Vater trennte sich nach einem Streit von seiner Ehefrau und holte die geliebte uneheliche Tochter zu sich, doch um einen Skandal zu vermeiden, verkleidete er sie als Junge und verkündete, er werde »ihn« zum Anwaltsgehilfen ausbilden.

Die Frau des Advokaten kam hinter den Schwindel und hängte die Sache an die große Glocke. Die Klienten blieben aus, und so beschloß der Anwalt, mit der ledigen Mutter und ihrer Tochter nach Amerika auszuwandern. Er ließ sich in South Carolina nieder, verdiente als Kaufmann viel Geld und wurde Plantagenbesitzer. Anne verliebte sich in einen armen Schlucker namens Bonny und heiratete überstürzt. Vom enttäuschten Vater verstoßen, segelte sie mit Bonny auf die Insel Providence, wo sie endlich Calico Jacks Bekanntschaft machte. Sie wurde Piratin, und nach zwei abenteuerlichen Jahren fand sie sich an der Seite Mary Reads auf Jamaika vor einem Gericht wieder. Das gedruckte Prozeßprotokoll enthält Augenzeugenberichte über einige Beutezüge Calico Jacks und Beschreibungen der beiden Frauen.[11] Vorsitzender des Marinegerichts, das am 16. November tagte, war Sir Nicholas Lawes, Gouverneur von Jamaika. Angeklagt waren »John Rackam, ehemals wohnhaft in Providence in Amerika, Seemann, ehemals Kapitän und Kommandant einer Piratensloop«, und zehn Mitglieder seiner Crew.[12]

Den Männern wurde zur Last gelegt, daß sie

1. »mit Waffengewalt in seeräuberischer und verbrecherischer Weise sieben Fischerboote angriffen und enterten« und über die Fischer herfielen und sie ihres Fangs und ihrer Netze beraubten;

2. »an einem bestimmten Ort auf hoher See etwa neun Meilen vor der Insel Hispaniola zwei Handelsschiffe angriffen, beschossen und enterten« und über James Dobblin und andere Seeleute herfielen;

3. auf hoher See ungefähr fünfzehn Meilen vor Port Maria Bay auf der Insel Jamaika einen von Thomas Spenlow befehligten Schoner beschossen und kaperten und Spenlow und andere Seeleute »um ihr Leben fürchten ließen«;

4. ungefähr drei Meilen vor Dry Ahrbour Bay auf Jamaika die von Thomas Dillan befehligte Sloop mit Namen *Mary* enterten und die Sloop mitsamt ihrer Ausrüstung stahlen und entführten.

Zwei Zeugen sagten aus. Thomas Spenlow aus Port Royal auf Jamaika berichtete, wie die Angeklagten mit ihrer Sloop seinen Schoner beschossen hatten. Laut Protokoll »enterten und eroberten sie den vorgenannten Schoner, stahlen fünfzig Rollen Tabak und neun Säcke Pfeffer und hielten ihn etwa 48 Stunden gefangen, ehe sie ihm die Weiterfahrt mit dem Schoner erlaubten«. Der zweite Zeuge war James Spatchears, ein Matrose aus Port Royal. Er schilderte in allen Einzelheiten das Gefecht zwischen dem Piratenschiff und der Handelssloop unter dem Kommando Jonathan Barnets.

Die Angeklagten plädierten auf nicht schuldig im Sinne der Anklage, doch das Gericht war anderer Ansicht und verurteilte sie zum Tode. Fünf wurden am nächsten Tag am Gallows Point in Port Royal gehängt, die sechs anderen einen Tag später in Kingston. Calico Jacks Leiche wurde in einen eisernen Käfig gesteckt und auf Deadman's Cay aufgehängt, einer kleinen Insel in Sichtweite von Port Royal, die heute noch Rackam's Cay heißt.

Der Prozeß gegen Mary Read und Anne Bonny verlief ähnlich. Der Ankläger beschuldigte sie exakt derselben Vergehen, rief jedoch zusätzliche Zeugen auf, die übereinstimmend aussagten, daß die Frauen aus freien Stücken in Rackams Piratencrew gedient und aktiv an den Beutezügen mitgewirkt hätten. Am anschaulichsten beschrieb sie Dorothy Thomas, die an der Nordküste Jamaikas in einem Kanu unterwegs gewesen war, als die Piraten sie überfielen.

Nach Aussage der Zeugin befanden sich die beiden angeklagten Frauen zu dem Zeitpunkt an Bord der genannten Sloop. Sie trugen Männerjacken und lange Hosen und hatten sich Tücher um den Kopf gebunden, und jede hielt eine Machete und eine Pistole in den Händen. Sie fluchten und brüllten die Männer an, sie sollten die Zeugin ermorden, damit sie nicht gegen sie aussagen könne. Des weiteren sagte die Zeugin aus, sie habe an der Größe ihrer Brüste erkannt, daß es sich um Frauen handelte.[13]

Zwei Franzosen, Zeugen von Rackams Überfall auf Spenlows Schoner, erklärten, Anne Bonny habe Schießpulver ausgegeben, und beide hätten »Männersachen angezogen, wenn ein Schiff gesichtet, verfolgt oder angegriffen wurde, derweil sie sonst nur Frauenkleider trugen«. Thomas Dillon, Kapitän der Sloop *Mary*, bestätigte, daß die beiden Frauen bei dem Angriff auf sein Schiff mitgewirkt hatten. »Anne Bonny«, so sagte er, »hielt eine Pistole in der Hand, und beide benahmen sich sehr abstoßend, schrien und fluchten und legten überall an Bord bereitwillig mit Hand an.«

Gefragt, ob sie etwas zu ihrer Verteidigung vorzubringen hätten, verneinten die beiden Angeklagten. Das Urteil des Gerichts fiel einstimmig aus: Die beiden Frauen wurden in den Anklagepunkten drei und vier der Piraterie und des Raubes für schuldig befunden. Da sie keinen Grund vorbringen konnten, der gegen eine Verhängung der Todesstrafe sprach, verurteilte sie Sir Nicholas Lawes in seiner Eigenschaft als Vorsitzender des Gerichts mit den althergebrachten Worten:

Ihr, Mary Read, und Ihr, Anne Bonny, alias Bonn, sollt von hier zu dem Ort gehen, wo ihr hergekommen seid, und von dort zur Hinrichtungsstätte, wo ihr am Hals aufgehängt werden sollt, bis der Tod eintritt. Und möge Gott in seiner unendlichen Barmherzigkeit euren armen Seelen gnädig sein.

Aus unerfindlichen Gründen spielten die Angeklagten ihren Trumpf erst in diesem Augenblick aus – vielleicht hatten sie nicht mit einer Verurteilung gerechnet. Kaum war das Urteil verkündet, eröffneten sie dem Gericht, daß sie schwanger seien. Wir wissen leider nicht, wie die Neuigkeit von den Anwesenden aufgenommen wurde, doch dürfte sie wie eine Bombe eingeschlagen haben. Den Akten ist lediglich zu entnehmen, daß das Gericht die Vollstreckung des Urteils aussetzte und »eine Untersuchung« anordnete.

Wie die Untersuchung ergab, waren beide Frauen tatsächlich schwanger. Sie wurden begnadigt. Mary Read starb noch im Gefängnis an einem Fieber. Laut Kirchenbuch der Gemeinde St. Catherine auf Jamaika wurde sie am 28. April 1721 beerdigt.[14] Was aus Anne Bonny und ihrem Kind wurde, ist nicht bekannt.

Die Geschichte von Mary Read und Anne Bonny wirft zahlreiche Fragen auf. War es tatsächlich so ungewöhnlich, daß Fauen zur See fuhren, und wenn ja, warum? Gab es andere Piratinnen? Mußte sich eine Frau als Mann verkleiden, wenn sie auf einem Schiff anheuern wollte? Wie konnte sich eine Frau unter den beengten und primitiven Verhältnissen, die im 18. Jahrhundert an Bord eines Schiffes herrschten, auf Dauer als Mann ausgeben?

In den letzten Jahren haben zahlreiche Seglerinnen von sich reden gemacht und bewiesen, daß sie durchaus imstande sind, große und kleine Yachten zu steuern, und das bei jedem Wetter. Einige haben ganz allein den Atlantik überquert oder die Welt umsegelt, und reine Frauencrews nehmen erfolgreich an Hochseeregatten teil. Doch jahrhundertelang war die Seefahrt fast ausschließlich eine Domäne der Männer. Während die Fischer in den eisigen Gewässern vor Cape Cod oder der Dogger Bank ihre Netze und Leinen einholten, hüteten ihre Frauen und Töchter zu Hause die Kinder, flickten Netze und beteten, daß ihre Männer wohlbehalten zurückkehrten. Allzuoft gab es Tragödien. In der Nacht des 18. August 1848 zog vor der Küste Schottlands ein Sturm auf und überraschte die Fischerboote, die am Nachmittag ausgelaufen waren. Die Männer holten die Netze ein und versuchten, sich in Sicherheit zu bringen. In Wick liefen die Angehörigen der Fischer hinunter zum Hafen und mußten entsetzt mit ansehen, wie die Boote gegen die schäumende See in der Hafeneinfahrt ankämpften. Einige Boote kenterten vor der Einfahrt, andere zerschellten an der Pier, wieder andere wurden weiter draußen von den Wellen verschlungen und in die Tiefe gerissen. 41 Boote gingen verloren, 25 Männer ertranken vor den Augen ihrer Angehörigen, 12 starben draußen auf See. Allein in Wick verloren 17 Frauen ihre Männer und 60 Kinder ihre Väter.[15]

Nicht minder gefährlich war das Leben in der Kriegs- oder Handelsmarine. Die Schiffe waren zwar größer und seetüchtiger als die offenen Fischerboote, doch in den Seekarten nicht verzeichnete Untiefen oder Riffe, Navigationsfehler, Skorbut und tropische Krankheiten forderten auch hier zahlreiche Opfer. Und zu den Gefahren, die auf See lauerten, kam die lange Abwesenheit von zu Hause: Nicht selten sah ein Matrose seine Angehörigen erst nach Monaten oder gar Jahren wieder. Als der Engländer Edward Barlow im September 1678 mit dem Handelsschiff *Cadiz Merchant* zu einer Routinefahrt ins Mittelmeer aufbrach, sollte es fünfzehn Monate dauern, bis er nach London zurückkehrte.[16] Und ein Matrose der Royal Navy, dessen Schiff zu einer Patrouillenfahrt in die Gewässer vor Boston oder vor der Westküste Afrikas entsandt wurde, sah seinen Heimathafen mitunter erst nach zwei Jahren wieder.

Die Gefahren, die Entbehrungen und die lange Abwesenheit von zu Hause hielten junge Männer nicht davon ab, zur See zu fahren. Daß sich aber eine Frau den körperlichen Strapazen an Deck und der Feuchtigkeit, der Enge und dem Gestank unter Deck aussetzte, war in der großen Ära der Segelschiffahrt unvorstellbar. Frauen, so die weitverbreitete Ansicht, stifteten Unfrieden auf einem Schiff, und viele Seeleute hingen dem Aberglauben an, eine Frau an Bord bringe Unglück. Um so erstaunlicher ist es, daß sehr viele Frauen zur See fuhren. Viele reisten natürlich nur als Passagiere – Kapitäne ließen sich von ihren Ehefrauen begleiten[17], und so mancher Offizier schmuggelte seine Mätresse an Bord. Doch es gab auch weibliche Matrosen. In der Geschichte der Royal Navy und der Handelsmarine wimmelt es von Frauen, die in Männerkleidung jahrelang unerkannt Seite an Seite mit Männern arbeiteten.[18] Eine von ihnen war Mary Anne Talbot. Wie Mary Read als Junge erzogen, verbrachte sie einen Teil ihres Lebens als Soldat und Matrose. Am 2. Februar 1778 als eines der sechzehn unehelichen Kinder von Lord William Talbot geboren, wurde sie von Captain Essex Bowen, ihrem Vormund, verführt und in der Uniform eines Lakaien in sein Regiment gesteckt. Sie war dabei, als die Briten im Juli 1793 Valenciennes einnahmen, und einige Monate später musterte sie auf der HMS *Brunswick* an, wo sie Kapitän John Harves Kajütjunge wurde. Sie nahm an der glorreichen Schlacht vom 1. Juni 1794 teil, und sie gehörte zu den wenigen Überlebenden des blutigen Gefechts mit der französischen *Vengeur*. Im Jahr 1800 verließ sie die Marine und trat in die Dienste des Londoner Verlegers R. S. Kirby, der ihre Lebensgeschichte niederschrieb und 1804 veröffentlichte.[19]

Hannah Snell fuhr 1745 zur See, um ihren Mann zu suchen, der sie hatte sitzenlassen, als sie im siebten Monat schwanger war. Sie diente eine Zeitlang auf der britischen Sloop *Swallow* und nahm 1748 an der Belagerung von Pondicherry teil. Marianne Rebecca Johnson fuhr vier Jahre lang auf dem Kohlenschiff *Mayflower*, ohne daß man ihr auf die Schliche kam, und ihre Mutter diente sieben Jahre in der Royal Navy, ehe sie in der Seeschlacht von Kopenhagen tödlich verwundet wurde.

Alle diese Frauen und andere konnten sich in der Männerwelt behaupten, weil sie den Männern im Dienst in nichts nachstanden. Mary Anne Arnold erfüllte auf der *Robert Small* gewissenhaft ihre Pflichten, bis Kapitän Scott sie entlarvte – beim seemännischen Ritual der Äquatortaufe hatte er Verdacht geschöpft. Später lobte er sie als den besten Matrosen auf seinem Schiff:»In einem schweren Sturm in der Biscaya enterte Miss Arnold als erste auf, um das Kreuzbramsegel zu reffen.«[20] Wenn Hannah Snell als unmännlich verlacht wurde, forderte sie den Spötter auf, sich in einer seemännischen Aufgabe mit ihr zu messen. Mary Anne Talbot nahm männliche Gewohnheiten an und mußte sich in ihrem späteren Leben vorhalten lassen, »ihre Vorliebe für Tabak und Grog usw. schicke sich nicht für eine Frau«.[21]

Doch wie gelang es diesen Frauen, vor den Kameraden ihr Geschlecht zu verbergen? Zweifellos erforderte es viel Geschick und Erfindungsreichtum, die Mannschaft zu täuschen. Ein Matrose hatte an Bord eines Segelschiffes so gut wie keine Privatsphäre, doch unter Deck gab es viele dunkle Winkel, wo eine Frau ihre Nacktheit verbergen konnte. Auf einem hochseetüchtigen Kauffahrer herrschte ein verwirrendes Durcheinander aus geteertem Tauwerk, schimmeligen Segeln, Ersatzmasten und -spieren, schlammigen Ankertrossen, Hühnerställen, Hängematten, Seemannskisten, Truhen unterschiedlicher Größe und zahlreichen Fässern mit Wasser, Bier, Pökelfleisch und Schießpulver. Um auf See die Versorgung mit Frischfleisch und Milch zu sichern, hielt man unter Deck Kühe, Ziegen, Enten, Gänse und Hühner.[22] Bei schönem Wetter spazierte das Federvieh häufig übers Deck. Viele Seeleute hielten zudem Hunde und Katzen, Papageien und Affen.

Die meisten Kauffahrer und Kriegsschiffe hatten mehrere Schiffsjungen an Bord, und viele Matrosen waren noch keine zwanzig. Mit weiten Hosen, Hemden und Seemannsjacken bekleidet, ein Tuch um den Hals, konnte eine kräftige junge Frau, die nicht unter Höhenangst litt, bei der Arbeit an Deck oder im Rigg durchaus als junger Mann durchgehen. Unter Deck war es für eine Frau schon schwieriger, wenn auch nicht unmöglich, ihr Geschlecht zu verbergen. Sie mußte sich nur etwas einfallen lassen, inbesondere auf den extrem primitiven Toiletten.[23] Die Seeleute erklommen entweder die Rüsten (Planken an der Außenseite des Schiffs zum Befestigen von Takelwerk) auf der Leeseite und urinierten ins Meer, oder sie gingen auf den Abtritt im Vordeck. Die Holzkonstruktion, die über den Bug hinausragte, verfügte über zwei oder drei Kästen mit Löchern. Die Seeleute kauerten sich auf einen solchen »Sitz der Erleichterung«, wie er genannt wurde, und verrichteten ihre Notdurft durch das Loch in das Wasser darunter. Auf kleineren Schiffen war der Abtritt binnenbords, und die Exkremente wurden durch ein Rohr in der Bordwand abgeleitet.

Zwischen dem Leben auf einem Piratenschiff und auf einem Handelsschiff bestand kein allzu großer Unterschied, teils weil die meisten Piratenschiffe ehemalige Kauffahrer waren und lediglich mehr Geschütze trugen, teils weil die meisten Piraten früher bei der Handelsmarine gedient hatten. Piratenschiffe waren gewöhnlich besser bemannt, und an Bord ging es weniger streng zu, doch die Gepflogenheiten und Vorurteile waren dieselben, und die meisten Piraten wollten keine Frauen an Bord haben. Nach Artikel drei der Piratensatzung, die sich Bartholomew Roberts und seine Crew gaben, wurden Knaben oder Frauen an Bord nicht geduldet. »Wer dabei ertappt wird, wie er eine Frau an Bord lockt und verkleidet mit auf See nimmt, hat sein Leben verwirkt.«[24] Eine Regel, die laut Captain Johnson Streit unter den Männern verhindern sollte.

Viele Piratenkapitäne bevorzugten Junggesellen. Wie viele Piraten verheiratet waren, ist schwer zu sagen, doch nach einer Studie über anglo-amerikanische Seeräuber, die zwischen 1716 und 1726 ihrem Gewerbe nachgingen, waren nur 23 von 521 verheiratet.[25] Als Sam Bellamys Piratenschiffe an der Küste von Cape Cod zerschellten, gab es acht Überlebende. Sie wurden im Mai 1717 verhört, und laut ihren Aussagen waren Ehemänner auf Bellamys Schiffen unerwünscht. Thomas Baker, den die Piraten zusammen mit neun Kameraden vor Cape François gefangennahmen, sagte, daß die »anderen fortgeschickt wurden, weil sie verheiratet waren«. Nach Peter Hoof wurden Verheiratete nicht gezwungen, sich den Piraten anzuschließen. Und Thomas South versicherte, daß die Piraten bei der Kaperung seines Schiffes »nur die Junggesellen preßten, vier an der Zahl«.[26]

Als Philip Ashton im Juni 1722 Piraten in die Hände fiel, wurde er zunächst von Edward Low, dem Anführer der Bande, verhört. Low fragte, ob er und die fünf anderen Gefangenen verheiratet seien. Keiner antwortete, und darüber geriet Low so in Rage, daß er auf Ashton zusprang, ihm eine Pistole an die Schläfe drückte und brüllte: »Du Hund! Warum antwortest du nicht?« Er drohte, ihm eine Kugel in den Kopf zu jagen, wenn er ihm nicht sofort sage, ob er verheiratet sei.[27] Er beruhigte sich erst, als er hörte, daß alle Gefangenen ledig waren. Später erfuhr Ashton, daß Low kurz nach dem Tod seiner Frau die Piratenlaufbahn eingeschlagen hatte. Er hatte ein Kind von ihr, das in Boston lebte und das er so liebte, daß er vor Sehnsucht nach ihm manchmal weinte. Ashton vermutete, daß er deshalb nur Junggesellen nahm: »Er wollte keine Leute bei sich haben, die sich nach Frau und Kindern sehnten, weil er fürchtete, sie könnten dann mit dem Dienst hadern, zum Desertieren neigen und um ihrer Familie willen nach Hause zurückkehren.«[28]

Soweit wir wissen, hatten nur sehr wenige Piratenkapitäne Familie. Henry Morgan war verheiratet, hatte aber keine Kinder. Kapitän Kidd hatte eine Frau und zwei Töchter, die in New York lebten. Auch Thomas Tew war verheiratet und hatte zwei Töchter. Blackbeard ehelichte angeblich ein sechzehnjähriges Mädchen aus North Carolina; sie soll seine vierzehnte Frau gewesen sein, und laut Captain Johnson pflegte er, nachdem er die ganze Nacht bei ihr verbracht hatte, »fünf oder sechs seiner brutalen Gefährten in sein Haus einzuladen, wo sie das Mädchen zwangen, einem nach dem anderen vor seinen Augen zu Willen zu sein«.[29] Die Geschichte paßt zu Blackbeard, könnte aber ebensogut ein Produkt von Johnsons Phantasie sein. In dem Bericht über einen Überfall Blackbeards im Januar 1718 notierte Gouverneur Hamilton: »Dieser Teach soll Frau und Kinder in London haben.«[30] Von den anderen Piratenkapitänen, die Johnson erwähnt, war anscheinend keiner verheiratet.

Erstaunlich viele Frauen dienten als Männer verkleidet auf Handels- oder Kriegsschiffen, aber nur sehr wenige wurden Piratinnen. Die einzigen, die außer Mary Read und Anne Bonny in die Annalen der Piraterie eingingen, sind die Skandinavierin Alwilda, die Irin Grace O'Malley und die Chinesin Cheng.

Über Alwilda ist nur sehr wenig bekannt.[31] Sie lebte im 5. Jahrhundert n. Chr. und war die Tochter eines skandinavischen Königs. Aus Zorn auf ihren Vater, der sie zur Heirat mit Prinz Alf, dem Sohn das dänischen Königs Sygarus, zwingen wollte, verkleidete sie sich als Mann, suchte sich mit ein paar Gefährtinnen ein geeignetes Schiff und segelte davon. Nach der Legende soll sie bald auf Piraten gestoßen sein, die erst kürzlich ihren Kapitän verloren hatten. Die Piraten waren von der unbotmäßigen Königstochter so beeindruckt, daß sie Alwilda zu ihrem Anführer wählten. Unter ihrem Kommando wurden die Piraten in der Ostsee so stark, daß Prinz Alf ausgeschickt wurde, um ihnen das Handwerk zu legen. Im Finnischen Meerbusen kam es zum Gefecht. Prinz Alf und seine Männer enterten das Piratenschiff, erschlugen einen Großteil der Besatzung und nahmen Alwilda gefangen. Aus Bewunderung für die soldatischen Tugenden des Prinzen änderte Alwilda ihre Meinung und willigte in die Heirat ein. Sie wurden noch an Bord seines Schiffes getraut, und Alwilda bestieg den dänischen Thron.

Ob Alwilda tatsächlich gelebt hat, ist heute umstritten, doch Grace O'Malleys Geschichte ist einwandfrei belegt. In irischen Archiven finden sich mehrere Hinweise auf sie, und neuere Forschungen zeigen, daß sich hinter der Heldin irischer Balladen eine imponierende Frau verbirgt,»die berühmt war für ihre Tapferkeit und Beleibtheit und verschiedene Heldentaten, die sie auf See vollbrachte«.[32] Grace O'Malley wurde um 1530 in Connaught an der Westküste Irlands geboren. Ihr Vater war ein Clanchef und Sproß einer alten irischen Familie, die seit Jahrhunderten die Gegend um Clew Bay beherrschte. Die O'Malleys besaßen Schlösser in Belclare und auf Clare Island und unterhielten eine Flotte, mit der sie fischten, Handel trieben und auch Raubzüge unternahmen. Grace fuhr schon als Mädchen zur See, und den Spitznamen »Granuaille« (was soviel wie Glatzkopf bedeutet) verdankte sie angeblich dem Umstand, daß sie das Haar so kurz trug wie die Jungen, mit denen sie segelte.[33] Im Jahr 1546, gerade mal 16 Jahre alt, heiratete sie Donal O'Flaherty und zog in sein Schloß in Bunowen, einem Küstenort rund 30 Meilen weiter südlich. Grace gebar drei Kinder und wurde nach kurzer Ehe Witwe. Sie kehrte auf das väterliche Gut zurück, übernahm das Kommando über die O'Malley-Flotte und erwarb sich den Ruf einer verwegenen und furchtlosen Kapitänin. 1566 heiratete sie Richard Burke, einen anderen Clanchef, und übersiedelte nach Rockfleet Castle in der Grafschaft Mayo. Für die restlichen 37 Jahre ihres Lebens wurde das Schloß zum Stützpunkt ihrer Unternehmungen auf See.

Rockfleet Castle steht noch heute an der Clew Bay. Es ist ein schlichter quadratischer Bau und ragt vier Stockwerke über die Sümpfe der Umgebung auf. Der von Regen und Wind gepeitschte Küstenstrich Irlands steht in scharfem Kontrast zu den Piratenschlupfwinkeln auf den Bahamas. Hier wie dort gibt es Strände und Buchten mit unzähligen vorgelagerten Inseln, doch statt zwischen rauschenden Palmen unter tropischer Sonne steht Rockfleet Castle zwischen welligen, von Heidekraut und Farn bedeckten Hügeln. Im heißen Nassau bringt allenfalls am Abend eine frische Brise ein wenig Abkühlung, doch über die graue See von Galway und Connemara fegen Atlantikstürme aus dem Südwesten hinweg. Clew Bay bot jedoch einen sicheren Ankerplatz für die O'Malley-Flotte, zu Lebzeiten Grace O'Malleys immerhin rund 20 Schiffe. Wie aus historischen Dokumenten hervorgeht, waren mehrere Galeeren darunter, anscheinend die einzigen Schiffe dieses Typs an der irischen Küste. Kapitän Plessington schrieb 1601 über eine Begegnung mit einem dieser Schiffe: »Es besaß 30 Ruder und hatte zur Verteidigung hundert Schützen an Bord, die meinem Schiff ein nahezu einstündiges Gefecht lieferten.«[34] Theoretisch war eine Galeere – ein Ruderfahrzeug, das für die Flauten im Mittelmeer entwickelt worden war – für die stürmischen Küstengewässer der Britischen Inseln völlig ungeeignet, und vermutlich wurden die Ruder nur bei schwachem Wind oder bei Überfällen in geschützten Buchten benutzt. Ansonsten dürften die Galeeren, wie die Wikingerschiffe, die Riemen eingelegt und ein einziges Rahsegel gesetzt haben.

Grace O'Malley wurde Piratin wider willen. Ganz Irland gehörte damals zum britischen Königreich unter Königin Elisabeth I., und jede Provinz unterstand einem Gouverneur, den die Königin ernannte. Diese Gouverneure waren in aller Regel englische Aristokraten oder Soldaten, und in Connaught unterdrückten sie die Einheimischen so rücksichtslos, daß es unablässig zu Aufständen der Clanchefs kam. Gelegentlich unternahm Grace Vergeltungsschläge gegen andere Clanchefs, und gelegentlich überfiel sie auch Handelsschiffe und raubte sie aus. In den fünfziger Jahren des 17. Jahrhunderts lösten ihre Überfälle bei den Kaufleuten von Galway einen solchen Sturm der Entrüstung aus, daß der Gouverneur Sir Edward Fitton eine Strafexpedition unternahm. Im März 1574 segelte eine Flotte unter dem Befehl von Kapitän William Martin in die Clew Bay und belagerte Rockfleet Castle. Grace sammelte ihre Truppen, drehte innerhalb weniger Tage den Spieß um und zwang Martin zum Rückzug. Doch im Jahr 1577 wurde sie bei einem Raubzug auf den Ländereien des Earl of Desmond gefangengenommen und für achtzehn Monate ins Gefängnis von Limerick gesteckt. Richter Drury beschrieb sie als »Anführerin von Dieben und Mördern auf See, die diese Provinz ausplünderten«.[35]

1583 starb Grace O'Malleys Ehemann, und ihre Lage wurde prekär. Überfälle benachbarter Clanchefs drohten, und überdies geriet sie in finanzielle Not, da eine Witwe nach irischer Sitte keinen Anspruch auf die Ländereien ihres Mannes hatte. Nach dem Motto »Angriff ist die beste Verteidigung« überfiel sie mehrere benachbarte Güter und machte sich dadurch Sir Richard Bingham zum Feind, der Fitton als Gouverneur abgelöst hatte. Bingham schickte eine schlagkräftige Truppe nach Clew Bay und ließ die Flotte der Piratin beschlagnahmen. Grace sah nur noch einen Ausweg: eine Bittschrift an die englische Königin. Im Juli 1593 traf der Brief in London ein, unterzeichnet von »Eurer treuen und ergebenen Untertanin Grany Ne Mailly aus Connaught in Eurer Hoheit Reich Irland«.[36] Grace schrieb, sie sei gezwungen gewesen, zu Wasser und zu Land einen kriegsähnlichen Feldzug zu führen, um ihr Land gegen habgierige Nachbarn zu verteidigen. Sie ersuchte die Königin, ihr für die kurze Zeit, die sie noch zu leben habe, »ein vernünftiges Auskommen zu sichern«, und versprach, als Gegenleistung »mit Schwert und Feuer sämtliche Feinde Eurer Majestät zu bekämpfen«. Während die königlichen Ratgeber noch mit der Prüfung des Falles beschäftigt waren, wurde Grace O'Malleys Sohn verhaftet und von

Bingham der Anstiftung zum Aufruhr bezichtigt. Grace beschloß, nach London zu reisen und bei der Königin persönlich vorzusprechen.

In den irischen Balladen wurde ihre Fahrt über die Irische See und ihre Audienz bei Königin Elisabeth ausgiebig besungen. In Wirklichkeit wissen wir nichts Näheres über diese Reise. Doch die Begegnung von Königin und Piratin fand im September 1593 im Greenwich-Palast statt, und die Königin sandte Tage später ein Schreiben an Sir Richard Bingham und befahl ihm, Grace für ihre alten Tage »ein bescheidenes Auskommen zu gewähren«.[37] Bingham setzte Grace O'Malleys Sohn auf freien Fuß, behielt aber ihre Schiffe und überfiel weiter ihre Ländereien. Erst 1597, als Bingham von Sir Conyers Clifford abgelöst wurde, konnte die Flotte der O'Malleys wieder in See stechen. Grace ging inzwischen auf die Siebzig zu und überließ ihrem Sohn das Kommando über die Schiffe und die Verteidigung ihrer Ländereien. Sie starb um 1603 in Rockfleet.

Als Frau, die Schiffe und Truppen befehligte und sich gegen kriegerische Männer behauptete, stellt Grace O'Malley in ihrer Zeit einen Einzelfall dar. Eine der wenigen Frauen, die sich neben militärischen Führerinnen wie Boadicea und Jeanne d'Arc mit ihr messen können, war die chinesische Piratin Cheng, deren Dschunkenflotte im frühen 19. Jahrhundert das Südchinesische Meer beherrschte. Ihr voller Name lautete Cheng I Sao, was »Frau des Cheng I« bedeutet, doch häufig wird sie auch Ching Yih Saou oder Ching Shih genannt.[38]

An der Küste und an den Flüssen Südchinas lebten und arbeiteten zu der Zeit ganze Gemeinden auf Booten. In diesen schwimmenden Dörfern lenkten Frauen Dschunken und kleine Wasserfahrzeuge, sie fischten und trieben Handel an der Seite der Männer. Nicht anders war es bei den Piraten. Engländer wie Leutnant Glasspoole bemerkten, daß die Seeräuber keinen festen Wohnsitz auf dem Festland hatten, sondern ständig auf ihren Schiffen lebten, die mit »Männern, Frauen und Kindern« vollgestopft waren.[39] Es war nicht ungewöhnlich, daß Frauen die Dschunken befehligten und ins Gefecht führten. Der chinesische Historiker Yuan Yung-lun beschrieb einen Einsatz gegen Piraten im Jahr 1809: »Auf einem der Boote klammerte sich die Frau eines Piraten fest an das Ruder und wollte nicht weichen. Sie wehrte sich verzweifelt mit zwei Entermessern und verwundete mehrere Soldaten. Erst als sie von einer Musketenkugel getroffen wurde und rücklings aufs Deck fiel, konnte sie überwältigt werden.«[40]

Angesichts dieser Lebensweise überrascht es nicht, daß eine Frau die Führung eines Seeräuberbundes übernahm, zumal es in China Tradition hatte, daß Frauen durch Heirat an die Macht gelangten. Cheng war eine ehemalige Prostituierte aus Kanton, die 1801 den Piratenführer Cheng I heiratete. Gemeinsam schufen sie einen Bund, dem auf dem Höhepunkt seiner Macht rund fünfzigtausend Piraten angehörten. 1805 beherrschten die Seeräuber unangefochten die Küstengewässer Südchinas. Sie überfielen Fischerboote und Lastschiffe ebenso wie hochseetüchtige Dschunken, die aus Batavia oder Malaysia zurückkehrten. Sie lebten von den Waren, die sie auf See erbeuteten, und wenn der Proviant knapp wurde, plünderten sie Dörfer an der Küste. Häufig verlangten sie Lösegeld für die gekaperten Schiffe, und sie erpreßten in der Gegend um Kanton und im Mündungsgebiet des Perlflusses Schutzgelder.

Cheng I starb 1807, und seine Frau übernahm das Kommando. Geschickt gewann sie die Unterstützung der Familie ihres Mannes und übertrug Chang Pao den Oberbefehl über die Flotte der Roten Flagge, das stärkste Geschwader des Piratenbundes. Dies war ein besonders geschickter Schachzug. Chang Pao war ein Fischersohn, den ihr Mann gefangengenommen, zu einem hervorragenden Piratenführer ausgebildet und schließlich adoptiert hatte. Er genoß bei den einfachen Piraten großen Respekt. Sechs Wochen nach dem Tod ihres Mannes teilte Cheng bereits das Lager mit Chang Pao, und einige Jahre später heiratete sie ihn. Fortan fungierte sie als Oberbefehlshaberin des Piratenbundes, und Chang Pao leitete die täglichen Operationen. Gemeinsam legten sie einen strengen Verhaltenskodex fest, der noch drakonischere Strafen vorsah als die Satzung, die sich die westindischen Piraten im frühen 17. Jahrhundert gaben. Wer sich einem Befehl widersetzte oder die Gemeinschaft bestahl, dem wurde der Kopf abgeschlagen. Wer desertierte oder unerlaubt dem Dienst fernblieb, dem wurden die Ohren abgeschnitten. Wer Beute unterschlug oder versteckte, bekam die Peitsche. Wiederholungstätern drohte die Todesstrafe. Auch die Behandlung weiblicher Gefangener war streng geregelt. Auf die Vergewaltigung einer Gefangenen stand der Tod. Gab sich die Gefangene dem Piraten freiwillig hin, wurde der Mann geköpft und die Frau mit einem Gewicht an den Beinen über Bord geworfen.

Drei Jahre lang vereitelten Cheng und Chang Pao jeden Versuch der Regierung, die Piratenflotten zu vernichten. Im Januar 1808 griff General Li-Ch'ang-keng, der Militärbefehlshaber der Provinz Chekiang, die Piraten in den Gewässern von Kwangtung an. Die Seeschlacht endete mit einem triumphalen Sieg der Piraten. Li geriet in feindliches Geschützfeuer, und eine Kugel zerfetzte ihm die Gurgel. Noch im selben Jahr fuhr Chang Pao den Perlfluß hinauf und bedrohte die Stadt

Kanton. Die Bewohner versuchten, den Piraten den Nachschub abzuschneiden und sie auszuhungern, erreichten damit aber nur, daß sie an der Küste Dörfer plünderten. Einige Dörfer bauten Barrikaden und bildeten Milizen, denen es bisweilen sogar gelang, die Piraten in einen Hinterhalt zu locken und zurückzuschlagen. Meist aber überrannten die Piraten die ungeübten Kämpfer und nahmen grausame Rache. Im August 1809 brannten sie das Dorf Shashan nieder, enthaupteten 80 Bewohner und hängten die Köpfe an einen Banyan-Baum an der Küste. Die Frauen und Kinder, die sich im Tempel versteckt hatten, wurden verschleppt. Im September griff Chang Pao die Insel Tao-chiao an. Die Piraten massakrierten 1000 Bewohner und entführten 20 Frauen. Neben solchen Zahlen wirken die Aktivitäten der westindischen Piraten geradezu harmlos. Bisweilen ging Cheng mit mehreren hundert Schiffen und bis zu 2000 Piraten ins Gefecht. 1809, auf dem Gipfel ihrer Macht, war die Flotte des Bundes größer als die Kriegsmarine vieler Länder. Sie verfügte über rund 200 hochseetüchtige Dschunken, die, jeweils mit 20 bis 30 Geschützen bestückt, jeweils bis zu 400 Piraten an Bord nehmen konnten. Ferner besaß sie 600 bis 800 Küstenfahrzeuge, die mit 12 bis 25 Geschützen bestückt und mit 200 Piraten bemannt waren. Dazu kamen Dutzende von kleinen Flußdschunken, die seichte Wasserläufe hinauffahren konnten, um Dörfer zu plündern oder Bauernhöfe zu zerstören, die ihre Schutzgelder nicht bezahlt hatten.[41]

Frau Chengs Herrschaft als Piratenführerin endete 1810. Chinesische Beamte hatten portugiesische und britische Kriegsschiffe um Hilfe gebeten, und zur Bekämpfung der Piraten wurde eine gewaltige Streitmacht zusammengezogen. Als die chinesische Regierung den Piraten eine Amnestie anbot, beschloß Frau Cheng, die Initiative zu ergreifen und die bestmöglichen Bedingungen auszuhandeln. Sie begab sich unbewaffnet nach Kanton und traf am 18. April 1810 mit einer Abordnung von Frauen und Kindern in der Residenz des Generalgouverneurs ein. Dieser kühne Schritt wurde ein voller Erfolg. Sie verhandelte aus einer Position der Stärke heraus, denn der Generalgouverneur und seine Berater wußten nur zu gut, welche Verwüstungen und Massaker die Piratengeschwader immer noch anrichten konnten. Man einigte sich: Die Piraten sollten ihre Dschunken und Waffen abliefern, dafür aber ihre Beute behalten, und wer wollte, konnte in den Dienst der Armee treten. Chang Pao, Frau Chengs Stellvertreter und Geliebter, wurde zum Leutnant ernannt und erhielt die Erlaubnis, eine private Flotte von 20 Dschunken zu unterhalten. Am 20. April ergaben sich nicht weniger als 17318 Piraten, und 226 Dschunken wurden den

Behörden übergeben. Nicht alle Piraten kamen ungeschoren davon: 60 wurden für zwei Jahre verbannt, 151 auf Lebenszeit ins Exil geschickt, und 126 wurden hingerichtet.[42]

Cheng und Chang Pao ließen sich in Kanton nieder, zogen aber später nach Fukein, wo Cheng einen Sohn gebar. Chang Pao brachte es bis zum Obersten und starb 1822 mit 36 Jahren. Cheng, eine wohlhabende Frau, kehrte nach Kanton zurück, wo sie ein Haus für Glücksspiele eröffnete. Sie führte ein friedliches Leben und starb 1844 im Alter von 69 Jahren. Leider besitzen wir keine zeitgenössischen Beschreibungen von ihr. Die Taten des Piratenbundes sind detailliert in chinesischen Dokumenten verzeichnet, doch Cheng selbst bleibt im dunkeln. Sie war ohne Frage eine kluge und starke Frau. Ob sie freilich das Urteil jener Historikerin rechtfertigt, die sie als »den größten Piraten aller Zeiten, gleich ob Mann oder Frau«,[43] bezeichnet hat, sei dahingestellt. Doch drei Jahre lang führte sie die Unternehmungen eines der größten Piratenbünde der Geschichte.

Stürme, Schiffbrüche und das Leben auf See

D er berühmteste Schiffbruch eines Piraten ereignete sich am 26. April 1717 an der Küste von Cape Cod. Wenige Wochen zuvor hatte Sam Bellamy in der Windward Passage das Sklavenschiff *Whydah* gekapert und übernommen. Jetzt segelte er in Begleitung einer ebenfalls gekaperten Sloop, die sein Quartermeister Paul Williams befehligte, nach Norden. Unterwegs plünderten sie vor der Küste Virginias mehrere Kauffahrer aus; dann beschlossen sie, Block Island anzulaufen, um die beiden Piratenschiffe zu überholen. Als die tückischen Sandbänke vor Cape Cod näher rückten, kommandierte Bellamy eine kleine Flotte, der auch die Pinke *Mary Anne* angehörte. Die Piraten hatten sie am Morgen erbeutet, und sieben Mann segelten sie.

Am Abend des 26. April schlug das Wetter um. Strömender Regen beeinträchtigte die Sicht so sehr, daß die Schiffe den Kontakt verloren. Doch schlimmer als der Regen war der plötzlich aufkommende Ostwind, der bald Sturmstärke erreichte. Bellamy und seine Prisen segelten jetzt vor einer Leeküste, an der im Lauf der Jahre Hunderte von Schiffen gestrandet waren. Irgendwann zwischen zehn und elf Uhr abends geriet die *Mary Anne* zwischen Brecher und lief auf Grund. Die Mannschaft kappte die Masten, um den Druck auf den Rumpf zu senken, doch Wind und Wellen trieben sie weiter auf den Strand zu. Die Männer beschlossen, an Bord zu bleiben, verschalkten die Luken und verbrachten eine ungemütliche Nacht unter Deck. Am Morgen mußten sie feststellen, daß die Pinke hoch und trocken auf einer kahlen Insel festsaß. Zwei Einheimische in einem Kanu retteten sie aus dem Wrack und schlugen Alarm. Wenige Stunden später befanden sich die sieben Piraten im Gewahrsam eines Hilfssheriffs und seiner Leute. Am 18. Oktober kamen sie vor das Marinegericht in Boston, und einen Monat später wurden sechs von ihnen gehängt.[1]

Die *Whydah* überstand den Sturm nicht. Zehn Meilen weiter nördlich trieb sie auf die Brandung zu. Die Anker wurden ausgeworfen, fanden aber keinen Halt, und so befahl Bellamy den Männern, die An-

83

kertrossen zu kappen. Doch ein großer Rahsegler hatte keine Chance, sich freizukreuzen, wenn er bei auflandigem Wind zu nahe an eine Leeküste geraten war. Ein paar hundert Meter vor dem Strand lief die *Whydah* auf eine Sandbank. Der Großmast ging über Bord, das Schiff brach auseinander. Nur zwei Männer erreichten lebend das Ufer. 144 Piraten, darunter Bellamy, kamen in dem Sturm um, und in den folgenden Tagen wurden viele Leichen an den Strand gespült.

Jedes Piratenschiff mußte auf See mit Stürmen und Unwettern rechnen. Die Karibik und der Golf von Mexiko waren zwar auch im Winter warm und sonnig, doch fegten häufig Wirbelstürme mit verheerender Gewalt über sie hinweg, die sich draußen auf dem Atlantik zusammenbrauten. Jamaika war regelmäßig betroffen. 1712 berichtete Gouverneur Hamilton von einem Sturm, der im Hafen von Port Royal 38 und in Kingston 9 Schiffe zerstört hatte. Zehn Jahre später, am Morgen des 28. August 1722, suchte ein anderer Hurrikan die Insel heim. Nach Kapitän Chaloner Ogle von der HMS *Swallow*, die in Port Royal vor Anker lag, wurden »alle Handelsschiffe im Hafen versenkt oder an die Küste geworfen mit Ausnahme einer Sloop«.[2] Die See wirbelte Felsen und Steine durch die Luft und überflutete die Stadt. Das Wasser stand beinahe mannshoch in den Straßen.

Der Pirat Edward Low steuerte mit seiner Brigg gerade die Inseln über dem Winde an, als er von diesem Sturm überrascht wurde. Wellenberge drohten das Schiff unter sich zu begraben, und die Mannschaft war gezwungen, sechs Geschütze, den Proviant und schweres Gerät über Bord zu werfen, um das Schiff zu leichtern. Stundenlang arbeiteten die Männer an den Pumpen und schöpften Wasser mit Eimern. Sie überlegten, ob sie die Masten kappen sollten, verwarfen den Gedanken aber. Statt dessen stützten sie den Großmast mit zusätzlichen Sicherungstauen »und gingen auf den anderen Bug, bis der Sturm vorüber war«. Der Schoner, der die Brigg begleitete, verlor das Großsegel, und die Crew mußte die Buganker kappen, doch sonst überstand er den Sturm unbeschadet.

Der Pirat Charles Vane hatte weniger Glück. Im Februar 1719 kreuzte er in den Gewässern südlich von Jamaika, als seine Sloop in einen Hurrikan geriet. Der Sturm trieb ihn auf eine kleine, unbewohnte Insel im Golf von Honduras zu. Die Sloop zerschellte, und ein Großteil der Mannschaft ertrank. Vane überlebte, saß aber wochenlang auf der Insel fest. Zwei Fischer, die zur Schildkrötenjagd auf die Insel kamen, retteten ihn vor dem Hungertod, und schließlich nahm ihn ein Schiff aus Jamaika auf, das der ehemalige Bukanier Kapitän Holford befehligte. Vane wurde nach Jamaika gebracht und gehängt.

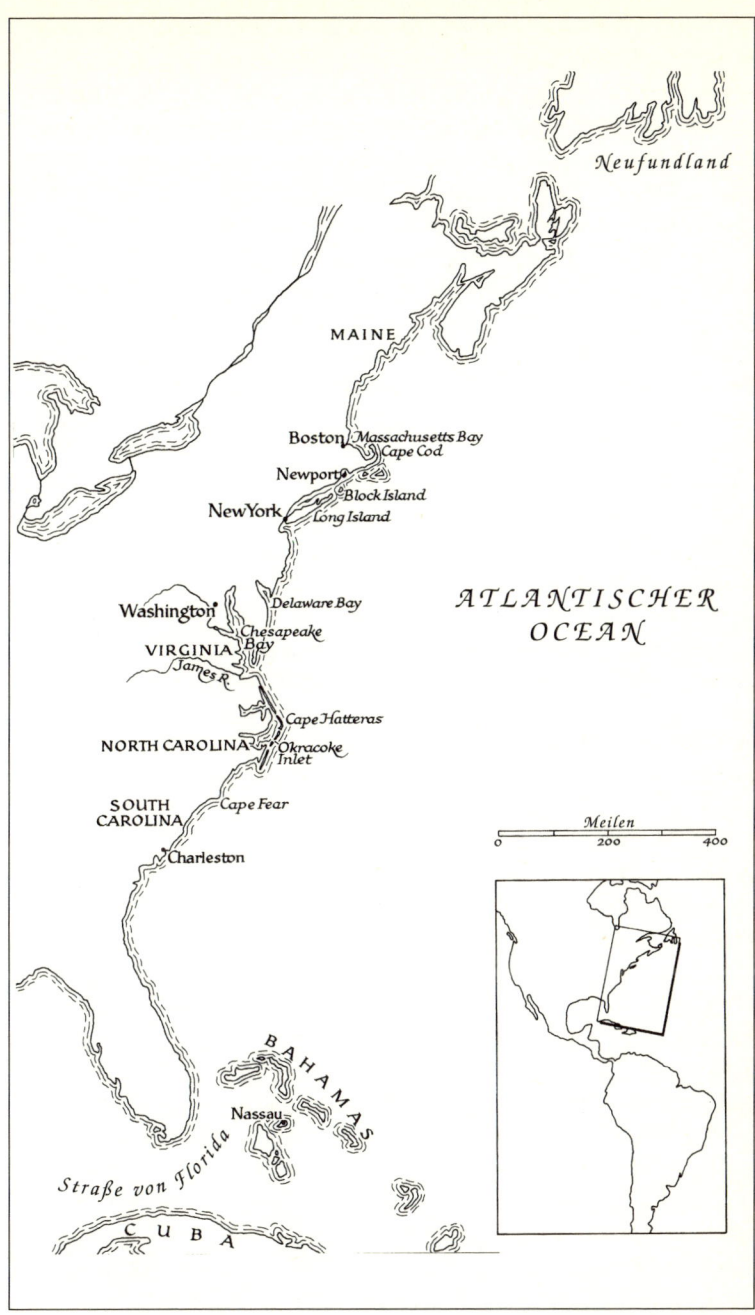

Ostküste Nordamerikas im frühen achtzehnten Jahrhundert.

Ein Schiffbruch beendete auch die Fahrten des Robert Dangerfield, eines 32jährigen Seemanns aus Jamaika, der Piraten in die Hände gefallen und zum Dienst gezwungen worden war. Nach einer ereignisreichen Reise, die ihn von Westindien nach Boston, dann über den Atlantik an die Westküste Afrikas und zurück nach Nordamerika führte, segelte er vor der Küste Carolinas, als ein starker auflandiger Wind die Besatzung zwang, einige Meilen südlich des Ahley River Anker zu werfen. Die Anker griffen nicht, und das Schiff trieb auf die Küste zu:»Das Schiff geriet auf eine Sandbank, so daß wir gezwungen waren, den Großmast zu kappen, doch unsere Lage wurde so verzweifelt, daß wir Flöße bauten, um unser Leben zu retten, und als wir endlich an Land kamen, waren 8 von 44 Weißen und 7 Neger ertrunken ...«[4]

Angesichts der primitiven Navigationstechnik und ungenauen Seekarten im frühen 18. Jahrhundert grenzt es an ein Wunder, daß nicht noch mehr Piraten Schiffbruch erlitten. Jeder fähige Schiffsführer konnte die geographische Breite ermitteln, indem er mit einem Quadranten um Mittag die Durchgangshöhe der Sonne maß und einige simple Berechnungen anstellte. Doch bis zur Einführung der Mondentfernungstabellen in den sechziger Jahren des 17. Jahrhunderts und zur Erfindung des Schiffschronometers durch John Harrison gab es keine verläßliche Methode zur Längenbestimmung. Ein Seemann konnte also bis auf fünf oder zehn Meilen genau errechnen, wo er sich in Nord-Süd-Richtung befand, aber nie mit Sicherheit sagen, wie weit westlich oder östlich er segelte.

Es gab natürlich Karten, doch die meisten waren ungenau. Nach Ansicht des Bukaniers und Forschers William Dampier war der Atlantik in den meisten Karten um zehn Grad zu breit:»Inbesondere Mr. Canby, der als Schiffsoffizier viele große Fahrten von Cape Lopez an der Küste Guineas nach Barbados unternommen hat und im Ruf eines sehr klugen Mannes steht, hat mir gegenüber des öfteren erwähnt, daß er die Entfernung auf 60 bis 62 Grad schätze, während sie in den gebräuchlichen Karten mit 68, 69, 70 und 72 Grad angegeben wird.«[5] Zehn Grad entsprachen sechshundert Seemeilen – eine Abweichung, die einem Schiff am Ende einer Ozeanüberquerung gefährlich werden konnte.

Dampier gehört zu den interessantesten Gestalten unter den Bukaniern, und seine Tagebücher geben wertvolle Auskünfte über die Navigationsprobleme, die Seeleuten seiner Zeit zu schaffen machten. 1652 in der südenglischen Grafschaft Somerset als Bauernsohn geboren, ging er mit siebzehn zur See: zunächst mit einem Handelsschiff nach

Porträt des Freibeuters und Forschungsreisenden William Dampier von Thomas Murray. Dampier lebte bei den berüchtigten Holzfällern von Campeche und begleitete verschiedene Bukaniere auf ihren Beutezügen. Eine seiner Reisen führte ihn zu den Juan-Fernandez-Inseln, wo Alexander Selkirk entdeckt und an Bord genommen wurde, jener Seemann, der Defoe später als Vorbild seines Robinson Crusoe diente.

Neufundland, dann mit einem Ostindienfahrer nach Java. 1673 musterte er bei der Royal Navy an und nahm an den Kämpfen des englisch-niederländischen Handelskriegs teil, erkrankte jedoch und wurde als dienstuntauglich entlassen. Er erholte sich bei seinem Bruder in Somerset. Dort erhielt er das Angebot, auf Jamaika die Leitung einer Plantage zu übernehmen.

Im Frühjahr 1674 trat Dampier die Überfahrt an. Nach einem Jahr gab er die Arbeit auf der Plantage auf und fuhr in die Bucht von Campeche, wo er zehn Monate lang Campeche- und Blauholz schlug. Der Schufterei in einer der ungesundesten Regionen der Welt überdrüssig, kehrte er nach England zurück. Bevor er abermals auf Reisen ging, heiratete er, doch seine Frau sollte ihn in den folgenden zehn Jahren nur selten zu sehen bekommen, denn er war fast ständig auf See. Von 1679 bis 1681 fuhr er mit Bukanieren unter Kapitän Batholomew Sharp, nahm am Überfall auf Portobello und mehreren anderen Beutezügen teil, über die Basil Ringrose, ein Mitglied von Sharps Mannschaft, in seinem Tagebuch berichtet. 1683 schloß er sich einer Bukanierexpedition unter Kapitän John Cook an: Die Fahrt ging von Virginia an die Küste von Afrikanisch-Guinea, dann über den Atlantik zurück nach Südamerika, um Kap Hoorn herum und die chilenische Küste hinauf zu den Juan-Fernandez-Inseln und schließlich zu den Galapagosinseln im Pazifik.

1685 weilte Dampier wieder in Panama. Diesmal schloß er sich den Bukanieren unter Kapitän Swan an. In den folgenden zwei Jahren bereisten sie die Philippinen, erkundeten die chinesische Küste bei Macao und kreuzten zwischen den indonesischen Gewürzinseln hindurch nach Neu-Holland, dem heutigen Australien. Nach zweimonatigem Aufenthalt segelten sie weiter nach Nordwesten, an Sumatra vorbei zu den Nikobaren-Inseln im Indischen Ozean. Dort verließ Dampier mit einigen Gefährten die Bukaniere und zog auf eigene Faust weiter. Er unternahm eine ereignisreiche Handelsfahrt zu den indonesischen Inseln und kehrte im September 1691 nach England zurück.

Dampier brachte seine Reiseeindrücke zu Papier und veröffentlichte sie 1697 unter dem Titel *A New Voyage Around the World*. Das Buch ist nicht nur deshalb bemerkenswert, weil es von den Unternehmungen wagemutiger Bukaniere berichtet, sondern auch wunderbare Beschreibungen unbekannter Länder, fremder Menschen, exotischer Vögel und anderer Tiere enthält. Sein zweites Buch, *A Voyage to New Holland*, erschien 1709. Darin schilderte er sein erstes eigenes Kommando, die unglückliche Expedition zur Nordwestküste Australiens mit der HMS *Roebuck*. Auf der Rückreise bekam das kleine Schiff vor der Atlantik-Insel Ascension ein Leck, und Dampier mußte sich mit einem Floß an Land retten. Wochen später wurden er und seine Leute von britischen Kriegsschiffen aufgelesen. Ein Kriegsgericht erklärte

Dampier für ungeeignet, ein Schiff des Königs zu befehligen. Doch dies war nicht das Ende seiner Reisen. Er verfügte über unschätzbare Kenntnisse der Südsee, und so nahm ihn Kapitän Woodes Rogers als Navigationsoffizier auf eine Kaperfahrt mit. Sie dauerte von 1708 bis 1711 und führte um die ganze Welt, und im Unterschied zu Dampiers bisherigen Reisen brachte sie wertvolle Prisen und den Investoren hohe Profite ein.

Dampiers Schriften enthalten keine Schauergeschichten über Folter und Mord, denen Exquemelins Buch *Die amerikanischen Seeräuber* seine Popularität verdankte. Dafür eröffnen sie ungewöhnliche Einblicke in die Nöte und Gefahren, die Bukaniere erwarteten, wenn sie sich über die Karibik hinauswagten. Dampier verband die Neugier des Wissenschaftlers mit der scharfen Beobachtungsgabe des Seemanns. Nicht von ungefähr haben Generationen von Forschern und Navigatoren seine Arbeiten gelesen und bewundert. So schrieb Admiral James Burny über Dampier: »Schwerlich ließe sich ein Reisender nennen, der uns mehr nützliche Kenntnisse geschenkt hat, dem der Kaufmann und Seemann mehr Dank schulden oder der sein Wissen in unbefangenerer und verständlicherer Form weitergegeben hat.«[6]

Dampier ließ in seinen Reiseberichten mehrere Seiten aus seinen Logbüchern abdrucken. Sie enthalten Berechnungen, mit deren Hilfe der tägliche Kurs abgesetzt wurde. Die geographische Länge wurde grob aus der täglich zurückgelegten Distanz – die natürlich nur geschätzt war – und dem gesteuerten Kompaßkurs ermittelt. Wollte ein Kapitän nach längerer Fahrt eine bestimmte Insel oder einen Hafen anlaufen, brachte er das Schiff zunächst auf die korrekte geographische Breite und segelte dann an dieser Linie entlang, bis der Ausguck das Ziel sichtete. Auf diese Weise gelangte Dampier zu den Galapagosinseln. »Wir steuerten Nordwest zu Nord in der Absicht, die Breite der Galapagosinseln zu gewinnen und dann nach Westen zu laufen. Da wir die Entfernung zwischen diesen Eilanden nicht genau kannten, konnten wir keinen direkten Kurs absetzen ...«[7] Die Methode funktionierte, und am 31. Mai 1684 tauchten die Inseln vor ihnen auf, »einige Steuerbord voraus, einige Backbord voraus, andere direkt vor uns«.

Kapitäne nahmen die Dienste von Lotsen in Anspruch, die ihr Schiff durch gefährliche Fahrrinnen oder in Häfen oder Flußmündungen steuern sollten. Doch diese Leute waren häufig unfähig. Auf der ersten Etappe seiner Kaperfahrt um die Welt holte Kapitän Woodes Rogers einen Lotsen an Bord, als er den irischen Hafen Cork anlief. Es war dunkel und neblig, und Rogers erlitt um ein Haar Schiffbruch. Hätte er nicht eingegriffen, wäre der Lotse in die falsche Bucht gesegelt, »was mich veranlaßte, ihn dafür zu züchtigen, daß er sich anmaßte, ein Schiff zu steuern, obgleich er sein Metier nicht verstand«.[8] Ähnlich erging es Dampier im Golf von Panama, wo die Lotsen »an den weniger befahrenen Küsten hilflos waren«.[9] Zum Glück hatten sie spanische Portolanen (Schifferhandbücher) von einer ihrer Prisen an Bord, die sich an diesem Küstenabschnitt als zuverlässige Führer erwiesen.

Nicht selten zeichneten sich Schiffsoffiziere eigene Karten von Ankerplätzen oder Küstenprofile, damit sie bei künftigen Reisen Landmarken leichter erkannten. Manche wurden später veröffentlicht oder Portolanen beigefügt. In einer Zeit, in der die europäischen Seemächte um die Kolonien in Übersee stritten und die spanische Vorherrschaft in der Neuen Welt brechen wollten, waren gute Seekarten sehr gefragt. Im Juli 1681 erbeutete eine Gruppe von Bukanieren unter Kapitän Bartholomew Sharp auf dem spanischen Schiff *El Santo Rosario* eine Portolane, die, wie sich herausstellte, von größter strategischer Bedeutung war. Dazu William Dick:

> Auf diesem Schiff, der *Rosario*, erbeuteten wir auch ein dickes Buch voller Seekarten und Zeichnungen. Es enthielt eine sehr genaue und zutreffende Beschreibung aller Häfen, Wassertiefen, Buchten, Flüsse, Kaps und Küsten in der Südsee und Instruktionen für alle Navigationen der Spanier in diesem Ozean. Allem Anschein nach diente es ihnen als vollständige Portolane für diese Gewässer, und aufgrund seiner Neuartigkeit und Genauigkeit wurde es nach unserer Rückkehr nach England Seiner Majestät vorgestellt. Inzwischen ist es ins Englische übersetzt worden, wie ich höre, auf Befehl Seiner Majestät ... Der Druck ist freilich streng verboten, da man befürchtet, daß andere Nationen in diese Gewässer vordringen und sich seiner bedienen könnten ...«[10]

William Dick segelte mit Basil Ringrose und den Bukaniern, die von März 1679 bis Februar 1682 die südamerikanische Küsten unsicher machten. Ihr Beutezug erfolgte zu einer Zeit, da zwischen Spanien und England Frieden herrschte, so daß die Kaperung oder Zerstörung von 25 spanischen Schiffen und die Plünderung mehrerer spanischer Küstenstädte, die auf ihr Konto gingen, offene Akte von Piraterie waren. Die spanischen Behörden forderten denn auch eine Bestrafung Sharps und seiner Leute, doch die Erbeutung der Karten war ein solcher Coup, daß König Karl II. die Proteste des Erzfeindes ignorierte und die Piraten begnadigte.

Die Tagebücher von Dampier, Woodes Rogers und Ringrose geben Aufschluß über die Navigationsmethoden der Bukaniere und Freibeu-

Kapitän Woodes Rogers und seine Familie, gemalt von William Hogarth 1729. Rogers wurde nach einem abenteuerlichen Leben als Freibeuter zum Gouverneur der Bahamas ernannt. Er vertrieb die Piraten aus Nassau und stellte in der Kolonie Ruhe und Ordnung wieder her.

ter um 1700, doch über das seemännische Können der anglo-amerikanischen Piraten um 1720 ist nur wenig bekannt. Vermutlich benutzten sie ähnliche Methoden, und man darf davon ausgehen, daß auf jedem Schiff zumindest ein Mann war, der die geographische Breite bestimmen konnte. Außerdem muß der Piratenkapitän oder einer seiner Leute ein Logbuch geführt haben, in das er täglich den gefahrenen Kurs und die zurückgelegten Seemeilen eintrug. In vertrauten Gewässern mochte Ortskenntnis zum Navigieren ausreichen, doch auf längeren Reisen, wie sie Piraten gewöhnlich unternahmen, waren exakte Berechnungen und Karten unverzichtbar. Karten, Navigationstabellen und Instrumente waren vermutlich Beutestücke. Kapitän Henry Bostock, dessen Sloop *Margaret* im Dezember 1717 von Blackbeard gekapert wurde, berichtete, daß die Piraten neben Entermessern und 35 Schweinen auch seine Papiere und Instrumente raubten.[11]

Jede ungenaue Navigation konnte fatale Folgen haben. Als einige Piraten unter Führung Walter Kennedys sich von Bartholomew Roberts' Geschwader trennten und auf eigene Faust weitersegelten, stellten sie fest, »daß sie bloß einen einzigen Mann an Bord hatten, der etwas von Navigation verstand, und selbst dieser war noch ein Neuling darin (Kennedy selbst konnte weder schreiben noch lesen und wurde nur wegen seines Mutes zum Kapitän gewählt)«.[12] Sie wollten nach Irland segeln, wurden im Sturm aber an die Nordwestküste Schottlands verschlagen und entgingen nur mit viel Glück einem Schiffbruch. Sie liefen eine kleine Bucht an und verließen das Schiff. An Land trennten sie sich, »aber der Haupttrupp blieb beisammen und versetzte überall, wo er hinkam, das Land durch seine Zechgelage und seine Ausschweifungen in Unruhe«.[13] Zwei wurden ermordet und ihrer Barschaft beraubt. Siebzehn wurden in der Nähe von Edinburgh ergriffen und der Piraterie angeklagt, neun wurden verurteilt und hingerichtet. Kennedy, ein ehemaliger Taschendieb und Einbrecher, schlug sich nach London durch und betrieb dort ein Bordell, bis eine seiner Huren ihn des Straßenraubs bezichtigte. Er wurde ins Bridewell-Gefängnis eingeliefert, wo ihn der Maat eines Schiffes, das er einmal überfallen hatte, wiedererkannte und als Pirat identifizierte. Kennedy wurde vor Gericht gestellt, verurteilt und am 19. Juli 1721 am Hinrichtungsdock gehängt.

Als Jagdgründe bevorzugten Piraten die Schiffahrtsstraßen im Atlantik, in der Karibik und im Indischen Ozean. Besonderer Beliebtheit erfreuten sich die Bahamas, denn in der Straße von Florida konnten sie spanische Schiffe abfangen, die auf dem Weg von Mittelamerika in die Heimat waren. Oder die Windward Passage zwischen Kuba und Hispaniola, durch die Handelsschiffe aus Europa und Afrika nach Kuba segelten. Die Insel Madagaskar wurde ein Zufluchtsort für Piraten, weil sie an der Route der Indienfahrer lag.

Neben den Handelsrouten spielte auch das Wetter eine wichtige Rolle. Die Häfen und Küsten Neuenglands waren im Winter ziemlich unwirtlich. So konnte es vorkommen, daß Schiffe in einem strengen Winter mitunter wochenlang festlagen: »Unsere Flüsse sind zugefroren, so daß seit einer Woche kein Schiff mehr ein- oder ausgelaufen ist«, meldet die Boston News Letter im Januar 1712. In einer Meldung aus New York heißt es im selben Blatt, daß die HMS Lowstoft erst auslaufen könne, wenn das Eis geschmolzen sei, »also voraussichtlich erst Mitte des nächsten Monats«.[14]

Aus diesem Grund überwinterten die Piraten zumeist in wärmeren Gefilden wie der Karibik und segelten erst im April oder Mai gen Norden. Bartholomew Roberts überfiel im Juli und Juni 1720 Schiffe auf den Neufundlandbänken und kehrte im Winter nach Westindien zurück. Blackbeard operierte im Oktober 1717 an der Küste Virginias und blockierte im Juni 1718 den Hafen von Charleston in South Carolina, machte in den kühlen Monaten dazwischen aber den Süden unsicher und plünderte Schiffe vor St. Kitts und im Golf von Honduras. Es gab allerdings auch Ausnahmen. Im Sommer 1722 griff der Pirat George Lowther vor der Küste South Carolinas die *Amy* an. Ihr Kapitän antwortete mit einer Breitseite und brachte den Piraten so schwere Verluste bei, daß sie gezwungen waren, eine nahe Bucht anzulaufen. Sie setzten das Schiff auf den Strand und verbrachten den Winter in den Wäldern von North Carolina: »Tagsüber jagten sie für gewöhnlich, und die Nächte verbrachten sie in Zelten und Hütten, die sie gebaut hatten, und manchmal, wenn es sehr kalt wurde, blieben sie an Bord ihrer Sloop.«[15]

Piratenschiffe pendelten aber nicht nur zwischen Nord und Süd, sondern auch zwischen West und Ost. Die Westküste Afrikas lockte zahlreiche Piraten an, insbesondere jene Gegenden, die als Guineaküste, Goldküste, Elfenbeinküste und Sklavenküste bekannt waren. Wie die Namen schon sagen, nahmen Schiffe dort Gold, Elfenbein und schwarze Sklaven auf. Einige segelten sogar um das Kap der Guten Hoffnung herum in den Indischen Ozean und griffen dort Kauffahrer an, die exotische Waren aus Indien beförderten. Doch solche Ausflüge waren nicht die Regel. Abgesehen von dem verständlichen Wunsch, dem nordamerikanischen Winter zu entfliehen und bei der Überquerung des Atlantiks die Passatwinde zu nutzen, wurden die meisten Fahrten nicht sorgfältig vorbereitet. Meist planten die Piraten ihre Aktionen nicht lange voraus. Gemäß den demokratischen Grundsätzen der Piratengemeinschaft stimmte die gesamte Mannschaft über das nächste Reiseziel ab, und das hatte zur Folge, daß viele Entscheidungen aus der Laune des Augenblicks heraus getroffen wurden. Studiert man die Routen der Piratenschiffe, so stellt man fest, daß viele ohne ersichtlichen Grund Zickzack fuhren.

Gestützt auf umfangreiche Archive und zahlreiche historische Dokumente konnten die Historiker in den letzten Jahren ein bemerkenswert detailliertes Bild vom Leben in der Royal Navy oder in der Handelsschiffahrt zeichnen. Entsprechende Archive zu Piraten gibt es nicht. Wir sind auf die Aussagen gefaßter Piraten und ihrer Opfer angewiesen, auf Prozeßakten, Berichte von Kolonialgouverneuren, Zeitungsmeldungen und die wenigen wertvollen Tagebücher von Seeleuten, die Piraten begegneten oder selbst Bukaniere oder Freibeuter waren. Unser Bild muß daher bruchstückhaft bleiben, gerade was den Piratenalltag angeht. Die Schilderungen Exquemelins und Captain Johnsons erwecken den Eindruck, als hätten Piraten zwischen ihren Überfällen auf wehrlose Opfer unablässig gezecht, gespielt oder gehurt. Und natürlich ist dieser Eindruck nicht ganz verkehrt, doch bei näherer Betrachtung stellt man fest, daß das Piratenleben auf See gut organisiert war und dem Alltag auf einem Handelsschiff in vieler Hinsicht ähnelte. Dies überrascht nicht, denn zum einen hatte die Mehrheit der Piraten früher auf Kauffahrern gedient und dabei bestimmte Gewohnheiten angenommen, zum anderen war das Reisen auf hoher See gefährlich und erforderte ein gerüttelt Maß an Disziplin: Man mußte Wachen einteilen, den Ausguck besetzen, in seichten Gewässern Lotungen vornehmen und möglichst genau navigieren. Bei schlechtem Wetter war der Dienst auf einem Piratenschiff ebenso anstrengend wie auf einem Kauffahrer. Und bei ruhigem Wetter hatte man tagelang und mitunter wochenlang kaum mehr zu tun, als Segel zu flicken und kleinere Reparaturen vorzunehmen.

Doch abgesehen von den Gefahren für Leib und Leben, die man bei Überfällen auf fremde Schiffe einging, war die tägliche Arbeit auf einem Piratenschiff mit Sicherheit erheblich angenehmer als auf einem Handelsschiff, denn die Besatzung wurde nicht von Eignern und Kapitänen angetrieben, die möglichst schnell eine möglichst große Ladung an ihren Bestimmungsort bringen wollten. Ein Kauffahrer von 100 Tonnen hatte im Durchschnitt eine zwölfköpfige Besatzung.[16] Auf einem Piratenschiff ähnlicher Größe tummelten sich häufig achtzig Mann oder mehr. Die Piraten hatten folglich mehr Leute zum Ankereinholen, Segelsetzen, Pumpen und Ein- und Ausladen, mehr Leute, um die Boote zu bemannen und Brennholz und Wasser aufzunehmen.

Im Jahr 1726 erschien in London das Buch *The Four Years Voyages of Capt. George Roberts*. Es enthielt einen längeren Bericht des Erzählers über seine Erfahrungen als Gefangener des Piraten Edward Low.[17] Angeblich stammt es aus der Feder Daniel Defoes und ist rein fiktiv, doch die nautischen Details sind so überzeugend, daß es wahrscheinlich auf Gesprächen mit ehemaligen Piraten oder, wie *Robinson Crusoe*, auf einer wirklichen Begebenheit beruht. Besonders überzeugend ist das Bild, das vom Leben auf einem Piratenschiff im frühen 18. Jahrhundert gezeichnet wird. So wird erzählt, wie Kapitän Roberts von Edward Low und seinem Piratengeschwader im September 1721 vor den Kapverdischen Inseln gefangengenommen wurde. Low, sonst für seine Grausamkeit berüchtigt, behandelte Roberts ausgesprochen höflich und lud ihn in seine Kajüte ein, wo er eine große Silberschüssel mit Punsch, Weißwein und zwei Flaschen Bordeaux auffahren ließ. Sie tranken und plauderten ein Weile, dann ließ Low eine Hängematte aufzurren und erklärte Roberts, er könne nach Belieben kommen und gehen und sich an den Getränken und Speisen gütlich tun. Das Wetter war ruhig, und auf dem beigedrehten Schiff »hatte außer den Wachen im Masttopp niemand etwas zu tun; der Maat der Wache, der Quartermeister, der Rudergänger usw. weilten unter Deck und genehmigten sich einen Schluck, wie ich vermute, und rauchten eine Pfeife Tobak«.[18] Low kam früh morgens an Deck und befahl, das Beratungssignal zu hissen. Eine grüne Flagge aus Seide mit einer gelben Gestalt, die einen Trompeter darstellte, wurde am Besanmast hochgezogen, und als die Piraten auf den anderen Schiffen das Signal erblickten, kamen sie in ihren Booten herüber. Wer in der großen Kajüte Platz fand, frühstückte mit Low, der Rest ließ sich im Zwischendeck nieder. Nach dem Frühstück mußte Roberts in der Kajüte bleiben, und Low ging an Deck und beriet mit seinen Komplizen, was mit Roberts und seinem Schiff geschehen solle. Die Meinungen waren geteilt, und es entbrannte eine Diskussion. Low bestellte eine Punschbowle und ließ sie herumreichen, und bald schwelgten die Männer in Erinnerungen an frühere Abenteuer.

Auf diese Weise schlugen sie die Zeit tot, tranken und plauderten vergnügt, sowohl vor wie auch nach dem Essen, das sie, einem Rudel Hunde ähnlicher als Menschen, in sehr unmanierlicher Form einnahmen, indem sie einander die Speisen wegschnappten, was, obwohl mir zutiefst zuwider, anscheinend ihr liebster Zeitvertreib war und, wie sie selbst sagten, kriegerisch aussehe.[19]

Nach dem Abendessen kehrten die Besucher auf ihre Schiffe zurück. Roberts trank mit Low und drei oder vier Piraten noch ein paar Flaschen Wein, und als er zu Bett ging, hörte er, wie Low die Wache anwies, an die Topplaterne zu denken, die Augen offenzuhalten und ihn unverzüglich zu verständigen, wenn der Ausguck etwas bemerke oder eines der anderen Schiffe Signal gebe.

Nach dieser Beschreibung ging es Bord eines Piratenschiffs locker und ungezwungen zu, ohne daß darüber bestimmte Pflichten vergessen wurden. Enthält der Bericht auch nur ein Körnchen Wahrheit, dann ist es kein Wunder, daß viele Matrosen, die der Schinderei auf den Handelsschiffen überdrüssig waren, sich bereitwillig den Piraten anschlossen.

Doch das Piratenleben war nicht immer so angenehm, wie Kapitän Roberts' Bericht vermuten läßt. Roberts führte in der Kapitänskajüte kultivierte Gespräche, doch seine Schilderung der ordinären Tischsitten gibt eher die Atmosphäre auf einem Piratenschiff wieder. In der rauhen Männerwelt einer Piratengemeinschaft waren exzessiver Alkoholkonsum, obszöne Reden und Gewalttätigkeiten an der Tagesordnung. Philip Ashton, der 1722 Piraten in die Hände fiel, war über die Erfahrung entsetzt:

> Ich gelangte bald zu der Einsicht, daß jeder Tod einer Verbindung mit diesem abstoßenden Haufen von Schurken vorzuziehen sei, die es als Sport betrachteten, Unfug zu treiben, und für die übermäßiges Trinken, unflätiges Schimpfen und Fluchen, abscheuliche Gotteslästerungen und offene Verachtung des Himmels und Verhöhnung der Hölle eine Dauerbeschäftigung waren, außer wenn der Schlaf das Geschrei und Gegröle etwas dämpfte.[20]

Wie bei dem Prozeß gegen Bartholomew Roberts' Mannschaft in Cape Coast Castle ans Licht kam, waren viele Männer fast den ganzen Tag so betrunken, daß sie nicht arbeiten konnten.[21] Ein gewisser Robert Devins war nach Aussage eines Zeugen niemals nüchtern anzutreffen, und sein Kamerad Robert Johnson war so hoffnungslos betrunken, daß er mit einem Flaschenzug von Bord gehievt werden mußte. Vor Gericht stellten Piraten ihre Untaten gern als Folgen ihrer Trunksucht dar. So gestand John Archer vor seiner Hinrichtung im Mai 1724: »Ein Laster, das mich mehr als jedes andere leitete, war meine zügellose Trunksucht. Durch Schnaps geriet ich in Wallung und ließ mich zu Verbrechen hinreißen, die ich jetzt mehr bedaure als den Tod.«[22]

Das Problem beschränkte sich nicht auf Piratenschiffe. Alle Seeleute waren für ihre Trinkgewohnheiten berüchtigt. Marcus Rediker führte dafür verschiedene Gründe an: Ein guter Schluck war auf einem Schiff leichter zu bekommen als ein schmackhaftes Essen, schützte den Seemann gegen Kälte und Nässe und ließ ihn für eine Weile das beschwerliche Bordleben vergessen. Überdies hatte das Trinken eine wichtige soziale Funktion.[23] Seeleute tranken zusammen, um sich zu entspannen, zu feiern, zu schwatzen und einander besser kennenzulernen. Bei den Mahlzeiten tranken sie auf ihre Frauen und Geliebten, auf den König, auf eine erfolgreiche Fahrt. Die Piraten waren despektierlicher und brachten Toasts auf den Teufel oder den britischen Thronprätendenten aus. Edward North, der 1718 Charles Vane in die Hände fiel, sagte, daß unter den Piraten »Ausdrücke wie ›Zum Teufel mit dem König und allen höheren Mächten!‹ und ›Zur Hölle mit dem Gouverneur!‹ allgemein üblich waren, und beim Trinken rief man: ›Der Teufel hole König George.‹«[24]

Unter den Fundstücken, die aus dem Piratenwrack *Whadah* geborgen wurden, befinden sich auch 28 Spielfiguren aus Blei. Sie erinnern daran, daß Seeleute fast ebenso leidenschaftliche Spieler wie Trinker waren. Backgammon war das Lieblingsspiel der Navy-Offiziere, doch alle Seeleute, ob bei der Navy, in der Handelsmarine oder auf einem Piratenschiff oder einem Freibeuter, verbrachten einen Großteil ihrer Freizeit mit Brettspielen oder Würfeln. Kapitän Woodes Rogers kam dahinter, daß einige Besatzungsmitglieder unterwegs fast ihre gesamte Kleidung und persönliche Habe verspielt hatten, und sah sich zu drastischen Gegenmaßnahmen gezwungen. Im November 1703, als er mit der *Duke* vor Kalifornien kreuzte, setzte er eine förmliche Übereinkunft auf mit dem Ziel, »das wachsende Übel einzudämmen, das derzeit unter uns überhandnimmt und durch häufiges Spielen, Wetten und Setzen auf andere Spieler hervorgerufen wird, so daß es einige Glückliche in die Lage versetzt, allzuleicht in den Besitz dessen zu gelangen, was ihre Gefährten unter Gefahren und Mühen erworben haben«.[25] Die Übereinkunft wurde von der gesamten Besatzung unterzeichnet, und damit hatten das Glücksspiel und die damit verbundene Ausstellung von Schuldscheinen und Wechseln ein Ende.

Exquemelin beschreibt, wie die Piraten unter L'Ollonais nach Überfällen an der südamerikanischen Küste 260 000 Pesos verteilten und diese gewaltige Summe innerhalb von drei Wochen »für wertlosen Plunder verschleuderten und beim Kartenspielen und Würfeln verloren«.[26] Basil Ringrose notiert 1682 in seinem Tagebuch, daß die Bukaniere vor ihrer Landung auf Antiqua vereinbarten, jene Kameraden an Bord zurückzulassen, die kein Geld mehr besaßen, »weil sie ihren gesamten Anteil an der Beute verspielt hatten«.[27]

Auch Musik gehörte zum Bordleben. Singen, Tanzen, Fiedeln und selbst das Musizieren in kleinen Kapellen und Orchestern waren auf Kriegs- und Handelsschiffen verbreitet. Inwieweit Piraten musizierten, ist schwer zu sagen. Bartholomew Roberts stellte in seinem Piratenvertrag folgende Regel auf: »Die Musiker sollen am Sonntag ruhen.« Als die *Royal Fortune*, das Flaggschiff seines Geschwaders, von der HMS *Swallow* aufgebracht wurde, weilten zwei Musiker an Bord. Nicholas Brattler war Geiger und zum Piratendienst gezwungen worden. Vor Gericht wurde zu seiner Verteidigung vorgebracht, daß »der Angeklagte nur als Musiker eingesetzt wurde, was er nicht zu verweigern wagte«.[28] Das Gericht sprach ihn ebenso frei wie James White, »der im Gefecht auf dem Achterdeck musizieren mußte«. Beim selben Prozeß sagte James Barrow aus, einige Piraten hätten alle seine Hühner geschlachtet, sich maßlos betrunken und am frühen Abend »aus einem holländischen Gebetbuch spanische und französische Lieder« geschmettert.

In der Karibik und an der Küste Südamerikas gingen die Piraten in geschützten Buchten oder Flußmündungen vor Anker und schickten Männer an Land, um Holz und Wasser aufzunehmen: Brennholz für den Kombüseherd und Wasser zum Kochen oder auch zum Trinken, wenn Bier oder Wein an Bord knapp waren. Die Beschaffung von Holz stellte normalerweise kein Problem dar, aber Wasser zu bunkern war nicht so leicht. Man mußte mit einem oder mehreren Booten leere Fässer an Land rudern und dann eine Quelle oder einen Wasserlauf suchen. Die gefüllten Fässer wurden zum Strand zurückgetragen oder -gerollt, ins Boot gewuchtet und dann durch die Brandung zum Schiff gerudert. Dies alles dauerte mehrere Stunden oder Tage und war bei tropischer Hitze Schwerstarbeit. Oft waren Quellen nicht leicht zu finden, insbesondere in der Trockenzeit. Oder die Männer fanden Wasser, doch es schmeckte bitter oder war zum Trinken zu schlammig und trübe.

Bei solchen Landausflügen jagten sie Schildkröten, die es in der Karibik reichlich gab. »Lieblingsspeise aller ist die Seeschildkröte«, schrieb Francis Rogers 1704 bei einem Besuch auf Jamaika. »Das Fleisch sieht aus wie bestes Kalbfleisch und schmeckt auch so, nur das Fett ist von grüner Farbe, überaus köstlich und süß; die Leber ist gleichfalls grün, sehr gesund und entschlackend.«[29] Die Piraten schossen auch Vögel für den Kochtopf und schlachteten Rinder, Ziegen oder Schweine, wenn sie denn welche fanden. Zuweilen mußten sie auf ausgefallenere Kost zurückgreifen. Kapitän Sharps Bukaniere aßen an der südamerikanischen Küste »indianische Kaninchen, Affen, Schlangen, Austern, Muscheln, Strandschnecken und einige kleine Schildkröten, dazu wohlschmeckende Fischarten«.[30] Wenn keine Prise in Sicht war und der Proviant zur Neige ging, überfielen die Piraten Ortschaften an der Küste.

Alle paar Monate mußten die Piraten ihr Schiff in einer abgeschiedenen Bucht oder Flußmündung kielholen. Dies war eine größere Aktion, bei der sie das Schiff auf Grund legten und mit Hilfe von Taljen, die an den Masten ansetzten, auf die Seite kippten, dann Algen und Muscheln abschabten und abbrannten, morsche Planken ausbesserten oder ersetzten und dann die Nähte mit Werg stopften, mit Pech ausfüllten und das Ganze überteerten. In warmen Gewässern wie der Karibik und dem Indischen Ozean setzten sich so viele Seepflanzen und -tiere am Unterwasserschiff ab, daß die Geschwindigkeit schon nach kurzer Zeit stark gebremst wurde, und da Piraten schnell sein mußten, um Beute zu machen oder der Kriegsmarine zu entwischen, war regelmäßiges Kielholen unverzichtbar. Gewöhnlich beaufsichtigte der Schiffszimmermann die Arbeit. Kapitän Howell Davis brachte seine Sloop nach Coxon's Hole an der Ostspitze Kubas. »Hier reinigten sie das Schiff unter großen Schwierigkeiten, denn sie hatten keinen Zimmermann an Bord, der in solchen Notlagen von größtem Nutzen ist.«[31] Die Piraten standen vor demselben Problem wie Forscher vom Schlage eines James Cook, der unter Umständen monatelang auf sich allein gestellt war und deshalb stets Ersatzgerät und -spieren sowie mehrere Handwerker an Bord hatte.

Der größte Unterschied zwischen Piratenschiffen und anderen Schiffen bestand in der Organisationsform der Piratengemeinschaft und den Regeln, nach der sie handelte. Im Gegensatz zur Royal Navy und Handelsmarine hatten Piratengruppen, wie bereits erwähnt, eine demokratische Struktur. Hundert Jahre vor der Französischen Revolution wurden Piratengemeinschaften nach Grundsätzen geführt, bei denen Freiheit, Gleichheit und Brüderlichkeit eher die Regel als die Ausnahme waren. Der Kapitän eines Piratenschiffs wurde von der Mehrheit der Besatzung gewählt und konnte abgesetzt werden, wenn die Mannschaft mit ihm unzufrieden war. Die Mannschaft, und nicht der Kapitän, entschied, wohin die Fahrt ging und welches Schiff oder Küstendorf angegriffen wurden. Vor Reisebeginn oder bei der Wahl des Kapitäns wurden Artikel aufgesetzt, die jedes Besatzungsmitglied unterzeichnen mußte. Diese Artikel regelten die Verteilung der Beute und die Höhe der Entschädigung bei Verwundungen im Gefecht. Außerdem enthielten sie Vorschriften für das Bordleben und legten Strafen für diejenigen fest, die gegen sie verstießen. Die Artikel waren von Schiff zu Schiff unterschiedlich, doch im Kern waren sie einander ziemlich ähnlich.

Eine der frühesten Beschreibungen eines solchen Verhaltenskodex findet sich in Exquemelins *Die amerikanischen Seeräuber* von 1678. Exquemelin schildert, wie die Piraten eine Versammlung einberiefen, bevor sie zu einem Beutezug aufbrachen. Bei dieser Vorbesprechung vereinbarten sie, wo der Proviant für die Reise beschafft werden sollte. Daraufhin gingen sie an Land, überfielen eine spanische Siedlung und kehrten mit Schweinen, Schildkröten und anderen Vorräten zurück. Dann wurden die täglichen Rationen festgelegt; der Kapitän erhielt nicht mehr als der einfache Seemann.

Bei einer zweiten Versammlung wurden Verhaltensregeln aufgestellt und in Artikeln schriftlich niedergelegt. Bei jeder Piratenfahrt galt der Grundsatz »Keine Beute, keine Löhnung«. Der wichtigste Artikel betraf die genaue Aufteilung der Beute. Der Kapitän erhielt eine feste Summe für das Schiff, dazu einen Teil der anfallenden Beute, gewöhnlich vier oder fünf Anteile. Der Lohn des Zimmermanns, der das Schiff aufgetakelt hatte, betrug 100 bis 150 spanische Pesos oder »Stücke von Achten«, der des Schiffsarztes 200 bis 250 Pesos. Für Entschädigungen bei Verwundungen wurde Geld beiseite gelegt. Interessant bei dieser frühen Form der Krankenversicherung ist die unterschiedliche Bewertung der Körperteile: Der Verlust des rechten Armes wurde mit 600 Pesos am höchsten entschädigt, danach folgten der linke Arm und das rechte Bein mit jeweils 500 Pesos; das linke Bein war nur 400 Pesos wert. Für ein eingebüßtes Auge oder einen verlorenen Finger gab es 100 Pesos. Herrschte über diese Summen Einigkeit, wurde der Rest der Beute verteilt. Der Quartermeister erhielt zwei Anteile, der Rest der Mannschaft jeweils einen Anteil, jeder Schiffsjunge einen halben Anteil. Alle Bukaniere mußten feierlich geloben, keine Beute zu unterschlagen. Wer diesen Eid brach, wurde aus der Gemeinschaft ausgestoßen.

Daß diese Regeln angewendet wurden, belegt das Tagebuch von Basil Ringrose. Im Juli 1681 kaperte seine Crew vor der chilenischen Küste das spanische Schiff *San Pedro* und erbeutete neben Wein und Schießpulver 37 000 Pesos. »Wir teilten die Beute unter uns auf«, notierte Ringrose. »Auf jeden Mann entfielen 234 Achterstücke.«[32]

Anführer der Bukaniere war Kapitän Bartholomew Sharp. Obwohl er »ein Mann von unerschrockenem Mut und tadelloser Haltung« und überdies ein fähiger Navigator war, meuterte die Mannschaft im Januar 1681 nach wochenlangen Stürmen und Entbehrungen. Mit den Stimmen der Mehrheit setzte sie ihn ab und wählte John Watling, einen ehemaligen Freibeuter, zum Kapitän. Sharp mußte das Kommando abgeben, die Mannschaft unterzeichnete neue Artikel. Drei Wochen später fiel Watling beim Angriff auf ein Küstenfort, und Sharp wurde überredet, abermals das Kommando zu übernehmen.

Im frühen 18. Jahrhundert spielte der Piratenkapitän eine ähnliche Rolle. Im Gefecht oder bei einer Verfolgung hatte er unumschränkte Macht, doch in allen anderen Belangen mußte er sich dem Wunsch der Mehrheit beugen.[33] Er bekam zwar die große Kajüte, mußte aber damit rechnen, daß andere Besatzungsmitglieder dort ein und aus gingen, sein Geschirr benutzten und sich an seinen Speisen und Getränken bedienten.

Die Macht des Kapitäns wurde weiter durch die Befugnisse eingeschränkt, die dem Quartermeister eingeräumt wurden. Auch er wurde von der Mannschaft gewählt und fungierte »an Bord eines Piratenschiffs als eine Art Zivilrichter«.[34] Er war das Sprachrohr der Mannschaft und »Verwalter des Ganzen«. Er schlichtete kleinere Streitigkeiten und konnte Strafen wie Auspeitschen verhängen. Er führte die Männer an, wenn sie ein Schiff enterten, und übernahm normalerweise das Kommando auf gekaperten Prisen.

Ränge wie Leutnant oder Fähnrich gab es bei Piraten nicht, doch sie wählten Männer für bestimmte Aufgaben, die auf Kauffahrern oder Kriegsschiffen Deckoffiziere oder Unteroffiziere übernahmen. Neben dem Quartermeister hatten die meisten Piratenschiffe einen Bootsmann, einen Stückmeister, einen Zimmermann und einen Koch; oft gab es auch einen Ersten und Zweiten Maat.

Von den Artikeln, die Piratencrews unterzeichneten, sind mehrere erhalten geblieben. Der Vertrag von Bartholomew Roberts' Männern ist besonders umfassend und erlaubt tiefe Einblicke in das Piratenleben. Er ist Captain Johnsons *Allgemeiner Geschichte der Piraten*[35] entnommen, und die kursiv gedruckten Passagen sind Johnsons Kommentare:

I. Jeder hat bei anstehenden Entscheidungen Stimmrecht; jeder hat das gleiche Anrecht auf frischen Proviant oder Schnaps, die zu irgendeiner Zeit erbeutet wurden, und darf sich nach Belieben bedienen, außer wenn eine Verknappung *(die unter ihnen nicht selten war)* es erforderlich macht, zum Wohle aller eine Kürzung zu beschließen.

II. Jeder soll abwechselnd und der Reihe nach an Bord von Prisen gerufen werden, denn bei solchen Gelegenheiten darf er sich (über seinen rechtmäßigen Anteil hinaus) mit neuer Kleidung versehen: Betrügt er jedoch die Gemeinschaft um den Wert eines Dollars in Silbergerät, Juwelen oder Geld, so wird er zur Strafe ausgesetzt. *Es war eine barbarische Sitte, den Übeltäter mit einem Gewehr, ein Paar Schuß Munition, einer Flasche Wasser und einer Pulverflasche auf einer kargen oder unbewohnten Landspitze oder Insel auszusetzen und damit praktisch dem Hungertod zu überantworten.* Wird nur ein Kamerad bestohlen, so begnügt man sich damit, dem Schuldigen Ohren und Nase aufzuschlitzen und ihn an Land zu setzen, nicht an einem unbewohnten Ort, aber irgendwo, wo er gewiß Not leiden muß.

III. Niemand darf um Geld spielen, weder mit Karten noch mit Würfeln.

IV. Lichter und Kerzen sind um acht Uhr abends zu löschen: Wenn Mitglieder der Besatzung nach dieser Zeit noch trinken wollen, sollen sie dies an Deck tun; *Roberts, der selbst kein Trinker war, erhoffte sich davon eine Eindämmung ihrer Ausschweifungen, doch mußte er auf Dauer feststellen, daß seine Bemühungen, den Exzessen Einhalt zu gebieten, keine Wirkung zeitigten.*

V. Gewehre, Pistolen und Entermesser sind jederzeit sauber und gefechtsbereit zu halten. *In dieser Hinsicht waren sie überaus gewissen-*

haft und bemüht, sich gegenseitig durch Schönheit und Zahl ihrer Waffen zu übertrumpfen, wobei sie bei einer Versteigerung (am Mast) für ein Paar Pistolen bisweilen 30 bis 40 Pfund ausgaben. Diese wurden im Dienst mit verschiedenfarbigen Bändern in einer Weise über die Schultern gehängt, die diesen Gesellen eigen war und an der sie viel Gefallen fanden.

VI. Weder Knabe noch Frau ist bei der Mannschaft erlaubt. Wer dabei ertappt wird, wie er eine Frau an Bord lockt und verkleidet mit auf See nimmt, hat sein Leben verwirkt; *wenn ihnen also eine Frau in die Hände fiel, wie auf der* Onslow *geschehen, stellte man sie unverzüglich unter Bewachung, um zu verhindern, daß die Anwesenheit eines so gefährlichen Instruments der Spaltung und Zwietracht böse Folgen nach sich zog. Aber gerade hierin liegt die Schurkerei: Sie streiten darum, wer ihr Wächter sein soll, und im allgemeinen wird es der brutalste Kerl, der, um die Tugend der Dame zu schützen, keinen bei ihr liegen läßt außer sich selbst.*

VII. Wer im Gefecht das Schiff oder seinen Posten verläßt, wird mit Tod oder Auspeitschen bestraft.

VIII. Handgreiflichkeiten werden an Bord nicht geduldet; jeder Streit wird mit Säbel und Pistole an Land ausgetragen. *Wenn zwischen den Parteien keine Versöhnung zustande kommt, begleitet sie der Quartermeister des Schiffes an Land und läßt die Kontrahenten im Abstand von soundso vielen Schritten mit dem Rücken zueinander Aufstellung nehmen; auf Kommando drehen sie sich um und schießen sofort (andernfalls wird ihnen die Waffe aus der Hand geschlagen). Wenn beide verfehlen, greifen sie zum Entermesser, und zum Sieger wird erklärt, wer zuerst des anderen Blut vergießt.*

IX. Niemand darf davon sprechen, seine Lebensweise aufzugeben, ehe nicht jeder 1000 Pfund verdient hat. Wenn ein Mann im Dienst ein Glied verliert oder zum Krüppel wird, soll er 800 Dollar aus der Gemeinschaftskasse erhalten, bei leichteren Verwundungen entsprechend weniger.

X. Der Kapitän und der Quartermeister erhalten zwei Prisenanteile, Maat, Bootsmann und Geschützmeister anderthalb Anteile, andere Offiziere einen und einen Viertel Anteil.

XI. Die Musiker sollen am Sonntag ruhen, aber die anderen sechs Tage und Nächte erhält keiner eine Vergünstigung.

Weder in diesen Artikeln noch in den Verträgen anderer Piratengemeinschaften wird auf Homosexualität eingegangen. Da kaum anzunehmen ist, daß Piraten in dieser Hinsicht prüde waren, müssen wir davon ausgehen, daß Homosexualität für sie kein Thema war oder aber so häufig praktiziert und toleriert wurde, daß sich eine Erwähnung erübrigte.

Das Bild vom Piraten als Schürzenjäger war bis vor kurzem so übermächtig, daß ein schwuler Pirat schlechterdings unvorstellbar war. Doch das Macho-Image hat Kratzer bekommen, seit der amerikanische Historiker B. R. Burg 1983 in seinem Buch *Sodomy and the Pirate Tradition* die Behauptung aufgestellt hat, daß es in der reinen Männergesellschaft eines Schiffes verstärkt zu homosexuellen Praktiken gekommen sei. An Burgs Behauptung mag etwas Wahres dran sein, doch handfeste Beweise fehlen. In Exquemelins *Die amerikanischen Seeräuber* finden sich zwar zahlreiche Beispiele für Orgien, die Bukaniere »mit Weibern und Wein« feierten, jedoch nichts, was Burgs These stützen würde. Und im Tagebuch von Basil Ringrose wird das Thema ebensowenig angesprochen wie in Captain Johnsons *Allgemeiner Geschichte der Piraten.*

Auf sichererem Boden bewegt sich Burg, wenn er über sexuelle Beziehungen zwischen Kapitänen und ihren jungen Dienern und Kajütjungen spekuliert. Jedenfalls gibt es Belege dafür, daß Kapitäne sexuelle Beziehungen zu jungen Untergebenen anknüpften. So findet sich in den Akten des Obersten Admiralitätsgerichts der Fall eines 14jährigen Jungen namens Richard Mandervell, der in nichtöffentlicher Sitzung verhandelt wurde. Als sein Schiff 1722 in Oporto vor Anker ging, befahl ihm der Kapitän Samuel Norman, einen Eimer Wasser zu bringen und ihn zu waschen. Darauf »verging sich der Kapitän an ihm und machte sich des Verbrechens schuldig, das gemeinhin als Sodomie oder Analverkehr bezeichnet wird, und hinterher, als das vorerwähnte Schiff in dem Fluß Oronto lag, mißbrauchte er den Kläger noch zweimal in derselben Weise«.[36]

Unter den chinesischen Piraten, die im frühen 19. Jahrhundert zu Tausenden vor der Südküste Chinas kreuzten, war Homosexualität weit verbreitet. Wenn Banden Männer brauchten, nahmen sie nicht selten Gefangene und zwangen sie unter Androhung sexueller Gewalt, sich ihnen anzuschließen.[37] Der Piratenführer Ya-tsung führte drei Gefangene in die Gruppe ein, indem er sie zum Analverkehr zwang, und mehrere andere Piratenführer machten hübsche Jungen zu ihren Lustknaben. Unklar bleibt jedoch, ob Homosexualität freiwillig oder unter Zwang praktiziert wurde.

Das Leben in einer reinen Männergesellschaft führte nicht zwangsläufig zu einem Anstieg homosexueller Aktivitäten. In *The Wooden World*, einer glänzenden Studie über die britische Kriegsmarine des 18. und frühen 19. Jahrhunderts, gelangt Nichols Rodger zu dem

Schluß, daß die große Mehrheit der jungen Matrosen »eindeutig heterosexuelle Neigungen« hatte.[38] In den Briefen höherer Offiziere ist Homosexualität kein Thema, und alles spricht dafür, daß sie für die Marine kein größeres Problem darstellte. Im Siebenjährigen Krieg (1756–1763) gab es nur elf Kriegsgerichtsverhandlungen wegen Sodomie. Vier Prozesse endeten mit Freispruch, die restlichen sieben mit einer Verurteilung wegen des geringfügigeren Vergehens der Unzucht. Professor Burgs Ausführungen über schwule Piraten sind zwar originell, doch vermutlich war der Anteil praktizierender Homosexueller bei den Piraten nicht größer als in der Royal Navy und spiegelte lediglich den Anteil der Homosexuellen in der Gesamtbevölkerung wider.

Unter Piratenflagge
ins Gefecht

D ie *Princes Galley* näherte sich dem Ende einer Fahrt, die sie von London zur Westküste Afrikas geführt hatte. Dort hatte sie Sklaven an Bord genommen und Kurs auf die Karibik genommen. Am 14. September 1723 lief sie die Insel Barbados an, als die Besatzung entsetzt feststellte, daß ein Schiff mit einer schwarzen Flagge im Masttopp auf sie zuhielt. Bald war zu erkennen, daß es sich um eine Sloop handelte. Sie führte acht Kanonen auf dem Hauptdeck und zusätzlich zehn Drehbassen, die am Schanzkleid befestigt waren. Die Besatzung bestand aus 30 bis 40 Mann.[1]

John Wickstead, der Kapitän der *Princes Galley*, erkannte, daß er es mit den Piraten nicht aufnehmen konnte. Er ließ mehr Segel setzen und floh, doch das schwerbeladene Handelsschiff war zu langsam. Die Sloop holte unaufhaltsam auf, und die Piraten eröffneten das Feuer. Um acht Uhr war die Jagd vorüber, und die Piraten kamen längsseits. Wickstead erhielt den Befehl, ein Boot hinüberzuschicken. Das große Beiboot wurde zu Wasser gelassen und zum Piratenschiff gerudert. Mehrere Piraten sprangen hinein und setzten zur *Princes Galley* über.

In den folgenden 24 Stunden erlebten Wickstead und seine Crew einen Alptraum. Die Piraten steckten John Crawford, dem Schiffsarzt, und Goldsmith Blowers, dem Zweiten Maat, brennende Lunten zwischen die Finger, um aus ihnen herauszupressen, wo Gold versteckt sei. Wenig später hatten sie über 54 Unzen Gold in ihren Besitz gebracht und durchkämmten weiter das Schiff. Sie stahlen Schießpulver und Pistolen, plünderten die Vorräte von Stückmeister und Bootsmann und brachten zwei Achterdeckkanonen und zwei Drehbassen auf ihre Sloop. Außerdem holten sie elf schwarze Sklaven im Wert von 500 Pfund aus dem Laderaum.

Zwei Seeleute mit besonderen Kenntnissen wurden gezwungen, sich den Piraten anzuschließen: William Gibbons, der Arztgehilfe, und James Sedgwick, der Zimmermannsgehilfe. Zwei Matrosen liefen freiwillig zu den Piraten über. Sie wurden später der Seeräuberei angeklagt, und ein Zeuge sagte vor dem Seegericht aus, daß »der vorerwähnte Henry Wynn ein Papier unterzeichnete, das die vorerwähnten Piraten ihre Satzung nannten«.[2]

Nach getaner Arbeit segelten die von George Lowther angeführten Piraten davon, und Kapitän Wickstead mußte mit dem Rest seiner Besatzung die Fahrt nach Barbados fortsetzen.

Ein ähnlicher Überfall hatte sich drei Jahre zuvor in den kalten, grauen Gewässern des Nordatlantiks ereignet. Das Handelsschiff *Samuel* war am 29. Mai 1720 mit zehn Besatzungsmitgliedern und mehreren Passagieren in London ausgelaufen und mit Eisenwaren, 45 Fässern Schießpulver und anderen Waren nach Boston unterwegs. Samuel Cary, der Kapitän, schilderte die Ereignisse später in allen Einzelheiten.[3]

Am 13. Juli näherten sich der *Samuel* 40 Meilen östlich der Neufundlandbänke zwei Schiffe. Cary beobachtete sie mit wachsender Sorge und sah seine schlimmsten Befürchtungen bestätigt, als die beiden Schiffe Kanonen abfeuerten und Piratenflaggen hißten. Das größere war ein Dreimaster von etwa 220 Tonnen, und er war mit 26 Kanonen bestückt. In seinem Großtopp wehte eine schwarze Flagge, auf der deutlich ein Totenkopf und Entermesser zu erkennen waren. Das kleinere Fahrzeug, eine 80-Tonnen-Sloop, führte eine Unionsflagge mit vier glühenden Kugeln. Cary schätzte, daß beide jeweils 100 Mann an Bord hatten. Damit kamen auf einen seiner Leute 20 Piraten.

Die Piraten riefen die *Samuel* an und befahlen dem Kapitän, ein Boot auszusetzen und an Bord ihres Schiffes zu kommen. Cary tat, wie ihm geheißen. Anführer der Piraten war der gefürchtete Waliser Bartholomew Roberts. Seit einem Monat kreuzte er vor der nordamerikanischen Küste und hinterließ eine Spur der Schreckens. Allein in einem Hafen hatte er auf einen Schlag 17 Schiffe ausgeplündert und verbrannt.

Die Piraten schwärmten an Bord der *Samuel* und nahmen das Schiff auseinander. Sie rissen die Luken auf, fielen wie Verrückte über die Fracht her und öffneten Truhen, Kisten und Ballen gewaltsam mit Beilen und Entermessern. Was sie gebrauchen konnten, brachten sie auf ihr Schiff, alles andere hackten sie in Stücke und warfen es über Bord. Sie raubten zwei Geschütze mit Lafetten, 40 Faß Schießpulver, das Beiboot und sämtliche Ersatzspieren, doch die Ankertrossen versenkten sie im Meer, »und dabei fluchten und schimpften sie unablässig, als seien sie Teufel und keine Menschen«.[4] Sie teilten Cary mit, daß sie nicht die Absicht hätten, den königlichen Gnadenerlaß anzunehmen.

Sollten sie jemals überwältigt werden, so sagten sie, würden sie mit einem Pistolenschuß das Pulver in die Luft jagen und »alle zusammen vergnügt zur Hölle fahren«. Am Ende zwangen sie die gesamte Crew bis auf einen Iren und den Kapitän mit vorgehaltener Pistole, sich ihnen anzuschließen. Sie beratschlagten noch, ob sie die Samuel versenken oder verbrennen sollten, als am Horizont ein Segel auftauchte. Eilends gingen sie von Bord, um Jagd auf das Schiff zu machen.

Diese beiden Überfälle waren typisch für die Aktionen der Piraten in der Karibik und in nordamerikanischen Gewässern im frühen 18. Jahrhundert. Und sie haben einiges gemein: Die Opfer leisteten keinen Widerstand, und die Piraten verbargen zu keinem Zeitpunkt ihre feindlichen Absichten. Nicht selten täuschten Piraten ihre Opfer mit Flaggen befreundeter Länder, doch in der Mehrzahl der Fälle führten sie eine Piratenflagge im Masttopp und feuerten beim Näherkommen Kanonen ab. Sie zwangen das andere Schiff zum Beidrehen, kamen längsseits und enterten es. Häufig forderten sie den Kapitän des Kauffahrers auch auf, ein Boot auszusetzen und auf das Piratenschiff zu kommen. Zunächst wollten sie von ihm wissen, was er geladen hatte, und dann behielten sie ihn als Geisel an Bord, während sein Schiff ausgeplündert wurde.

Eine weitere Gemeinsamkeit der beiden Überfälle ist, daß die Piraten sich Zeit ließen. Oft wird behauptet, Piraten hätten blitzschnell zugeschlagen und wären sofort wieder verschwunden. Das galt für die Barbaresken im Mittelmeer und gilt für die meisten Piraten, die heute in indonesischen Gewässern operieren und selten länger als zehn Minuten an Bord eines überfallenen Schiffes verweilen. Keinesfalls aber für die westindischen Piraten des frühen 18. Jahrhunderts. Nach Kapitän Cary blieben die Piraten 48 Stunden an Bord der Samuel, und die Piraten, die die Princes Galley überfielen, hatten es auch nicht eilig.

Und dazu bestand auch kein Grund. Die meisten Piratenüberfälle fanden weit draußen auf hoher See statt, und die Opfer hatten keine Möglichkeit, Hilfe zu rufen. Selbst wenn der Angriff in einem Hafen erfolgte und Alarm geschlagen wurde, bestand nur wenig Aussicht, Unterstützung zu bekommen. Im Jahr 1715 patrouillierten in der gesamten Karibik nur vier Kriegsschiffe und zwei Navy-Sloops – in einem Seegebiet, das sich 1500 Meilen von Norden nach Süden und 2000 Meilen von Osten nach Westen erstreckte und Hunderte von Inseln umfaßte.[5] Die Piraten hatten daher leichtes Spiel. So berichtete Sir Nicholas Lawes, der Gouverneur von Jamaika, im Juni 1718 verzweifelt nach London: »Mit großer Sorge muß ich Eure Lordschaften davon in

Kenntnis setzen, daß mir täglich Klagen über seeräuberische Akte in diesen Gewässern zu Ohren kommen. Kaum ein Schiff oder Fahrzeug, das die Insel verläßt oder anläuft, entgeht der Plünderung.«[6] Der Gouverneur und der Rat von South Carolina verlangten die Entsendung eines Kriegsschiffes, da »unserem Handel sonst unweigerlich der Ruin droht«.[7]

Eine weitere Gemeinsamkeit der Piratenüberfälle war, daß ein Großteil der Beute aus Schiffsgerät und »Hausrat« bestand. Dieser Punkt wird in fiktiven Piratengeschichten nie erwähnt. Long John Silver und seine Kumpane haben es nur auf den Schatz abgesehen. Natürlich wurden auch die echten Piraten von der Gier nach Schätzen getrieben, doch sie brauchten auch Lebensmittel und Wasser, sowie Taue und Segel für ihre Schiffe. Im Gegensatz zu den Handelschiffen, die sie ausraubten, konnten sie keinen Hafen anlaufen, ihr Fahrzeug in der Werft überholen lassen oder Schiffszimmerleute und Segelmacher anheuern. Reparaturen mußten auf See oder in einer geschützten Bucht oder Flußmündung ausgeführt werden, weitab von der Zivilisation, und deshalb raubten sie auf ihren Prisen alles, was sie irgendwie gebrauchen konnten. Die Piraten, die im August 1723 die *Restoration* überfielen, raubten neben der Ladung und dem Proviant auch »Segel, Pumpenteile, Logleinen, Nadeln, Bindfaden, Kochtöpfe, Bratpfannen«.[8] Die Sloop *Content*, die im Oktober 1723 vor Barbados ausgeplündert wurde, verlor »14 Kisten Kerzen und zwei Kisten Seife, ferner einen Außenklüver, einen Außenklüverbaum, Außenklüverfallen, Großfallen, Anker und Trossen sowie Zimmermannswerkzeug«.[9]

In einer wichtigen Hinsicht freilich unterscheiden sich die beiden zu Beginn dieses Kapitels geschilderten Überfälle: Die *Samuel* wurde von zwei schwerbewaffneten Schiffen und 200 Mann angegriffen, die *Princes Galley* nur von einem einzelnen Piratenschiff, dessen Besatzung auf 20 bis 30 Mann geschätzt wurde. Aus einer Studie über 76 Überfälle, die zwischen 1715 und 1720 in der Karibik und in westindischen Gewässern verübt wurden, geht folgendes hervor: 35 gingen auf das Konto eines einzelnen Piratenschiffs, und in 19 Fällen waren zwei und in vier Fällen drei oder mehr Fahrzeuge beteiligt.[10] Mit anderen Worten: In der Mehrzahl der Fälle (72 Prozent) konnte ein einzelnes Piratenschiff einen Kauffahrer aufbringen und kapern.

Es dürfte nicht überraschen, daß Piratenkapitäne, die nur mit einem Schiff operierten, selten größere Kauffahrer kaperten. Bei einem Raubzug an der afrikanischen Küste brachte Edward England 1719 mit der *Royal James* ein Dutzend Schiffe auf. Das größte war die *Bentworth* aus Bristol mit 12 Kanonen und 30 Mann Besatzung, die meisten anderen waren kleine Kauffahrer mit vier bis sechs Kanonen und 14 bis 18 Mann Besatzung. John Rackam (Calico Jack) sorgte in Westindien für erhebliche Unruhe, doch er überfiel nur relativ kleine Schiffe. 1720 kaperte er eine 12-Tonnen-Sloop, und im Jahr darauf überfiel er an der Küste Jamaikas drei Kauffahrer, einen Schoner und sieben Fischerboote.[11] Die meisten Opfer der Piraten waren also kleine Handelsschiffe, doch es gab auch eine bemerkenswerte Ausnahme. Im März 1717 kreuzte Sam Bellamy mit der 14-Kanonen-Sloop *Sultana* in der Windward Passage zwischen Kuba und Hispaniola, als er einen großen Kauffahrer sichtete: das Sklavenschiff *Whydah,* das Sklaven aus Afrika nach Jamaika gebracht hatte und sich nun auf der Rückreise nach England befand.[12] Bellamy jagte es drei Tage lang und holte es schließlich bei Long Island auf den Bahamas ein. Auf der *Whydah* wurden zwei Buggeschütze abgefeuert, ansonsten ergab sich das Schiff kampflos. Es war einer der größten Piratencoups aller Zeiten: Bellamy und seine Männer erbeuteten Elfenbein, Indigo, Zucker, Chinarinde (zur Herstellung von Chinin) sowie Gold und Silber im Wert von 20 000 bis 30 000 Pfund. Bellamy zögerte nicht, die *Whydah* zu übernehmen. Er rüstete sie mit den Kanonen der *Sultana* aus und wurde so zum Kapitän eines 28-Kanonen-Schiffs, das jeden Kauffahrer in der Karibik hätte aufbringen können.

Am erfolgreichsten waren Piraten, die mit zwei oder mehr Schiffen operierten. Allen voran Bartholomew Roberts. Er soll im Verlauf seiner Seeräuberlaufbahn ingesamt 400 Schiffe gekapert haben. Roberts, alias Black Bart (nicht zu verwechseln mit Blackbeard), war ein bemerkenswerter Piratenkapitän, ein strenger, disziplinierter Mann mit Führungsqualitäten und dem Mut zu kühnen Entscheidungen. An der Küste Brasiliens gelang ihm sein größter Coup. Schon wegen seiner Kühnheit muß er in einem Atemzug mit Drakes Angriff auf Cádiz und Morgans Überfall auf Portobello genannt werden.

Roberts kreuzte an der südamerikanischen Küste, als er vor der Bucht von Los Todos Santos unerwartet auf eine Flotte von 42 portugiesischen Handelsschiffen stieß. Die Kauffahrer warteten auf zwei Kriegsschiffe, unter deren Geleitschutz sie nach Lissabon segeln wollten. Kaltblütig ging Roberts längsseits eines Schiffes und drohte der Besatzung mit dem Tod, falls sie ein Notsignal setzte. Er befahl dem Kapitän, an Bord zu kommen, und verhörte ihn. Dabei erfuhr er, daß das reichste Schiff der Flotte ein mächtiges Fahrzeug mit 40 Kanonen und 150 Mann Besatzung war.

Roberts nahm unverzüglich Kurs auf dieses Schiff. Den portugiesischen Kapitän behielt er als Gefangenen und zwang ihn, das Schiff anzurufen und den Kapitän zu bitten, herüberzukommen. Der Kapitän des großen Kauffahrers witterte jedoch die Falle und ließ sein Schiff klar zum Gefecht machen. Roberts feuerte sofort eine Breitseite und gab Befehl zum Entern. Nach kurzem Kampf streckte die Besatzung des Kauffahrers die Waffen. Unterdessen feuerten die anderen Schiffe Warnschüsse ab, um die beiden ankernden Kriegsschiffe zu alarmieren. Doch als sie endlich Segel setzten, war Roberts mit seiner fetten Prise längst unter dem Horizont verschwunden. Neben Zucker, Häuten und Tabak hatte er 90 000 Moidores in Gold, Juwelen von beträchtlichem Wert und ein diamantenbesetztes Kreuz, das für den König von Portugal bestimmt war, erbeutet.

Es ist merkwürdig, daß Bartholomew Roberts nie die Berühmtheit eines Blackbeard oder Captain Kidd erlangte, denn er war viel erfolgreicher und obendrein ein schöner Mann. Er war groß, von dunkler Gesichtsfarbe und »besaß gute natürliche Anlagen und persönlichen Mut«.[13] Er kleidete sich elegant und liebte offenbar Musik. Im Gegensatz zu den meisten anderen Piraten trank er nicht und verbot Glücksspiele auf seinen Schiffen. Um 1682 bei Haverfordwest im äußersten Südwesten von Wales geboren, fuhr er schon früh zur See und wurde schließlich Zweiter Maat auf der *Princess of London*. Im November 1719 wurde die *Princess*, als sie an der Küsten von Guinea Sklaven an Bord nahm, von Piraten gekapert. Roberts wurde zum Dienst gepreßt und ein paar Wochen später, als der Kapitän im Gefecht fiel, zu dessen Nachfolger gewählt. In erstaunlich kurzer Zeit hatte er den wilden Haufen mit seinen Fähigkeiten als Seemann und Navigator beeindruckt und erhielt den Vorzug vor mehreren anderen Kandidaten. Nach Captain Johnson nahm er die Wahl an und begründete dies damit, »daß es, seitdem er seine Hände in schmutziges Wasser getaucht und ein Seeräuber habe werden müssen, besser sei, ein Befehlshaber denn ein gemeiner Matrose zu sein«.

Roberts war nicht nur eine Führernatur, sondern er war auch vollkommen skrupellos. Seine Überfälle waren brutal, und er schreckte auch nicht vor Folter und Mord zurück. In den folgenden drei Jahren fügte er der Handelsschiffahrt auf beiden Seiten des Atlantiks großen Schaden zu. 1721, auf dem Höhepunkt seiner Laufbahn, hatte er das Kommando über vier Schiffe. Sein Flaggschiff, die *Royal Fortune*, war ein ehemaliges Kriegsschiff mit 42 Kanonen, und er konnte 508 Piraten ins Gefecht führen.[14]

Auch Blackbeard operierte mit einem Geschwader aus drei und manchmal vier Schiffen. Im Mai 1718 berichtete der Gouverneur der

Bermudas, daß sich unter den Piraten in den Gewässern um New Providence ein »gewisser Tatch [Blackbeard] befindet, der zusammen mit Major Bonnett aus Barbados fährt und ein Schiff mit 36 Kanonen und 300 Mann Besatzung segelt. Zudem haben sie eine Sloop mit 12 Kanonen und 115 Mann nebst zwei weiteren Schiffen bei sich.«[15] Blackbeards Flaggschiff war beinahe ebenso furchteinflößend wie das von Bartholomew Roberts: Er hatte einen französischen Guineafahrer mit 36 Kanonen zu einem 40-Kanonen-Schiff aufgerüstet, das einem Kriegsschiff 5. Rangs der Royal Navy entsprach.

Kapitän Vane errang seine größten Siege 1718, als er mit zwei Schiffen operierte: einer Brigantine mit 12 Kanonen und einer großen Sloop mit 8 Kanonen, die Kapitän Yeats befehligte. Im Oktober jenes Jahres kaperte er an der Küste South Carolinas acht Schiffe, darunter einen Guineafahrer, auf dem er 90 schwarze Sklaven erbeutete.

Auch andere Piraten kämpften in losen Verbänden: Moody und Frowd, Kentish und Edwards, Pyme und Sprigg, Napin und Nichols. In seiner Studie über anglo-amerikanische Piraten hat Marcus Rediker die vielfältigen Beziehungen zwischen den Besatzungen von Piratenschiffen untersucht. Nach seiner Schätzung lassen sich 70 Prozent der Piraten, die zwischen 1716 und 1726 aktiv waren, zwei Gruppen zuordnen: Die eine ging aus dem Kreis um Kapitän Hornigold und den häufigen Piratentreffen auf den Bahamas hervor; die andere entwikkelte sich aus der zufälligen Begegnung der Besatzungen von George Lowther und Edward Low im Jahr 1722. Nach Rediker sorgten diese Kontakte für eine gewisse soziale Uniformität und erzeugten unter den Piraten ein Gefühl der Zusammengehörigkeit.[16]

Diese Piratentreffen erklären, warum die Verhaltensregeln und Satzungen der Piraten einander so ähnlich waren. Sie waren die Voraussetzungen für Absprachen und Pakte, die eine lose und sporadische Bildung von Piratengeschwadern ermöglichte, und diese Geschwader waren erheblich schlagkräftiger als einzeln operierende Schiffe.

Meist griffen die Piraten unter vollen Segeln an, doch manchmal überfielen sie vor Anker liegende Schiffe auch mit offenen Booten. Die Royal Navy setzte bei solchen Angriffen ausschließlich Barkassen und Beiboote ein, die an Deck mitgeführt wurden, doch die westindischen Piraten und Bukaniere bevorzugten Kanus, die sie örtlichen Fischern stahlen. Von diesen Kanus, die aus ausgehöhlten Baumstämmen gefertigt waren, gab es zwei Typen. Die größeren und schwereren, die sogenannten Piraguas, konnten bis zu 25 Männer tragen und wurden mit Paddeln oder einem einfachen Rahsegel angetrieben. Der kleinere Einbaum wurde einfach Kanu genannt und bot fünf bis sechs Männern

Platz. Basil Ringrose beschreibt ein solches Boot in seinem Tagebuch: »Hier im Golf bekamen wir große Schwierigkeiten, wenn die Wellen gegen die Seiten unseres Kanus schlugen, denn es war annähernd sieben Meter lang und an der breitesten Stelle nur einen halben Meter breit, so daß wir kaum Platz zum Sitzen hatten.«[17]

Der Angriff mit offenen Booten war bei den Bukanieren des späten 17. Jahrhunderts sehr beliebt. Henry Morgan benutzte Kanus bei seinem berühmten Angriff auf die spanische Küstensiedlung Portobello.[18] Er ließ seine Leute auf dem letzten Teil der Strecke in Kanus umsteigen, weil sie von der Küste aus viel schwerer auszumachen waren als Segelschiffe. Basil Ringrose hingegen berichtet von einem bemerkenswerten Gefecht, bei dem die Bukaniere Kanus nicht einfach nur als Transportmittel benutzten, sondern als Kampffahrzeuge, mit denen sie in Sichtweite des Hafens von Panama drei spanische Kriegsschiffe angriffen. Am 23. April 1680 näherten sich die Bukaniere dem Ankerplatz von See her. 68 Mann waren auf fünf Kanus und zwei schwere Piraguas verteilt. Die Kriegsschiffe wußten, daß Bukaniere in der Nähe waren, und kaum hatten sie die Angreifer entdeckt, lichteten sie die Anker und nahmen Fahrt auf. Die Bukaniere waren vom stundenlangen Paddeln erschöpft, doch es gelang ihnen, in Luv der Schiffe zu kommen.

Von ihren wackeligen Einbäumen aus eröffneten sie mit ihren langläufigen Musketen ein Feuer von verheerender Treffsicherheit. Gleich bei der ersten Salve starben mehrere Männer an Deck des ersten Schiffes. Das Flaggschiff des Admirals war das nächste, das die Entschlossenheit der Angreifer zu spüren bekam. Eine Kugel streckte den Rudergänger nieder. Das Schiff drehte in den Wind, die Segel schlugen back. Die Bukaniere kamen unter das Heck des Schiffes, setzten dabei den Beschuß fort und töteten jeden Matrosen, der versuchte, ins Ruder zu greifen. Außerdem zerschossen sie Großschot und Großbrasse (Taue, mit denen das Großsegel bedient wird).

Das dritte Schiff wollte dem Admiral zu Hilfe eilen, wurde aber von einem Kanu abgefangen und angegriffen. Unterdessen hatte das erste Schiff gewendet und versuchte, den anderen zu helfen. Die Bukaniere erschossen so viele Mitglieder der Besatzung, daß kaum noch genug Leute zum Bedienen der Segel an Bord waren. Dann verkeilten sie das Ruderblatt des Flaggschiffs und machten es endgültig manövrierunfähig. Zwei Drittel der Besatzung und der Admiral waren tot, und die Überlebenden ergaben sich. Zwei Explosionen erschütterten eines der beiden anderen Schiffe, und die Bukaniere konnten es ebenfalls entern und kapern. Das dritte Schiff konnte entkommen.

Ringrose begab sich an Bord der beiden Schiffe. Die Folgen der Explosionen und des Beschusses auf dem ersten waren entsetzlich: »Nie zuvor hatte sich mir ein so schrecklicher Anblick dargeboten, denn wir fanden keinen einzigen Mann vor, der nicht tot oder schwer verwundet gewesen wäre oder durch das Pulver nicht so gräßliche Verbrennungen davongetragen hätte, daß die schwarze Haut an mehreren Stellen weiß verfärbt war, weil das Pulver sie vom Fleisch und von den Knochen gerissen hatte.«[19] Auf dem Schiff des Admirals hatten von 86 Männern nur 25 überlebt: »Das Blut lief in Strömen übers Deck; kaum ein Fleck auf dem Schiff, der nicht voll Blut war.«[20]

Im frühen 18. Jahrhundert waren Angriffe von Booten aus eher die Ausnahme, doch der Vizegouverneur der Bermudas berichtete im April 1713, daß die Inseln zum »Zufluchtsort für drei Piratengruppen wurden, die ihre Raubzüge in offenen Booten durchführen, mit jeweils ungefähr 25 Mann in einem Boot«.[21] Zwölf Jahre später segelte die Sloop *Snapper* aus New Providence in denselben Gewässern. Das Wetter war ruhig, und als sie die Bahama-Insel Ragged Island anlief, wurde sie von spanischen Piraten angegriffen, die in einer Piragua längsseits kamen. Die Piraten kaperten sie und segelten mit ihr zu einer nahen Insel, wo sie eine Familie ausraubten. Am 1. November 1725 berichtete die *Boston Gazette* von einem ähnlichen Vorfall, bei dem die Sloop *Dove* aus Boston »von einer Piragua mit 22 Männern unterschiedlicher Nationalität unter dem Kommando von St. Jago Dedwanies angegriffen wurde«.

Die Piraten waren stets im Vorteil, wenn sie sich ihren Opfern näherten. Sie konnten einem Schiff stunden- oder tagelang in sicherem Abstand folgen und sich dabei einen Eindruck von der Stärke seiner Bewaffnung und Besatzung verschaffen. War es ein mächtiger Indienfahrer oder ein Kriegsschiff, konnten sie abdrehen und sich ein schwächeres Opfer suchen. War das Fahrzeug eine leichte Beute, hatten sie die Wahl zwischen dem Überraschungsangriff oder der Breitseite.

Die einfachste Methode, das Opfer in Sicherheit zu wiegen, war das Segeln unter falscher Flagge, eine List, die auch Kriegsschiffe häufig anwendeten. Vor der Erfindung von Funk und Morsealphabet war die Nationalität eines fremden Fahrzeugs auf See nur an seinen Flaggen zu erkennen. Um 1700 hatten sich feste Nationalflaggen etabliert, und ein erfahrener Seemann identifizierte die Schiffe aller Nationen anhand der Farben, die es im Masttopp führte.

Piraten hatte eigene Flaggen. Sie waren rot oder schwarz und mit Totenköpfen und anderen Symbolen bemalt, doch sie sammelten auch eine Fülle anderer Flaggen. Wenn es tunlich erschien, hißten sie einfach irgendeine Nationalflagge. Interessant dabei ist, daß britische Piraten keine Skrupel hatten, die Unionsflagge oder das St.-Georgs-Kreuz zu setzen. Im Oktober 1723 entdeckte Walter Moor, Kommandant der Sloop *Eagle*, Lowthers Piratenschiff am Strand der unbewohnten Insel Blanco, die Lowther nach dem Überfall auf die *Princes Galley* angelaufen hatte, um es kielzuholen. Moor mußte seine eigene Flagge hissen und eine Kanone abfeuern, um die Sloop zu zwingen, »ihre Farben zu zeigen, und sie antwortete, indem sie im Masttopp das St.-Georgs-Kreuz aufzog«.[22] Sam Bellamy führte Flagge und Stander des Königs, als er mit der *Whydah* die irische Pinke *Mary Anne* angriff.

Bartholomew Roberts täuschte bewußt die Schiffe vor Martinique, indem er unter holländischer Flagge fuhr und Signale setzte, die normalerweise nur Schiffe verwendeten, die mit einer Fracht schwarzer Sklaven aus Afrika die Insel anliefen. Mit Hilfe dieser List kaperte er 14 französische Sloops, die nach dem Verkauf von Sklaven viel Geld an Bord hatten. Nach der klassischen Methode verfuhr auch Kapitän Low, als er im März 1723 in der Bucht von Honduras einem spanischen Kauffahrer begegnete: »Die Piraten zogen spanische Flaggen auf und holten sie erst wieder ein, als sie nahe genug an die Sloop herangekommen waren. Dann hißten sie ihre eigene schwarze Flagge, feuerten eine Breitseite und enterten das Schiff.«[23]

Über 200 Jahre lang war die schwarze Flagge mit weißem Totenkopf und gekreuzten Knochen das Symbol schlechthin für die Piraten der westlichen Welt. In dieser Form taucht sie in allen Piratengeschichten von Walter Scott bis Robert Louis Stevenson auf. Und auch in fast allen Piratenfilmen wehten diese Totenkopfflaggen im Wind.

Um so überraschter ist man, wenn man feststellt, daß der Totenkopf mit den gekreuzten Knochen ursprünglich nur eines von vielen Symbolen war. Im frühen 18. Jahrhundert, in der großen Ära der Piraterie, schmückten zahlreiche andere Motive die Piratenflaggen, wie blutende Herzen, glühende Kugeln, Stundengläser, Speere, Entermesser und ganze Skelette. Rote oder »blutrote« Flaggen waren bis Mitte des Jahrhunderts ebenso verbreitet wie schwarze.

Alle Piratenflaggen hatten nur einen Zweck: Sie sollten den Besatzungen der Handelsschiffe einen tödlichen Schrecken einjagen. Nach Marcus Rediker bestanden die Flaggenembleme oft »aus einer Kombination von drei Symbolen – Tod, Gewalt und begrenzte Zeit«. Die Botschaft der Piraten war unmißverständlich: Wer sich nicht auf der Stelle ergab, mußte dem Tod ins Auge sehen.

Umstritten ist, wann Piraten erstmals eigene Flaggen benutzten. Der Totenschädel war seit dem Mittelalter als Todessymbol allgemein verbreitet. Er schmückte häufig Gruften in Kirchen und Kathedralen und Grabsteine auf ländlichen Friedhöfen, was gelegentlich zu dem Mißverständnis führte, der Tote könne Seeräuber gewesen sein. Kapitäne verwendeten das Symbol, wenn sie das Ableben eines Besatzungsmitglieds ins Logbuch eintrugen. Zwischen 1700 und 1720 übernahmen es einige Piraten und benutzten es zur Einschüchterung ihrer Opfer, oft in Verbindung mit einem Stundenglas oder Waffen. In der Blütezeit der Piraterie legte sich jeder Kapitän eine eigene Flagge zu. Bartholomew Roberts ließ seine Männer eine ganz besondere Flagge nähen: Sie stellt ihn selbst über zwei Totenschädeln dar, die Bewohner der beiden Inseln Barbados und Martinique symbolisieren. Auf diese Weise machte Roberts seinem Ärger darüber Luft, daß ihn die Behörden dieser Inseln jagten. Calico Jack bevorzugte einen Totenkopf über gekreuzten Entermessern.

Um 1730 hatte der Totenkopf mit gekreuzten Knochen die anderen Symbole weitgehend verdrängt und wurde in Westindien von englischen, französischen und spanischen Piraten benutzt. Vor dieser Zeit waren allerdings auch rote oder schwarze Flaggen ohne aufgemalte Symbole im Gebrauch, deren Bedeutung der üblichen Farbensymbolik entsprach: Schwarz stand für Tod, Rot für Kampf. Francis Drake führte gewöhnlich das englische St.-Georgs-Kreuz im Masttopp, doch beim Überfall auf Cartagena 1585 setzte er »schwarze Flaggen und Banner, die mit Kampf bis zum Tod drohten«. Basil Ringrose schildert in dem Bericht über seine Kaperfahrt mit Bartholomew Sharp, wie die Bukaniere im Januar 1681 vor den Juan-Fernández-Inseln drei spanischen Kriegsschiffen begegneten: »Sowie sie uns sahen, hißten sie ihre blutroten Flaggen, und zum Zeichen, daß wir uns nicht einschüchtern ließen, hißten wir unsere.«

Rote und schwarze Flagge konnten aber auch eine andere Bedeutung haben. Ein französisches Flaggenbuch von 1721 enthält handkolorierte Stiche von Piratenflaggen, darunter ein schwarzes Banner mit verschiedenen Motiven und eine rote Fahne ohne Symbole neben einem roten Wimpel. Unter den roten Flaggen steht »*Pavillon nomme Sansquartier*« (»Flagge namens Keine Gnade«). Daß eine rote Flagge »keine Gnade« bedeutete, bestätigte Kapitän Richard Hawkins, der 1724 von Piraten gekapert wurde: »Sie kamen an Deck und hißten Jolly Roger (denn so nennen sie ihr schwarzes Banner mit einem großen weißen Skelett in der Mitte, das in der einen Hand einen Pfeil hält, mit dem es nach einem blutenden Herz sticht, und in der anderen ein Stundenglas). Wenn sie unter Jolly Roger kämpfen, gewähren sie Gnade, was sie niemals tun, wenn sie unter der blutroten Flagge kämpfen.«

In Exquemelins Klassiker *Die Seeräuber von Amerika* werden Piratenflaggen nicht erwähnt. Wenn er das Thema Flaggen anspricht, dann nur, um darauf hinzuweisen, daß die englischen Bukaniere unter englischer Flagge segelten, auch Henry Morgan, der sich immer als englischer Freibeuter ausgab.

Gewöhnlich gingen die Piraten so siegessicher ins Gefecht, daß sie auf falsche Flaggen oder andere Täuschungsmanöver verzichteten. Ihre Zuversicht beruhte auf der Gewißheit, daß sie dem Gegner an Feuerkraft und Mannstärke überlegen waren. Zudem wußten sie, daß ihnen ein schrecklicher Ruf vorauseilte. Matrosen von Handelsschiffen waren selten erfahrene Kämpfer, und der Angriff eines Piratenschiffs glich dem eines Kriegsschiffs – mit dem Unterschied, daß den Überlebenden Folter und Tod drohten. Gelegentlich versetzten Piraten ihre Opfer in Angst und Schrecken, indem sie vor dem Entern tödliche Wurfgeschosse schleuderten. Im Dezember 1718 entsandte der Gouverneur von Jamaika zwei Sloops, um das Schiff des Piraten Thompson aufzubringen, der sich erdreistet hatte, in Sichtweite von Port Royal einen Kauffahrer zu kapern. Die Besatzung der ersten Sloop ergab sich, als die Piraten»zahlreiche Feuerflaschen, Handgranaten und Stinktöpfe schleuderten, die mehrere Männer töteten und verwundeten und andere veranlaßten, über Bord zu springen«.[24] Die Besatzung der zweiten Sloop floh entsetzt in den Hafen zurück.

Handgranaten (abgeleitet vom italienischen Wort *granata* für Granatapfel) waren um 1700 allgemein verbreitet. Sie wurden auch»Feuerflaschen« genannt. Die von den Piraten benutzten Granaten waren mit Pulver gefüllte Hohlkugeln aus Eisen oder Holz. Sie besaßen ein Zündloch mit einer Lunte, die der Pirat ansteckte, bevor er sie aufs Deck des feindlichen Schiffes warf. Die Explosion forderte Tote und Verletzte und konnte Männer ohne Gefechtserfahrung völlig demoralisieren. Interessant ist, daß auch aus dem Wrack des Piratenschiffs *Whydah* 15 Handgranaten geborgen wurden.

Noch verheerender war jedoch die Wirkung einer Breitseite. Zu diesem Mittel griffen Piraten allerdings nur ungern, da sie ihre Beute nicht beschädigen wollten. Wenn der Gegner allerdings hartnäckig Widerstand leistete, zögerten sie nicht, ihn mit einer Breitseite zum Beidrehen zu zwingen. Kapitän John Frost wurde im Juli 1717 zwölf Stunden lang von Piraten gejagt. Gegen neun Uhr abends kamen sie längsseits. Das Piratenschiff, das der Franzose La Bouse befehligte, war mit 20 Kanonen bestückt. Es feuerte eine Breitseite mit »doppelter Ladung und Kartätschen sowie eine Salve aus Handfeuerwaffen«.[25] Im Klartext: Alle zehn Geschütze auf dieser Seite des Schiffes verschossen zwei Kanonenkugeln und eine Ladung aus gehacktem Blei, Eisen oder Nägeln. Auf kurze Entfernung hatte ein solche Breitseite auf die Besatzung an Deck eine verheerende Wirkung, und zusätzlich feuerten die Piraten noch mit Musketen und Pistolen. Die Breitseite fegte Frosts Männer von Deck und beschädigte Rumpf und Takelage so stark, daß er sich kampflos ergab.

Piraten zollten ihren Gegnern keinerlei Respekt, wenn sie ihr Schiff tapfer verteidigten. Sie forderten stets die sofortige und kampflose Übergabe. Am 15. Februar 1718 segelte Kapitän Robert Leonard am 23. Breitengrad in der Nähe der Bahamas nach Nordwesten, als ein Schiff aufkam und ihm zwei Schüsse vor den Bug verpaßte. Leonard drehte bei und erhielt den Befehl, sich unverzüglich an Bord des Piratenschiffs zu begeben, sonst werde sein Schiff mit einer Breitseite versenkt. Obwohl er der Aufforderung nachkam, verprügelte ihn der Piratenkapitän Edward England, »weil er nicht gleich beim ersten Schuß gestoppt hatte«.[26]

Wenn sich ein Kauffahrer kampflos ergab, sahen die Piraten normalerweise von Mißhandlungen ab. Manche waren sogar ausgesprochen höflich. Kapitän Stone, den ein Pirat namens Jennings kaperte, berichtete später, die Piraten hätten ihn zuvorkommend behandelt und würden Engländern kein Haar krümmen. Sie nahmen nur 20 Gallonen Rum mit und zahlten dafür einen anständigen Preis. Thomas Knight war Matrose auf der *Montserrat Merchant*, die am 29. November 1717 vor der Insel Nevis drei Schiffen begegnete. Nicht ahnend, daß er Piraten vor sich hatte, ruderte er mit drei Kameraden im Beiboot hinüber, um zu fragen, ob sie Post hätten (damals war es üblich, daß Schiffe in fremden Gewässern Briefe und Neuigkeiten aus der Heimat austauschten). Als sie längsseits kamen, sahen sie, daß eines der Schiffe am Heck eine Totenkopfflagge führte. Die Piraten befahlen ihnen, an Bord zu kommen, und als sie widerstrebend gehorchten, wurden sie mit den Worten »Willkommen an Bord« begrüßt. Sie wurden zum Essen eingeladen, lehnten aber ab. Die Piraten waren darüber pikiert und fragten sie nach der Zahl der Kanonen in den Festungen der Umgebung, ließen die Männer jedoch unbehelligt wieder in ihre Boote steigen und zu ihren Schiffen zurückkehren.[27]

Meist ergaben sich Handelsschiffe kampflos, wenn sie von Piraten angegriffen wurden. Doch hin und wieder kam es auch vor, daß ein beherzter Kapitän mit einer loyalen Besatzung Widerstand leistete. Im Jahr 1710 überfiel ein französischer Freibeuter eine kleine Galeere, die tags zuvor in Antigua ausgelaufen war. Der Kapitän der Galeere verstreute Glasscherben an Deck, und als der Freibeuter aufkam, nahm er ihn mit seinen Buggeschützen so heftig unter Beschuß, daß er »auf dem Deck des Franzosen eine Schneise von vorn nach achtern zog«.[28] Die Piraten enterten todesmutig die Galeere, doch die Scherben und der Kugelhagel zwangen sie zum Rückzug.

Einen besonders blutigen Vorfall schilderte John Philmore aus Ipswich, der im August 1723 bei Neufundland Piraten in die Hände fiel.[29] Der Schoner der Piraten war nur schwach bemannt und wurde von John Phillips befehligt. Steuermann war John Nut, Stückmeister James Sparks. Die Piraten plünderten vor Neufundland mehrere Schiffe aus und segelten anschließend nach Westindien. Vor Tobago kaperten sie die Sloop Andrew Harradines. Die Gefangenen beschlossen, die Piraten zu überwältigen. Der Zimmermann holte einige Werkzeuge und legte sie an Deck, als benötige er sie für seine Arbeit. In einem günstigen Augenblick packte er Nut, den Steuermann der Piraten, und warf ihn über Bord. Harradine ergriff ein Breitbeil und streckte damit einen zweiten Piraten nieder. John Philmore fiel, sowie er die Arme frei hatte, mit einem Beil über einen dritten her und »tötete ihn mit dem ersten Hieb«. Sparks, der Stückmeister, wurde ebenfalls getötet und über Bord geworfen, und der Kampf war vorüber.

Bei dem Überfall auf die *Princes Galley* zwangen die Piraten, wie oben erwähnt, einen Zimmermannsgehilfen und einen Arztgehilfen, sich ihnen anzuschließen. So etwas kam häufiger vor. Piraten hatten keine Mühe, einfache Matrosen zu rekrutieren, doch sie brauchten auch Männer mit besonderen Kenntnissen. Besonders gefragt waren Zimmerleute und Küfer. Auf einem Kriegsschiff war der Zimmermann eines der wichtigsten Mitglieder der Besatzung. Meist hatte er sein Handwerk in einer Werft erlernt und war ausgebildeter Schiffszimmermann. Ihm oblag die Erhaltung aller Holzteile des Schiffes, und dazu gehörte fast alles vom Kiel bis zu den Masten und Spieren. Da das Schiff bei schwerem Wetter enormen Belastungen ausgesetzt war, hatte er eigentlich immer zu tun, doch wie wertvoll er war, zeigte sich erst im Gefecht, wenn er und sein Gehilfe Löcher im Rumpf stopften, beschädigtes Geschirr reparierten und zerschossene Spieren ersetzten. Noch wertvoller war er freilich auf einem Piratenschiff, das keine Werft anlaufen konnte. In der feuchten Hitze der Tropen platzten die Nähte zwischen den Planken, und das Holz verrottete. Das warme Wasser begünstigte nicht nur die Ansiedlung von Algen und Seetieren am Unterwasserschiff, sondern auch die Bohrwürmer gediehen hier prächtig. Regelmäßiges Kielholen war daher für die Sicherheit des Schiffes unerläßlich.

Der Küfer war weniger für die Sicherheit des Schiffes als für die Versorgung der Besatzung wichtig. Abgesehen von den lebenden Tieren, die man für die Versorgung mit Frischfleisch mitnahm, wurden praktisch alle Lebensmittel und Getränke auf einem Segelschiff des 17. und 18. Jahrhunderts in Fässern gelagert. Ein Querschnitt durch ein Handels- oder Kriegsschiff würde zeigen, daß Fässer unterschiedlicher Größe den größten Teil des Schiffskörpers füllten. Es gab Fässer für Pökelfleisch, Schiffszwieback, Bier, Wein und Schnaps. Der Küfer stellte sie her und reparierte sie und spielte somit eine wichtige Rolle bei der Versorgung der Besatzung.

Wenn Piraten ein Schiff kaperten, hielten sie daher stets nach solchen Handwerkern Ausschau. Der Pirat Farrington Spriggs brachte im Oktober 1724 die alte Brigg *Barbados Merchant* auf und »preßte den Maat John Bibby, den Zimmermann John Jones und den Küfer Richard Fleet zum Dienst«.[30] Als Blackbeard im Dezember 1717 die Sloop *Margaret* kaperte, zwang er zwei Männer, sich den Piraten anzuschließen; einer von ihnen war Edward Latter, der Küfer.

Wie erpicht Piraten auf solche Handwerker waren, geht aus einem Bericht hervor, der am 29. November 1725 in der *Boston Gazette* erschien. Die Sloop *Fance* segelte von Boston nach Westindien, als die Sloop *Sea Nymph* des Piraten Philip Lyne vor ihr auftauchte. Beim Anblick der schwarzen Piratenflagge zeigte »Ebenezer Mower mehr Angst als jeder andere, weinte und klagte, daß sie ihn pressen würden, weil er Küfer sei«. Der 30jährige Mower hatte allen Grund zur Sorge. Kaum hatten die Piraten das Schiff gekapert, zwangen sie ihn, sich ihnen anzuschließen. Die Methoden, die sie dabei anwandten, ließen ihm kaum eine andere Wahl.

Einer der Piraten schlug Mower mit dem Stiel eines Beils so oft an den Kopf, daß er grün und blau war und blutete, dann zwang derselbe Pirat den vorerwähnten Mower, den Kopf auf ein Lukensüll zu legen, holte mit dem Beil aus und drohte, ihm den Kopf abzuhacken, wenn er nicht sofort ihre Artikel unterzeichne. Der vorerwähnte Mower flehte um sein Leben. Dann brachte derselbe Pirat den vorerwähnten Mower in die Achterhütte, wo sie kurze Zeit blieben, und als Mower wieder herauskam, teilte er dem Zeugen und anderen Gefangenen mit, daß er ruiniert und erledigt sei, da sie ihn zur Unterzeichnung ihrer Artikel gezwungen hätten.

Wir wissen nicht, was aus Mower wurde. Wir können nur hoffen, daß es ihm besser erging als Richard Luntly, einem Zimmermann, der vor der Küste Guineas in die Gewalt des Piraten Howell Davis geriet. Nach zahlreichen Abenteuern landete er auf dem Piratenschiff des Bartholomew Roberts, »und wir gepreßten Männer wurden mit Waffengewalt zu Dingen gezwungen, die wir mit unserem Gewissen nicht vereinbaren konnten«.[31] Eines Abends beschlossen er und seine Leidensgenossen, das Schiff in ihre Gewalt zu bringen und nach Westindien zu segeln. Doch ein Pirat hatte sie belauscht. Er verständigte Roberts und seinen Quartermeister, »und sofort wurden alle Männer zusammengerufen, um darüber zu beratschlagen, was mit uns geschehen sollte. Einige waren dafür, uns zu erschießen, andere widersprachen, und zuletzt einigten sie sich darauf, uns auf einer einsamen Insel auszusetzen.« Von einem britischen Schiff von der Insel gerettet, wurde der bedauernswerte Luntly in Schottland vor ein Seegericht gestellt und wegen Piraterie zum Tode verurteilt. Am 11. Januar 1721 wurde er an der Küste bei Leith gehängt.

Folter, Gewalt und das Aussetzen auf einsamen Inseln

Am 3. November 1724 wurde die *George Galley* auf der Fahrt von Santa Cruz auf den Kanarischen Inseln zur Straße von Gibraltar zum Schauplatz einer blutigen Meuterei. Um zehn Uhr abends schlichen sieben Matrosen in die Kabinen des Schiffsarztes, des Ersten Offiziers und des Schreibers und schnitten ihnen im Schlaf die Kehlen durch. Kapitän Oliver Ferneau weilte an Deck. Zwei Meuterer ergriffen ihn und versuchten, ihn über Bord zu werfen, doch er setzte sich zu Wehr und riß sich los. Ein dritter sprang hinzu, in der Hand ein Messer, das noch blutig war von der Metzelei unter Deck, und stach ihn in den Hals, und als der Kapitän weiterkämpfte, wurde er aus kurzer Entfernung mit einer Pistole niedergeschossen. Er lag bereits im Sterben, als sich die drei anderen Opfer blutüberströmt an Deck schleppten. Daniel McCawley, der Schreiber, flehte die Meuterer an, ihn wenigstens so lange am Leben zu lassen, bis er seine Gebete gesprochen habe. »Zum Teufel mit dir«, bekam er zur Antwort. »Zum Beten ist jetzt ist keine Zeit.« Die Meuterer erschossen ihn zusammen mit den anderen Verwundeten und warfen die vier Leichen über Bord.

Der Anführer der Meuterer war John Gow alias John Smith, ein 35jähriger Schotte und erfahrener Seemann.[1] Ein paar Monate zuvor hatte er in Rotterdam auf der *George Galley* angeheuert und war zum Zweiten Maat und Stückmeister ernannt worden. Er suchte sich bewußt ein Handelsschiff mit 20 Kanonen aus, denn er hegte von Anfang an die Absicht, eine Meuterei anzuzetteln und das Schiff in seine Gewalt zu bringen.

Nach der Ermordung der Offiziere zwangen Gow und seine Komplizen den Rest der Mannschaft, Piraten zu werden. Das Schiff wurde in *Revenge* umgetauft und ging auf Beutezug. Vor den Küsten Spaniens und Portugals kaperten die Piraten mehrere Kauffahrer, dann beratschlagten sie, ob sie nach Westindien, an die Küste von Guinea oder nach Schottland segeln sollten. Gow stammte von der Nordwestküste

Schottlands und hatte mit seinem Vater in Stromness auf der Orkney-Insel Mainland gewohnt. Er wußte, daß der große natürliche Hafen Scapa Flow Schutz vor den Winterstürmen bot und daß es auf den Orkneys einsame Strände gab, wo sie ungestört ihr Schiff kielholen konnten. Also überredete er die Männer, nach Schottland zu segeln. Ende Januar 1725 erreichten sie die Orkneys und ankerten »in Lee einer kleinen Insel in einiger Entfernung von Cariston«. Gow ging an Land und besuchte eine junge Frau, der er früher den Hof gemacht hatte. Beeindruckt, daß er jetzt Kapitän war, willigte sie ein, ihn zu heiraten. Doch dann ging alles schief. Ein Mitglied von Gows Besatzung schlich sich davon, ritt mit einem gemieteten Pferd nach Krikwall, der Hauptstadt der Orkneys, und warnte die Behörden vor dem in der Nähe ankernden Piratenschiff. Zwölf weitere Piraten entkamen in einem Beiboot auf das schottische Festland und schlugen ebenfalls Alarm. Obwohl Goe davon wußte, plünderte er das Haus des Sheriffs, bevor er den Anker lichtete und zu der kleinen Insel Cava segelte. Dort entführten seine Leute drei Frauen. Einem Bericht zufolge wurden die Frauen »eine Zeitlang an Bord festgehalten und so barbarisch vergewaltigt, daß sie, als sie wieder an Land gesetzt wurden, weder stehen noch gehen konnten; und wie wir hören, ist eine von ihnen am Strand, wo sie zurückgelassen wurden, gestorben«.[2]

Gow segelte weiter zu einer anderen Insel, um das Haus von Mr. Fea zu plündern, einem reichen Grundbesitzer, den er aus seiner Kindheit kannte. Doch in der starken Strömung im Calf Sound geriet das Schiff in Seenot, und die Piraten mußten Fea um Hilfe bitten. Am 14. Februar frischte der Wind auf, und das Schiff wurde an den Strand von Calf Island geworfen. Gow und der Rest seiner Mannschaft wurden verhaftet. Die Admiralität entsandte die HMS *Greyhound* nach Schottland, um die Piraten nach London zu bringen, wo ihnen der Prozeß gemacht werden sollte. Am 25. März machte das Kriegsschiff mit dreißig Gefangenen in der Themse fest.

Die Piraten wurden ins Marshalsea-Gefängnis eingeliefert. Gow verweigerte die Aussage, daraufhin band man ihm die Daumen zusammen und quetschte sie mit Peitschenschnur. Obwohl der Scharfrichter und ein anderer Beamter die Schnur so fest anzogen, daß sie riß, verweigerte Go standhaft jede Aussage. Er wurde ins Newgate-Gefängnis überstellt, wo ihn Folter und Tod im sogenannten *Press Yard* erwartete. Der Gedanke, auf dem Rücken liegend von immer schwereren Gewichten langsam erdrückt zu werden und einen qualvollen Tod zu erleiden, war für Gows zuviel. Er legte ein Geständnis ab und plädierte auf nicht schuldig. Die Verhandlung fand im Old Bailey statt. Zusammen mit neun Komplizen wurde Gow für schuldig befunden und zum Tode verurteilt. Nach der Hinrichtung sollten die Leichen von Gow und Williams, seinem Stellvertreter, an Ketten aufgehängt werden, »der eine in Greenwich, der andere in Deptford«.[3]

Bis auf die Entscheidung, nach Schottland statt in die Karibik oder zur afrikanischen Küste zu segeln, war John Gow ein typischer Vertreter der Goldenen Ära der Piraterie. Er war ehemaliger Matrose und relativ jung, und seine kurze Karriere als Pirat stand ganz im Zeichen brutaler Gewalt. Seine Geschichte ging durch die englische Presse und weckte die Neugier zweier berühmter britischer Schriftsteller. 1725 schrieb Daniel Defoe eine Abhandlung, die John Applebee unter dem Titel *Ein Bericht über das Verhalten und die Methoden des verstorbenen John Gow alias Smith, Kapitän der verstorbenen Piraten, die wegen Mordes und Piraterie an Bord der George Galley hingerichtet wurden* herausgab. Defoe hielt sich eng an die bekannten Fakten und ergänzte sie mit Material, das er selbst über Gow und seine Komplizen zusammengetragen hatte.

Ein Jahrhundert später benutzte Sir Walter Scott die Geschichte Gows als Stoff für einen historischen Roman mit dem Titel *The Pirate*.[4] Aus Gow wird Kapitän Cleveland, ein erheblich sympathischerer Charakter, als Gow gewesen sein dürfte. Scott greift Gows Werben um ein einheimisches Mädchen auf und spinnt daraus eine komplizierte Geschichte, in deren Mittelpunkt die beiden schönen Töchter des reichen Shetländers Magnus Troils stehen. Die hochmütige und verträumte Minna verliebt sich in den Piratenkapitän Cleveland, ihre fröhliche und realistischere Schwester ehelicht am Ende Mordaunt, den ritterlichen Helden der Geschichte.

Scott schrieb eine dramatische und romantische Abenteuergeschichte, die seiner treuen Lesergemeinde zweifellos gefiel, doch wie so viele Schriftsteller vor und nach ihm verharmloste er die von den Piraten begangenen Grausamkeiten. Kapitän Cleveland ist ein tragischer Held, der, wie Byrons Korsar, von den Frauen geliebt und von seiner Mannschaft bewundert wird. Mit den brutalen Männern, die auf ihren Beutezügen die Matrosen und Passagiere von Handelsschiffen terrorisierten, hat er nichts, aber auch gar nichts gemein. Der wirklichen Welt der Piraten kommen manche Horrorfilme von heute näher als die Romane oder Bühnenstücke der damaligen Zeit. Die Aussagen zweier Seeleute, die von Charles Vanes Piraten angegriffen wurden, vermitteln ein anschaulicheres Bild von den Gewalttaten, die Piraten in der Karibik verübten.

Im Mai 1718 landete Nathaniel Catling auf den Bermudas und berichtete Gouverneur Bennett, was er als Matrose auf der Sloop *Dia-*

mond erlebt hatte: Am 14. April segelte die Sloop vor Rum Key auf den Bahamas, als ihr das Piratenschiff *Ranger* unter dem Kommando Kapitän Vanes den Weg verlegte. Die Piraten verprügelten den Kapitän und die gesamte Mannschaft und raubten einen Schwarzen und 300 Pesos. Nathaniel Catling hängten sie auf, bis sie ihn für tot hielten, und ließen ihn dann wieder aufs Deck herunter. Als sie sahen, daß er wieder zu sich kam, versetzte ihm einer der Piraten mit dem Entermesser einen Hieb gegen das Schlüsselbein und hätte ihn wohl umgebracht, wenn ihm ein anderer nicht in den Arm gefallen wäre.[5] Am Ende steckten die Piraten die *Diamond* in Brand.

Fünf Tage nach Catlings Besuch kam Edward North, Kommandant der Sloop *William and Martha*, mit einer ähnlichen Geschichte zu Gouverneur Bennett.[6] Drei Stunden nach dem Überfall auf die *Diamond* hatte Vane sein Schiff angegriffen. Die Piraten hatten es geentert, dann einen der Seeleute zum Bug geschleppt und ans Bugspriet gefesselt. Als er dort hilflos auf dem Rücken lag, hielten sie ihm brennende Lunten an die Augen und schoben ihm die Mündung einer geladenen Pistole in den Mund, »damit er ihnen verriet, wo an Bord Geld versteckt war«. Diesmal steckten sie das Schiff nicht in Brand, doch laut Kapitän North verfluchten sie unablässig den König, die himmlischen Mächte und den Gouverneur.

Einige von Piraten begangene Gewalttaten, die den Kolonialgouverneuren berichtet wurden, waren das Werk von Sadisten, doch beileibe nicht alle. Viele Piratencrews folterten und mordeten nur, um aus ihren Opfern herauszupressen, wo sie ihre Schätze versteckt hatten. Außerdem wußten sie, daß sich so etwas herumsprach und Angst vor Folter und Tod künftige Opfer von jedem Widerstand abhielt. Ein anderes Motiv war Rache. Piraten übten sofort Vergeltung, wenn man ihnen das Handwerk legen wollte, und viele Greueltaten waren Racheakte gegen Inseln und Schiffe von Nationen, die Piraten eingekerkert oder gehängt hatten. Nach Edward North ging Charles Vane bei den beiden oben geschilderten Überfällen vor den Bahamas deshalb so brutal zu Werke, weil zuvor ein gewisser Thomas Brown auf den Bahamas unter dem Verdacht der Piraterie eingesperrt worden war. Bartholomew Roberts kannte mit Seeleuten aus Martinique oder Barbados keine Gnade, weil die Gouverneure beider Inseln mehrmals versucht hatten, ihn zu fangen. 1721 überfiel er Schiffe vor Martinique und nahm ihre Besatzung gefangen: Die Piraten »peitschten einige halbtot, schnitten anderen die Ohren ab, und wieder andere banden sie an die Rahnocken und benutzten sie als Zielscheiben«.[7] 1721 wollte Roberts einen Holländer kapern, der vor St. Lucia ankerte. Die Mannschaft wehrte den Angriff ab und eröffnete das Feuer. Das Gefecht dauerte annähernd vier Stunden und kostete viele Piraten das Leben. Zuletzt enterten sie das holländische Schiff. Sie rächten den Tod ihrer Kameraden erbarmungslos und schlachteten alle noch lebenden Holländer ab.[8] Kapitäne, die Wertsachen versteckten oder sich weigerten, das Versteck preiszugeben, durften keine Gnade erwarten. Edward Englands Piratenbande drohte einem Kapitän, der sein Geld versteckt hatte, auf der Stelle sein Schiff zu versenken und ihn selbst mit einer Kettenkugel um den Hals über Bord zu werfen.[9] Ein portugiesischer Kapitän beging den Fehler, Edward Low zu ärgern, einen Sadisten, dessen Grausamkeit in der Karibik sprichwörtlich wurde. Am 25. März 1724 berichtete Gouverneur Hart darüber nach London: »Der Kapitän hatte elftausend Moeda-Goldstücke in einem Beutel aus dem Kajütfenster gehängt und nach der Kaperung durch den vorerwähnten Low das Seil gekappt, so daß sie in die See fielen. Dafür ließ ihm Low die Lippen abschneiden und vor seinen Augen rösten und hinterher die gesamte Manschaft von 32 Mann ermorden.«[10]

Daß Piraten Gefangene über eine Schiffsplanke ins Meer trieben, wird in keinem Bericht aus der Blütezeit der Piraterie im 17. und frühen 18. Jahrhundert erwähnt. Die meisten Autoren haben diese Praktik als Mythos verworfen, den die Literatur geschaffen hat. Gleichwohl wurde ein Fall bekannt. Am 23. Juli 1829 berichtete die *Times* über einen Piratenüberfall in der Karibik.[11] Die holländische 200-Tonnen-Brigg *Vhan Fredericka* stach am 12. April von Jamaika aus in See. Ihr Zielhafen war Haarlem in den Niederlanden. Sie segelte durch die Leeward Passage, zwei Tagesreisen von Kuba entfernt, als ihr ein Schoner den Weg verlegte. Sie versuchte zu entkommen, doch der Schoner holte sie ein, hißte die Flagge von Buenos Aires, setzte ihr einen Schuß vor den Bug und zwang sie zum Beidrehen. Dreißig Piraten enterten die *Vhan Fredericka* und durchsuchten sie. Die Holländer protestierten, »wurden von den Halunken aber ausgelacht und zu dem gezwungen, was man ›über die Planke gehen‹ nennt«. Die Piraten fesselten ihnen die Hände, verbanden ihnen die Augen und befestigten Kanonenkugeln an ihren Füßen. Dann zwangen sie die Unglücklichen, ins Meer zu springen. Ein einziger Passagier wurde verschont, weil er das Versteck des Goldes preisgab, und später an der Küste Kubas ausgesetzt. Möglicherweise war dies kein Einzelfall, Tatsache aber bleibt, daß diese Beseitigung von Zeugen bei Piraten nie allgemein üblich wurde, wie viele Bücher und Filme glauben machen.

Die meisten anglo-amerikanischen Piraten wandten dieselben Fol-

Über die Planke ins nasse Grab, aus einem Stich von Howard Pyle. Nur ein Beispiel dafür, daß Piraten Gefangene über eine Planke ins Meer trieben, wurde bekannt; wahrscheinlich haben Barries Schauspiel *Peter Pan* und solche Buchillustrationen dieses Piratenklischee hervorgebracht.

termethoden an wie die Bukaniere des späten 17. Jahrhunderts. Einige Methoden beschreibt Exquemelin:

> Der eine wurde gewippt und geschlagen, dem anderen steckten sie brennende Lunten zwischen die Finger und Zehen; einem dritten schnürten sie ein Tau so fest um den Kopf, bis ihm die Augen aus den Höhlen traten. [12]

Letztere Methode war sehr beliebt, denn sie wirkte rasch und zuverlässig und man benötigte dazu nur ein kurzes Stück Seil oder Tau. Bukaniere kannten aber auch raffiniertere Methoden. Henry Morgan behauptete zwar, er habe Gefangene, speziell Damen, stets mit Respekt behandelt, doch lassen Berichte von spanischer Seite anderes vermuten. Die Bürger von Portobello mußten nach der Eroberung der Stadt 1668 zahlreiche Grausamkeiten erdulden. Nach Don Pedro Ladrón de Guevara wurden die weiblichen Gefangenen »mißhandelt und drangsaliert, und einige wurden an Körperteilen verbrannt, die zu benennen der Anstand verbietet«.[13] Ein anderer schildert das grausame Schicksal einer Gefangenen:»Eine Frau wurde nackt auf einen Backofen gesetzt und geröstet, weil sie nicht verriet, wo sie das Geld versteckt hatte, das nur in der Einbildung ihrer Peiniger existierte.«[14] Ein Schiffseigner aus Cartagena berichtete, wie Bukaniere Doña Agustín de Rojas, die führende Dame von Portobello, quälten. Sie zogen sie nackt aus und stellten sie in ein leeres Weinfaß. Dann füllten sie das Faß mit Schießpulver, und einer der Bukaniere hielt ihr eine brennende Lunte vor das Gesicht und fragte sie nach dem Versteck ihrer Schätze.[15]

Eine besonders teuflische Methode hatte sich Montbars von Languedoc ausgedacht: Er schnitt seinem Opfer den Bauch auf, zog ein Stück Darm heraus, nagelte es an einen Pfahl und zwang den Unglücklichen dann, sich zu Tode zu tanzen, indem er ihm mit einem glühenden Holzscheit aufs Gesäß schlug. Exquemelin beschreibt, wie Morgans Männer nach der Einnahme des Städtchens Gibraltar einen Portugiesen folterten. Zunächst banden sie den Mann an seinen Daumen und großen Zehen an vier Pfähle, die sie zu diesem Zweck in den Boden gerammt hatten:

> Dann schlugen sie mit dicken Stöcken auf die Stricke los, so daß sein ganzer Körper bebte. Mit dieser grausamen Tortur noch nicht zufrieden, legten sie ihm einen Stein, 200 Pfund schwer, auf die Lenden und zündeten Palmblätter unter ihm an, so daß sein Gesicht, sein Haar und sein Bart versengt wurden.[16]

Anschließend fesselten ihn die Bukaniere an einen Pfahl vor der Kirche und ließen ihn dort mehrere Tage stehen. Zu essen bekam er nichts. Schließlich brachten Freunde des Mannes, der beteuerte, er sei nur ein armer Schankwirt, 1000 Pesos. Er wurde freigelassen, »obwohl schwer zu glauben war, daß er, verstümmelt wie er war, noch viele Wochen überleben würde«.

Die Liste der Mißhandlungen ließe sich endlos fortsetzen, doch Piraten waren beileibe nicht die einzigen, die quälten und folterten. Der Kapitän eines Handelsschiffs konnte einem gemeinen Matrosen das Leben zur Hölle machen, wenn er Vergnügen daran fand, Untergebene zu schikanieren. In seinem Buch *Between the Devil and the Deep Blue Sea* schildert Marcus Rediker erschütternde Fälle von Grausamkeiten, die Handelskapitäne im frühen 18. Jahrhundert begingen. So etwa Kapitän Haskins, Kommandant der *Laventon Galley*. Eines Tages fiel er über den schlafenden John Phillips her, schlug auf ihn ein und versetzte ihm mehrere Stiche mit einem Marlspieker. Phillips bekam Krämpfe, doch Haskins befahl ihm, sich an Deck zu begeben und in die Takelage aufzuentern. Nur mit Hemd und Hose bekleidet, sollte er bei Kälte und strömendem Regen das Vormarssegel losmachen – das oberste der drei Segel am Vormast, gut 35 Meter über dem schwankenden Deck. Dies war schon für einen Mann in bester Verfassung ein gefährliches Unterfangen, doch Phillips war benommen und blutete heftig. Er bekam einen Schwächeanfall und hielt sich am Segel fest. Mehrere Kameraden wollten ihm zu Hilfe eilen, doch der Kapitän drohte, jeden über den Haufen zu schießen, der ihm helfen wollte. Phillips machte das Vormarssegel los und überlebte.[17]

Weniger Glück hatte Richard Baker, Matrose auf der *Europa*. Im Jahr 1734 erkrankte er auf der Fahrt von St. Kitts nach London und war zu schwach, um an Deck anzutreten. Daraufhin brummte ihm der Kapitän zwei Ruderwachen hintereinander auf. Nach vier Stunden ließ er ihn auspeitschen, an den Besanmast binden und anderthalb Stunden dort hängen. Vier Tage später starb Baker.[18]

Ein sadistischer Kapitän konnte ein Segelschiff in eine Folterkammer verwandeln. Folterinstrumente gab es genug: Bootshaken, Besen und Eisenstangen zum Prügeln, Äxte, Hämmer und Entermesser, mit denen man einem Mann schwere Verletzungen beibringen konnte, Taue aller Größen zum Auspeitschen, Strangulieren und Strecken von Leibern und Gliedern. Wanten und Takelage eigneten sich ideal dafür, einen unbotmäßigen Matrosen stundenlang an den Armen aufzuhängen. Und war ein Mann so lange ausgepeitscht worden, daß ihm die Haut in Fetzen hing, konnte man ihm Lake über die Wunden kippen oder, um seine Schmerzen noch zu vergrößern, zusätzlich Salz in die Wunden streuen. Die Akten des Obersten Admiralitätsgerichts sind voll von Horrorgeschichten über solche Mißhandlungen von Seeleuten. Manche Strafen waren unvorstellbar grausam. Kapitän Thomas Brown befahl dem Matrosen John Cressey, seinen Mittelfinger in das Loch eines Holzblocks zu stecken. Dann trieb er mit solcher Wucht Keile in das Loch, daß der Finger zerquetscht wurde und der Arm anschwoll. Der Block wog einen halben Zentner, und Cressy mußte ihn eine halbe Stunde lang mit sich herumschleppen.[19] Anthony Comerford hatte ein Huhn gestohlen. Zur Strafe wurde er an die Wanten gebunden, wo er von jedem Matrosen zwei Peitschenhiebe erhielt. Bevor er starb, verzieh er der gesamten Besatzung mit Ausnahme des Kapitäns und des Offiziers.[20] Edward Hamlin wurde im Hafen von Cádiz ausgepeitscht und an Deck seines Schiffes in Eisen gelegt; vier Tage und Nächte war er schutzlos Wind, Regen und Sonne ausgesetzt.[21]

Niemand weiß, wie viele Matrosen der Handelsmarine auf See ermordet oder zu Krüppeln geschlagen wurden, doch das barbarische Verhalten tyrannischer Kapitäne war mit Sicherheit der Grund, warum viele Männer Piraten wurden. So erklärte der Pirat John Archer 1724 vor seiner Hinrichtung: »Ich würde mir wünschen, daß Kapitäne ihre Männer nicht so grausam behandeln, wie viele es tun, denn das führt sie in große Versuchung.«[22] Und bei dem Prozeß gegen Bartholomew Roberts' Crew 1722 beschuldigte John Phillips einen früheren Vorgesetzten, er habe seine Männer hungern lassen: »Hunde wie er haben die Männer zu Piraten gemacht.«[23]

Für den einfachen Seemann war das Leben in der Royal Navy längst nicht so beschwerlich wie in der Handelsmarine. Da die Besatzung viel größer war, konnten sich mehr Männer die schweren Aufgabe teilen, und sadistischen Kapitänen drohte ein Prozeß vor dem Kriegsgericht. Die Höchststrafe, die ein Kapitän verhängen konnte, waren zwölf Peitschenhiebe. Dennoch war das Leben in der Navy hart und gefährlich, und schwere Vergehen wurden rigoros geahndet. Ein Kriegsgericht verurteilte 1758 einen Deserteur zu 200 Peitschenhieben, einen Meuterer zu 300 Peitschenhieben und einen Dieb zu 500 Peitschenhieben.[24] Sodomie wurde oft mit dem Tod bestraft, und in einem Fall lautete das Urteil auf 1000 Peitschenhiebe.[25]

Einige Strafen, die Gerichte in England und in den Kolonien verhängten, waren ebenso barbarisch wie die Foltermethoden der Piraten und Bukaniere. Ein verstockter Gefangener wurde, ob Mann oder Frau, meist in den *Press Yard* des Newgate-Gefängnisses oder nach Marshalsea geschickt. Er wurde am Boden festgebunden, und während er auf dem Rücken dalag, wurden ihm Gewichte auf die Brust gelegt. Immer mehr Gewichte wurden angehäuft, bis er bereitwillig aussagte. Weigerte er sich, wurde er langsam zu Tode gequetscht. Die Tortur konnte Tage dauern, in denen der Gefangene mit trockenem Brot und Wasser am Leben erhalten wurde.

Frauen wurde dieselbe Behandlung zuteil. Als Mary Andrews 1721 die Aussage verweigerte, sollte sie »gemäß einem alten Gesetz zu Tode gedrückt werden; doch als der Scharfrichter ihr zuerst mit einer starken Peitschenschnur die Daumen zusammenquetschte, fügte sie sich und sagte aus«.[26] Sie wurde aus Mangel an Beweisen freigesprochen. Nicht so Katherine Hayes, die wegen Mordes an einem ihrer Söhne und wegen Inzests mit ihrem anderen Sohn zum Tode verurteilt wurde. Sie sollte in Tyburn verbrannt werden. Gewöhnlich lockten die Hinrichtungen in Tyburn zwei- bis dreitausend Schaulustige an, doch diesmal drängten sich so viele Menschen auf der Tribüne, daß das Gerüst einstürzte. Fünf oder sechs Zuschauer wurden zermalmt, viele andere brachen sich Arme oder Beine.

Um dem Publikum die Abscheulichkeit des Verbrechens vor Augen zu führen und einen gehörigen Schrecken einzujagen, beschloß man, Katherine Hayes bei lebendigem Leibe zu verbrennen und nicht, wie sonst üblich, vorher zu erdrosseln. Eine erschütternde Schilderung ihres grausigen Endes stand im *London Journal* zu lesen: »Sie war mit einem Halseisen und einer Kette um den Leib an den Pfahl gefesselt und hatte überdies eine Schlinge um den Hals (die durch den Pfahl führte), an welcher der Scharfrichter zog, als sie zu schreien begann. Nach ungefähr einer Stunde war sie zu Asche verbrannt.«[27]

Von den vielen Untaten, die Piraten angelastet werden, ist eine einwandfrei belegt: das Aussetzen von Gefangenen auf einsamen Inseln. Diese Sitte war besonders bei den westindischen Piraten verbreitet. 1718 wurden in Nassau zehn Piraten abgeurteilt: Laut Anklage hatten sie mehrere Schiffe gekapert und »den Kaufmann James Kerr und verschiedene andere mit Gewalt auf dem abgelegenen Eiland Green Cay ausgesetzt«.[28] Roger Stevens aus Bristol fiel 1724 auf der Fahrt nach Jamaika Piraten in die Hände. Die Angreifer steckten das Schiff in Brand und setzten den Kapitän und den Bootsmann auf der Insel Rattan aus.[29]

Piraten setzten aber auch Kameraden aus, wenn sie sich bestimmter Vergehen wie Desertion, Feigheit im Gefecht oder Kameradendiebstahl schuldig gemacht hatten. Nach Artikel zwei des Piratenvertrags (siehe S. 101) wurde ein Pirat, der die Mannschaft um Geld, Juwelen oder Silbergerät betrog, mit Aussetzen bestraft. Einmal bediente sich auch Blackbeard dieses Mittels, um lästige Besatzungsmitglieder loszuwerden. Nach einem erfolgreichen Überfall auf Charleston in South Carolina beschloß er, seine Flotte aufzulösen und die Beute für sich zu behalten. Er ließ zwei Schiffe auf Grund laufen und floh mit der Begleitschaluppe seines Kriegsschiffes *Queen Anne's Revenge*. Anschließend setzte er siebzehn Männer »auf einem kleinen sandigen Eiland aus, das etwa drei Meilen vom Festland entfernt liegt, wo es weder Vögel noch Säugetiere noch Pflanzen gibt ...«[30]

Unter Freibeutern war Aussetzen auch ein Mittel zur Beilegung von Meinungsverschiedenheiten: Robert Dangerfield hatte in Jamaika auf einer Bark angeheuert, die zu einer Kaperfahrt auslief. In der Bucht von Honduras kam es an Bord zum Streit. Kapitän Jeremy Rendell und drei andere wollten in den Golf von Campeche segeln, doch Schiffsarzt John Graham und der Rest der Besatzung votierten für die Küste von Guinea. Die Mehrheit bekam ihren Willen und setzte den bedauernswerten Rendell und seine Anhänger »auf einer Insel aus, gab ihnen ein Schildkrötennetz und ein Kanu nebst ihren Waffen, damit sie sich selbst behelfen konnten; die Insel war unbewohnt und lag ungefähr 30 Meilen vom Festland oder jeder anderen bewohnten Gegend entfernt«.[31]

Howard Pyles anschauliche Darstellung eines auf einer einsamen Insel ausgesetzten Piraten.

Obwohl den Ausgesetzten ein qualvoller Tod durch Verhungern oder Unterkühlung drohte, verbinden wir damit häufig eine romantische Vorstellung, die wenig mit der Wirklichkeit zu tun hat. Dies mag daran liegen, daß Inseln seit jeher unsere Phantasie beflügelt haben.

Wir erinnern uns an Inseln, die wir selbst besucht haben, und denken an Inseln aus Sagen und Märchen: die Insel Kreta, die Heimat des Minotaurus, oder die anderen griechischen Inseln, wo Odysseus den Sirenen, den Kyklopen und Kirke, der Zauberin, begegnete; die Insel »voll Lärm, voll Tön und süßer Lieder«, die Shakespeare in *Der Sturm* erschaffen hat; die Insel Lilliput, wo sich Gulliver gefesselt am Strand wiederfindet; die Schatzinsel und die Insel Niemandsland, auf die Peter Pan Wendy, John und Michael mitnimmt.

Besonders unbewohnte Inseln haben es uns angetan. Merkwürdigerweise stellen sich die meisten von uns darunter kein karges Eiland vor, sondern ein tropische Insel mit geschützten Buchten und bewaldeten Hügeln, unbewohnt zwar, aber mit Palmen, wilden Beeren, Papageien und Ziegen. Auf einer solchen Insel wäre man zwar einsam, könnte mit etwas Geschick jedoch überleben. Diese weitverbreitete Vorstellung geht fast ausschließlich auf ein Buch zurück, das 1719 erschien und dessen vollständiger Titel lautete:

Das Leben und die seltsamen Abenteuer des Robinson Crusoe, eines Seemanns aus York. Welcher achtundzwanzig Jahre ganz allein auf einer unbewohnten Insel vor der amerikanischen Küste, nahe der Mündung des großen Orinoko lebte, wohin er nach einem Schiffbruch, bei dem die ganze Besatzung außer ihm selbst ums Leben kam, verschlagen wurde. Nebst dem Bericht, wie er auf wunderbare Weise durch Piraten gerettet wurde. Geschrieben von ihm selbst.

Daniel Defoes berühmtestes Werk handelt nicht von Piraten, sondern von den physischen und psychischen Herausforderungen an einen jungen Mann, der seine Zuhause verläßt, zur See fährt und nach zahlreichen Abenteuern an den Strand einer unbewohnten Insel gespült wird. Es beschäftigt sich mit moralischen und religiösen Fragen, aber auch mit elementareren Problemen wie der Nahrungsbeschaffung. Das Buch, das als der erste moderne englische Roman gilt, wurde von den Gelehrten erschöpfend untersucht, doch auf einer einfachen Ebene ist es die packende Geschichte eines Überlebens, das mit so großer Überzeugungskraft und Liebe zum Detail geschrieben ist, daß wir uns mit dem Helden identifizieren und kaum glauben können, daß alles nur erfunden ist.

Robinson Crusoe wurde ein Riesenerfolg und fand in Literatenkreisen ebenso Anklang wie beim breiten Publikum.[32] 1806 schrieb ein Geistlicher: »Ich habe niemals einen vernünftigen Menschen getroffen, der es nicht mochte. Rousseau lobte es, und nach ihm ganz Frankreich.«[33] Piraten spielen in dem Buch keine große Rolle, doch es gibt zahlreiche andere Verbindungen. Defoe selbst war von Piraten fasziniert und verfaßte mehrere Bücher über das Thema, insbesondere den 1720 erschienenen Roman *Leben, Abenteuer und Piratenstreiche des berühmten Kapitän Singleton.* Es war ein fiktionales Werk, das sich teilweise auf die Geschichte Captain Averys stützte, über den Defoe bereits 1719 eine Erzählung geschrieben hatte. Eine weitere Verbindung zwischen *Robinson Crusoe* und dem Piratentum ist die Geschichte des schottischen Matrosen Alexander Selkirk, der auf der Insel Juan Fernández vor der chilenischen Küste ausgesetzt wurde und dort über vier Jahre zubrachte. Ohne Zweifel war Selkirk das Vorbild für Robinson Crusoe; inwieweit sich Defoe von seinem Schicksal inspirieren ließ, ist freilich ungewiß. Es gilt als gesichert, daß er Selkirk niemals begegnet ist, doch aufschlußreich ist, daß die zweite Ausgabe von Captain Woodes Rogers' Bericht über die Rettung des ausgesetzten Seemanns 1718 erschien, ein Jahr vor *Robinson Crusoe.*

Selkirk nahm zusammen mit dem Bukanier William Dampier an einer Kaperfahrt in die Südsee teil. Die beiden Schiffe, die *St. George* und die *Cinque Ports*, verließen England im September 1703, und im darauffolgenden Februar hatten sie Kap Hoorn umrundet und segelten an der Küste Chiles nach Norden. Die *Cinque Ports,* auf der Selkirk Segelmeister war, lief zum Überholen die Juan-Fernández-Inseln an. Kapitän Stradling ankerte vor Mas-a-Tierra, der größten Insel, die Bukaniern und Piraten gelegentlich als Schlupfwinkel diente.

Kapitän Stradling hatte sich mit Selkirk gestritten, und als er Befehl gab, Segel zu setzen, behauptete Selkirk, das Schiff sei nicht seetüchtig, und verlangte, auf der Insel zurückgelassen zu werden. Stradling nahm ihn beim Wort und segelte ohne ihn davon. Das geschah Anfang Oktober des Jahres 1704.

Selkirk lebte allein auf der Insel, bis am 2. Februar 1709 Freibeuter unter dem Kommando von Kapitän Woodes Rogers in der Bucht vor Anker gingen. Die Matrosen, die an Land gingen, stießen dort auf »einen Mann, der in Ziegenfelle gekleidet war und wilder aussah als deren erste Besitzer«.[34] Der Lotse William Dampier erkannte Selkirk und empfahl ihn seinem Kapitän als tüchtigen Seemann. Woodes Rogers ernannte den Ausgesetzten zum Maat seines Schiffes *Duke.* Am 12. Februar setzten sie Segel, und nach der Kaperung mehrerer Prisen kehrten sie nach Hause zurück. Am 14. Oktober 1711 betrat Selkirk nach über achtjähriger Abwesenheit erstmals englischen Boden.

Woodes Rogers erzählt die Geschichte von Selkirks Einsiedlerleben auf den Juan-Fernández-Inseln in seinem Buch *A Cruisin Voyage Round the World* von 1712. Die Leser waren fasziniert von der Beschreibung der Insel und Selkirks Kampf gegen Einsamkeit, Schwermut und Angst. Am meisten bewunderten sie den Erfindungsgeist dieses Mannes, der »nur seine Kleider und sein Bettzeug bei sich hatte, dazu eine Muskete, Pulver, Kugeln, Tabak, ein Beil, ein Messer, einen Kochkessel, eine Bibel, einige praktische Gegenstände sowie seine mathematischen Instrumente und Bücher«.[35] Als seine Seemannskleidung zerfiel, nähte er sich aus Ziegenfell eine Mütze und einen Rock, wobei er einen Nagel als Nadel verwendete. Als Ratten nachts seine Füße annagten, zähmte er auf der Insel lebende Wildkatzen, die ihm fortan Gesellschaft leisteten und die Ratten vom Leib hielten. Aus Ästen baute er sich zwei Hütten und bedeckte sie mit langen Grashalmen. Zum Feuermachen rieb er zwei Stöcke aus Pimentholz aneinander. Von solchen praktischen Details abgesehen, war es auch eine moralische Geschichte, denn Selkirk überwandt seine Furcht und seine Langeweile, indem er las, betete und Psalmen sang: »Er sagte, er sei in seiner Einsamkeit ein besserer Christ gewesen als jemals zuvor.«[36]

Pirateninseln und andere Schlupfwinkel

Im Spätsommer 1692 traf in England die Nachricht von einer Katastrophe ein. Jamaika hatte ein schweres Erdbeben heimgesucht, in Port Royal waren ganze Häuser in sich zusammengestürzt, und ein großer Teil der Stadt war im Meer versunken. Angeblich waren zwei Drittel der Einwohner ertrunken oder unter Trümmern begraben; auf dem überfluteten Friedhof wurden die Leichen aus den Gräbern geschwemmt. Matrosen plünderten von Booten aus die Häuser und nahmen den im Wasser treibenden Leichen die Wertsachen ab. Ein Geistlicher aus Port Royal berichtete: »Schlimme Diebe, die man hier Freibeuter nennt, drangen in verlassene Warenlager und Häuser ein und raubten ihre Mitbürger aus, während die Erde unter ihnen bebte. Einige Häuser stürzten dabei über ihnen zusammen. Die Huren, die es hier zahlreich gibt, sind so frech und betrunken wie je.«[1] Viele hielten die Katastrophe für ein Gottesgericht, denn Port Royal galt als lasterhafte und verstockte Stadt, als der verworfenste Hafen der Christenheit.

Die Briefe und Berichte von Augenzeugen, die bald in England eintrafen, bestätigten die Schreckensnachrichten. Am 7. Juni 1692 hatte zwischen elf und zwölf Uhr mittags ein schweres Erdbeben die Insel heimgesucht und ganz Port Royal in Schutt und Asche gelegt. Zwei weitere Beben folgten. Der Sand auf den ungepflasterten Straßen hob und senkte sich in Wellen, Häuser und Kirchen aus Stein und Ziegeln fielen zusammen, und ein Hafenkai und zwei Straßen mit allen Gebäuden und Läden rutschten ins Meer. Unmittelbar nach dem Beben brach eine Flutwelle über die Stadt herein. »Man sah überall nur noch Tote und Sterbende, hörte nur noch Schreien und Wehklagen.«[2] Über 2000 Menschen starben an jenem Tag, weitere 2000 erlagen später ihren Verletzungen oder gingen an Krankheiten und Seuchen zugrunde. Niemand konnte Leichen auch nur bergen, die im Wasser trieben oder auf den Felsen und Stränden herumlagen, wo die Wellen sie hingespült

135

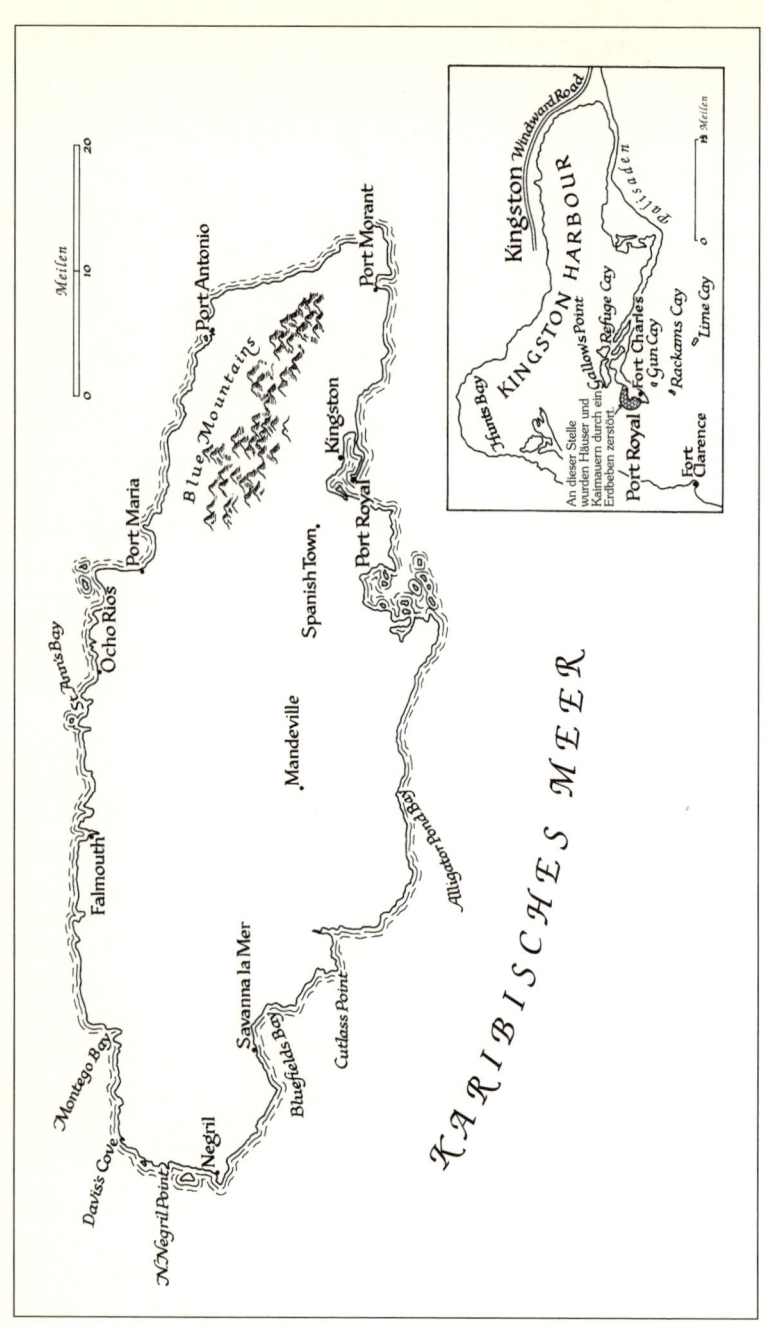

Jamaika und Port Royal im späten achtzehnten Jahrhundert.

hatten. Der Schreiner John Pike schrieb seinem Bruder, sein Haus sei im Meer versunken. »Ich habe meine Frau, meinen Sohn, einen Gesellen, eine weiße Magd, sechs Sklaven und alles, was ich auf der Welt besaß, verloren. Das Land, auf dem ich fünf Häuser bauen wollte und zehn weitere hätte errichten können, hat die See verschlungen, und eine brave Schaluppe mag darüberfahren wie über das ganze Ende der Landzunge.«[3]

Port Royal war eine der reichsten Hafenstädte ganz Amerikas gewesen. Die Engländer hatten Jamaika 1655 den Spaniern abgenommen und am Ende der schmalen Landzunge, die an der Südküste der Insel in das blaue Meer der Karibik ragte, ein Fort errichtet. Die Landzunge bildete einen großen natürlichen Hafen, und das Fort schützte den Eingang des Hafen wirkungsvoll vor Angriffen. Innerhalb von vier Jahren entstanden um die Festung 200 Häuser, außerdem Werkstätten und Lagerhallen. Anläßlich der Restauration Charles' II. auf den Namen Port Royal getauft, entwickelte die Stadt sich zu einem blühenden Zentrum für den Handel mit England und den amerikanischen Kolonien. Zugleich war sie einer der großen Umschlagplätze für Sklaven, die auf die Plantagen Westindiens gebracht wurden. Zwischen 1671 und 1679 trafen hier auf Sklavenschiffen rund 12 000 schwarze Afrikaner ein. Im Jahr 1680 hatte die Stadt 2850 weiße und schwarze Einwohner,[4] darunter Zimmerleute, Goldschmiede, Zinngießer, Segelmacher, Schiffsbauer und Matrosen, vor allem aber Kaufleute, die »in großer Pracht und großem Luxus lebten, aufwendig herausgeputzt und von ihren Negersklaven bedient«.[5]

Die Stadt ähnelte in vielem Bristol, Boston oder einem anderen lebhaften englischen oder amerikanischen Hafen jener Zeit. Aus Holz und Ziegel erbaute Häuser säumten enge Gassen mit englischen Namen, es gab eine anglikanische und eine römisch-katholische Kirche, ein Bethaus der Quäker, zwei Gefängnisse, unzählige Tavernen und Bordelle und »eine große Schar schmutziger Dirnen und gemeiner Huren«.[6] Doch im Gegensatz zu Bristol oder London lastete eine Gluthitze auf der Stadt, und es gab hier viel mehr Bukaniere und Piraten. Vor allem sie begründeten den üblen Ruf der Stadt, aber sie trugen auch zu ihrem Reichtum bei. Die Gouverneure der Insel ermutigten die Freibeuter dazu, Port Royal als Stützpunkt zu nutzen, in der Hoffnung, die schwerbewaffneten Piratenschiffe würden die Spanier und Franzosen abschrecken. Diese Politik war bemerkenswert erfolgreich. Jamaika war nie ernsthaft von Angriffen bedroht, und das Beutegut, das von Raubzügen gegen spanische Schiffe und Städte nach Port Royal kam, machte die Kaufleute und Handwerker reich.

Auch die Piraten profitierten von dem Arrangement. Von Jamaika aus konnten sie die spanischen Siedlungen Zentralamerikas oder die zwischen den Westindischen Inseln segelnden Schiffe angreifen, und in Port Royal hatten sie einen sicheren Hafen, in dem sie ihre Schiffe überholen konnten. Die sechziger Jahre des 17. Jahrhunderts waren die Blütezeit der Piraten von Port Royal. Von hier brach Henry Morgan zu seinen Überfällen auf Portobello, Maracaibo und Panama auf. Allein in Portobello erbeuteten die Bukaniere sagenhafte Schätze, die sie in den Spelunken und Bordellen von Port Royal wieder verpraßten. Ihre Verschwendungssucht war legendär. Charles Leslie beschreibt sie in seiner 1740 veröffentlichten Geschichte Jamaikas anschaulich:

> Wein und Frauen erschöpften ihren Reichtum dermaßen, daß einige von ihnen in kurzer Zeit zu Bettlern wurden. In einer einzigen Nacht konnten sie 2000 oder 3000 Achterstücke ausgeben; einer gab einer Dirne 500 Achterstücke, um sie nackt zu sehen. Sie kauften ganze Fässer Wein, stellten sie auf die Straße und luden alle Passanten zum Mittrinken ein.

Der Trubel hatte erst ein Ende, als nach dem Überfall auf Panama 1671 Morgan und der damalige Gouverneur, Sir Thomas Modyford, nach England zurückbeordert wurden und der englische Hof Akte der Piraterie gegen die Spanier nicht mehr deckte. Nach dem Erdbeben 20 Jahre später zogen viele Überlebende mit ihren Geschäften nach Kingston auf der anderen Seite des Hafens. Port Royal erholte sich zwar langsam, gelangte jedoch nie wieder zu seinem früheren Reichtum. Piraten waren nicht mehr willkommen. Gouverneur Hamilton stellte sogar Kaperbriefe aus, die ihre Inhaber ermächtigten, »Piratenschiffe samt Kommandanten, Offizieren und Mannschaft aufzubringen und gefangenzunehmen«.[7]

In der Folgezeit war die Stadt nicht mehr als Piratennest berüchtigt, sondern dafür, daß dort Piraten gehängt wurden. Charles Vane und seine Männer hatten überall in der Karibik Schiffe überfallen und 1718 die Besatzungen zweier Sloops vor der Küste der Bahamas grausam gefoltert. Zu ihrem Pech erlitten sie im Golf von Honduras Schiffbruch, konnten sich aber auf eine kleine Insel retten. Vane wurde von einem Schiff gerettet, das nach Jamaika unterwegs war, doch ein ehemaliger Bukanier erkannte ihn und verriet ihn an die Behörden. Am 22. März 1720 wurde Vane in Spanish Town von einem Admiralitätsgericht der Piraterie schuldig gesprochen. Er wurde am Gallows Point gehängt, einem öden Küstenabschnitt bei Port Royal. Im November desselben Jahres wurde dort auch Calico Jack hingerichtet.

Ein anderer legendärer Schlupfwinkel der Piraten war Madagaskar im Indischen Ozean. Aus dem Fernen Osten zurückkehrende Seeleute berichteten von einem Königreich in den Tropen namens Libertalia, wo eine Gemeinschaft von Piraten nach eigenen Gesetzen und in märchenhaftem Luxus lebe. »Sie heirateten die hübschesten Eingeborenenfrauen, und zwar nicht nur eine oder zwei, sondern so viele sie wollten, so daß jeder schließlich ein Serail hatte so groß wie das des Sultans von Konstantinopel. Ihre Sklaven mußten für sie Reis pflanzen, fischen, jagen etc. Außerdem lebten dort unter ihrem Schutz noch zahlreiche andere Menschen.«[8] Wie viele Piratenlegenden enthielt auch diese ein Körnchen Wahrheit, doch das Leben in Libertalia war keineswegs so idyllisch.

Die Insel Madagaskar, immerhin doppelt so groß wie Großbritannien, wurde 1506 zum erstenmal von portugiesischen Seefahrern betreten. Später ankerten hin und wieder Schiffe auf dem Weg von und nach Indien in ihren Buchten, und im 17. Jahrhundert wurde die Insel zu einem Stützpunkt der Freibeuter und Bukaniere. Sie nutzten den natürlichen Hafen der Insel Sainte Marie vor der Nordostküste Madagaskars. 1691 traf der ehemalige Bukanier Adam Baldridge auf der Insel ein und gründete einen Handelsposten. Sechs Jahre lang machte er dort profitable Geschäfte. Er belieferte Piraten und Freibeuter mit Proviant und Alkohol im Tausch gegen Beutegut wie Gold, Silber, Seidenstoffe und Sklaven, die er an Kaufleute in New York verschiffte.[9]

Am Südende von Madagaskar gründete um 1696 Abraham Samuel eine weitere Piratenkolonie in Fort Dauphin, einer aufgegebenen Siedlung der Franzosen. Samuel, vormals Quartiermeister eines Piratenschiffes, hatte auf einer seiner Prisen zunächst Sainte Marie angesteuert. Von Einheimischen angegriffen, floh er jedoch nach Fort Dauphin. Dort hießen die Insulaner ihn willkommen und setzten ihn auf den Thron ihres Königreiches. Er nannte sich hinfort König Samuel, begann Handel zu treiben und hielt sich eine bewaffnete Leibwache und einen Harem. Ein anderes Kleinkönigreich wurde von James Plantain regiert; er nannte sich König der Ranter-Bucht, die einige Meilen nördlich von Sainte Marie lag. Plantain lebte wie Samuel »mit vielen Frauen, die ihm in allem zu gehorchen hatten. Sie waren in kostbare Seidenstoffe gekleidet, und einige trugen Halsketten mit Diamanten.«[10]

Henry Avery lief 1695 mit einer Flotte von sechs Schiffen von Madagaskar zu jenem Beutezug aus, auf dem er das große Schatzschiff des Moguls, die *Ganj-i-Sawai*, kaperte. Thomas Tew fuhr von Rhode Island nach Madagaskar und organisierte einen einträglichen Handel zwischen den Piraten und den Kaufleuten von New York und Boston.

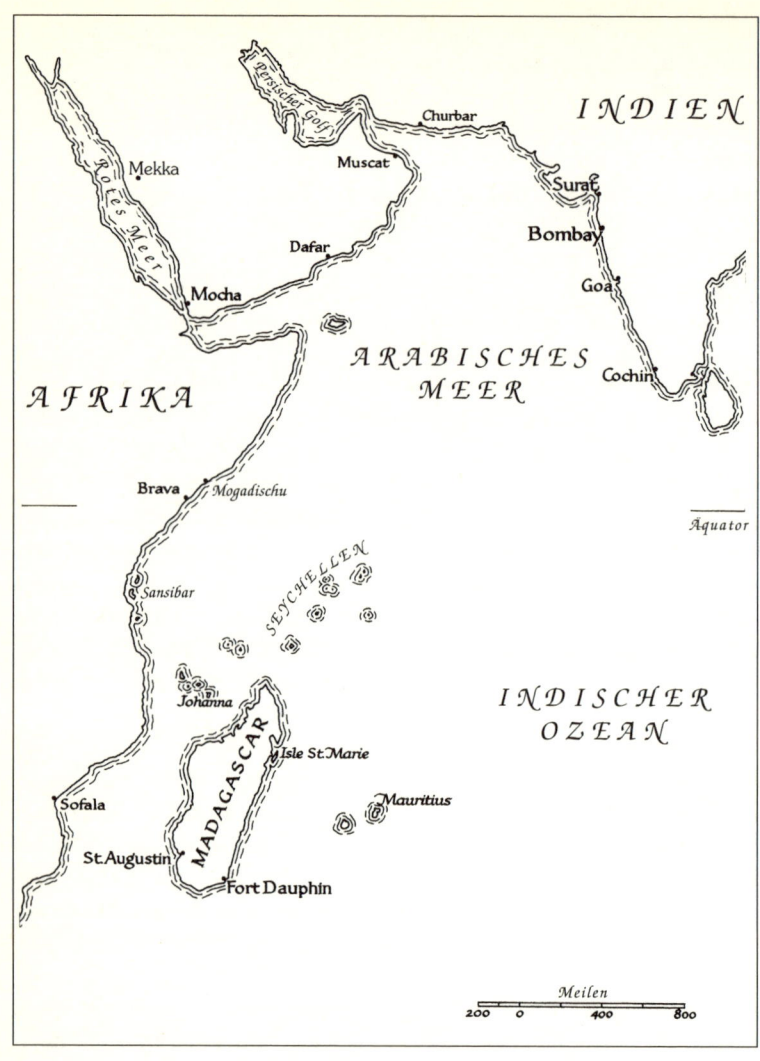

Indischer Ozean um 1700.

Ein Besucher der Insel im Jahr 1700 berichtete von 17 Piratenschiffen, die er gesehen haben will, und etwa von 1500 dort lebenden Piraten.

Doch erging es den Piraten Madagaskars ähnlich wie Fletcher Christian und den Meuterern von der *Bounty*. Das Leben mit den tahitischen Frauen auf Pitcairn wurde allmählich zu einem erbarmungslosen Überlebenskampf aller gegen alle. Die Piraten zerstritten sich untereinander und machten sich die Einheimischen zu Feinden, Tropenkrankheiten rafften viele hinweg, und die Königreiche zerfielen. Als Kapitän Woodes Rogers 1711 Kapstadt besuchte, sprach er mit einem Engländer und einem Iren, die einige Jahre bei den Piraten auf Madagaskar gelebt hatten. »Sie berichteten, die Zahl dieser unglückseligen Menschen, die einst ein solches Aufsehen in der Welt erregt hatten, sei jetzt auf 60 bis 70 geschrumpft, die meisten seien bettelarm und von allen verachtet, selbst von den Eingeborenen, deren Töchter sie geheiratet hatten.«[11]

Ein anderer von zahlreichen Bukaniere und Piraten bevölkerter Teil der Welt war die Küste Zentralamerikas. Im Golf von Campeche und im Golf von Honduras lebten Holzfäller, die den dort wachsenden Campechebaum schlugen und verarbeiteten. Bei ihnen fanden viele Piraten zeitweilig Unterschlupf, und die Holzfäller schlossen sich oft den Freibeutern und Piraten auf ihren Kriegen gegen die spanischen Siedler der Region an.

Kapitän Nathaniel Uring verbrachte vier oder fünf Monate bei den am Ufer des Belize im Golf von Honduras arbeitenden Männern. Was er dort erlebte, erfüllte ihn mit Abscheu. Er beschreibt die Holzfäller als »grobe, trunksüchtige Burschen, einige davon ehemalige Piraten, die meisten Matrosen; ihre liebste Beschäftigung ist das Trinken«.[12] Sie betranken sich mit Punsch, Wein, Bier oder Most bis zur Besinnungslosigkeit, und wenn sie wieder zu sich kamen, veranstalteten sie sogleich das nächste Besäufnis. Nicht selten dauerten solche Orgien eine ganze Woche.

Die Holzfäller dieser Region hatten einen ähnlichen Ruf wie jene Bukaniere, die auf Hispaniola verwilderte Rinder gejagt hatten: Es waren harte Männer, die sich unter schwierigen und primitiven Verhältnissen und ohne die Regeln und Zügel einer zivilisierten Gesellschaft durchs Leben schlugen. Ähnlich wie aus den Jägern von Hispaniola nach ihrer Vertreibung durch die Spanier ein nach Rache dürstender Haufen plündernder Piraten wurde, waren auch diese Holzfäller aus schierer Not zur Piraterie gezwungen. Jeremiah Dummer berichtete 1720 an den Rat für Handel und Plantagen, die Spanier hätten nach dem Frieden von Utrecht die für den Holzhandel im Golf von Campeche und im Golf von Honduras eingesetzten Schiffe beschlagnahmt und dadurch den Handel so geschädigt, daß »die dort beschäftigten 3000 Seeleute Piraten geworden sind und die Meere verseuchen«.[13]

Ganz so einfach waren die Verhältnisse allerdings nicht. Viele dieser Männer waren, wie Uring feststellte, ehemalige Piraten, und einige plünderten ganz ungeniert vorbeisegelnde Kauffahrer oder Indianerdörfer an der Küste. Außerdem dürften kaum mehr als 1000 Männer mit dem Schlagen von Holz beschäftigt gewesen sein. Dampier lebte 1676 ein Jahr lang bei den Holzfällern und schätzte die Zahl der Beschäftigten um die Laguna de Terminos, das Zentrum des Holzhandels, auf 260 bis 270.[14] Es verwundert nicht, daß die Holzfäller sich dem Alkohol oder der Piraterie zuwandten, denn das Leben am Golf von Campeche war entbehrungsreich. Das Gebiet bestand größtenteils aus Mangrovensümpfen und moskitoverseuchten Seen und Lagunen, in den Gewässer wimmelten die Alligatoren, lästige Parasiten wie Guineawürmer nisteten sich in der Haut von Füßen und Unterschenkeln ein, und beißende und stechende Insekten waren allgegenwärtig. An den Ufern der Bäche, an denen der Campechebaum wuchs, bauten die Männer primitive Hütten. Sie schliefen auf Holzrahmen einen Meter über dem Erdboden, da in der Regenzeit das ganze Gebiet überflutet wurde. Von ihren Betten stiegen sie direkt ins Wasser, das einen halben Meter tief war, und verluden den ganzen Tag Holzstämme in Kanus und brachten sie zu Sammelstellen, wo sie von Schiffen abgeholt wurden. In der Trokkenzeit fällten sie die Bäume, eine Knochenarbeit, da die Stämme einen Umfang von anderthalb bis zwei Metern hatten; manchmal konnten sie nur mit Schießpulver gesprengt werden. Anschließend wurde der Stamm zersägt und die Rinde um das rötlich-braune Kernholz geschält. Aus dem Kernholz des Campechebaums (*Haematoxylon campechianum*) gewann man eine wertvolle rote Farbe für das Färben von Stoffen. Außerdem wurde das Holz für medizinische Zwecke verwendet.

Viele aus dem Golf von Campeche vertriebene Holzfäller gingen auf die Bahamas. Die Hafenstadt Nassau auf New Providence wurde zum Hauptquartier einer neuen Piratengemeinde und zum Treffpunkt für Piratenschiffe aus der ganzen Karibik und dem Atlantik. Die Behörden waren wegen des »Piratennests«, wie es überall genannt wurde, ernsthaft beunruhigt. Nachrichten von Piratenüberfällen in Westindien nahmen drastisch zu, und in London traf ein warnender Bericht des Rates für Handel und Plantagen ein. Die Bahamas, war darin zu lesen, hätten keinerlei Anlagen zu ihrer Verteidigung, die meisten Bewohner seien deshalb geflohen; die Inseln seien »der Raubgier der Piraten ausgeliefert und in Gefahr, der britischen Krone ganz verlorenzugehen«.[15]

Am 3. September 1717 berichtete Minister Addison, der König habe zur Bekämpfung der westindischen Piraten drei Maßnahmen angeordnet: Erstens sollten drei Kriegsschiffe in die Karibik entsandt werden, zweitens sollte ein Dekret erlassen werden, das Piraten, die sich ergaben, die Begnadigung durch Seine Majestät zusicherte, und drittens sollte ein Gouverneur für die Bahamas ernannt werden, »der bevollmächtigt ist, die Piraten aus ihren Verstecken auf Harbour Island und New Providence zu vertreiben«.[16]

Der für diese Aufgabe bestimmte Mann war Kapitän Woodes Rogers, einer der Helden des Krieges gegen die Piraten. Woodes Rogers wurde 1679 als Sohn eines Kapitäns in Bristol geboren. Er wurde Kapitän und scheint im gesellschaftlichen Leben Bristols eine wichtige Rolle gespielt zu haben. 1705 heiratete er Sarah, die Tochter des Admirals Sir William Whetstone. Im selben Jahr wurde er Ehrenbürger seiner Heimatstadt.[17] 1708 trat er eine Kaperfahrt an, die ihn einmal um die Welt führen sollte. Finanziert wurde sie vom Bürgermeister und der Stadt Bristol, und Woodes Rogers führte einen Kaperbrief des Großadmirals mit sich, der ihn ermächtigte, französische und spanische Schiffe anzugreifen. Außerdem hatte er den 56jährigen William Dampier als Navigationsoffizier in seine Dienste genommen. Der einstige Bukanier und Forschungsreisende war eine hervorragende Wahl, da er den Globus bereits zweimal umschifft hatte und ein sehr erfahrener Navigator war. Die beiden Schiffe der Expedition waren die *Duke* mit 310 Tonnen und 30 Geschützen und die *Dutchess* mit 260 Tonnen. Am 2. August 1708 setzten sie Segel und nahmen Kurs auf die Kanarischen Inseln.

Woodes Rogers erwies sich als harter und fähiger Kommandant. Er schlug mehrere Meutereien nieder, trotzte Stürmen und Flauten und kaperte rund 20 Schiffe. In einem erbitterten Gefecht vor der kalifornischen Küste wurde er schwer verwundet: »Ich erhielt einen Schuß durch die linke Wange. Die Kugel zerschmetterte einen Großteil des Oberkiefers und mehrere Zähne. Einige davon fielen auf das Deck, wohin ich ihnen alsbald folgte.«[18] Ein paar Tage später wurde er bei einem Treffen mit einem großen spanischen Schiff von 900 Tonnen und 60 Kanonen erneut verwundet, diesmal von einem Holzsplitter, der seinen Knöchel durchbohrte und einen Teil des Fersenbeins zertrümmerte. Rogers erteilte eisern weiter Befehle und sorgte für Disziplin unter seinen zuweilen aufsässigen Männern.

Im Jahr 1711 kehrte die Expedition mit einer reichen Beute von Goldbarren, Edelsteinen und Seidenstoffen nach England zurück. Der Gesamtwert des Beuteguts wurde auf 800 000 Pfund geschätzt. Zwei Drittel davon gingen an die Eigner der Schiffe und die Geldgeber der Expedition, das verbleibende Drittel wurde unter den Offizieren und der Mannschaft verteilt. Woodes Rogers schrieb einen ungeschminkten, seemännisch knappen Bericht über seine Reise, der 1712 unter dem Titel *Eine Seereise um die Welt* veröffentlicht wurde. Das Buch fand begeisterte Leser, und innerhalb weniger Jahre wurden drei weitere Auflagen gedruckt.

Dies war also der Mann, der Gouverneur der Bahamas werden sollte. Es verwundert nicht, daß die Kaufleute von London und Bristol ihn in einer Mitteilung an den König »als in jeder Beziehung sehr geeignet für diese Aufgabe« priesen.[19] Rogers bekam Anweisung, zur Unterdrückung der Piraterie alle nur erdenklichen Mittel einzusetzen. Außerdem hatte er einen Straferlaß des Königs dabei: Piraten, die sich vor dem 5. September 1718 stellten, sollten begnadigt werden.

Am 11. April 1718 brach Rogers an Bord des ehemaligen Ostindienfahrers *Delicia* auf, begleitet von der HMS *Milford*, der HMS *Rose* und zwei Sloops. Als er am 26. Juni auf New Providence eintraf, brannte dort ein französisches Schiff im Hafen von Nassau. Piraten unter Vanes Kommando hatten das Schiff angezündet, um die *Rose* zu vertreiben, die bereits am Abend zuvor eingetroffen war. Als jetzt auch noch die *Delicia* und die *Milford* auftauchten, beugte Vane sich der Übermacht und floh. Trotzig feuerte er eine Breitseite ab, und am Masttopp seiner Sloop wehte die schwarze Piratenflagge.

Der neue Gouverneur ging an Land und zog in das Fort ein. »Dort verlas ich die Befehle Seiner Majestät in Gegenwart meiner Offiziere und Soldaten und von ungefähr 300 Menschen der Insel, die mich bewaffnet empfingen, sich mir aber bereitwillig ergaben und sodann auf verschiedene Weise ihre Freude über die Wiederherstellung der staatlichen Ordnung kundtaten.«[20] Es gab viel zu tun. Rogers bildete zunächst einen Rat und ernannte einen Generalsekretär und einen Obersten Richter. Dann ließ er das Fort ausbessern, das sich in baufälligem Zustand befand; erst kurz zuvor war die seewärts gerichtete Bastion eingestürzt. Außerdem ließ er Kanonen zur Verteidigung des Hafens aufstellen, und er entsandte Hornigold, um Vane und seinen Piraten das Handwerk zu legen. Hornigold war selbst Piratenkapitän gewesen, hatte sich aber gestellt und war in den Genuß der Amnestie des Königs gekommen.

Er jagte Vane, verlor ihn jedoch aus den Augen, da Vanes Sloop ein besonders schneller Segler war. Danach setzte Hornigold seine Seepatrouillen fort. Im Oktober nahm er einige Piraten auf der Insel Exuma 130 Meilen südöstlich von New Providence gefangen. Die Piraten hatte die Amnestie des Königs angenommen, aber ihr blutiges Handwerk fortgesetzt. Gouverneur Rogers beschloß, an ihnen ein Exempel zu statuieren. Am 9. Dezember 1718 trat in Nassau ein Admiralitätsgericht zusammen.[21] Die Gefangenen bekannten sich nicht schuldig. Zunächst wurde eine Reihe von Zeugen verhört, anschließend nacheinander die Gefangenen. Nur einer von ihnen, Bootsmann John Hipps, konnte beweisen, daß man ihn gezwungen hatte, sich den Piraten anzuschließen. Er wurde freigesprochen, alle anderen wurden für schuldig befunden und zum Tod verurteilt. Die Vollstreckung des Urteils wurde auf den 12. Dezember um 10 Uhr morgens anberaumt. Der offizielle Bericht ist eine besonders lebendige Schilderung einer solchen Hinrichtung.

Gegen zehn wurden den Gefangenen die Eisen abgenommen, und sie wurden der Obhut des Herrn Thomas Robenson übergeben, der an diesem Tag Profos war. Robenson fesselte ihnen die Hände, wie in solchen Fällen üblich, und befahl der zu seiner Hilfe abgeordneten Wache, die Gefangenen auf die seewärts gerichteten Wälle hinaufzuführen, auf denen sich bereits der Gouverneur, Soldaten und rund hundert Menschen eingefunden hatten. Auf die Bitte der Gefangenen hin wurden Gebete und ausgewählte Psalmen vorgelesen, in die alle Anwesenden einstimmten. Nach Beendigung des Gottesdienstes führte der Profos die Gefangenen eine zu diesem Zweck bereitgestellte Leiter zum Fuß des Walls hinunter, wo man einen Galgen errichtet hatte. Auf ihm hatte man eine schwarze Flagge gehißt, unter ihm befand sich eine auf drei großen Fässern lagernde Plattform, auf die die Gefangenen mittels einer weiteren Leiter hinaufstiegen. Dort legte der Henker die Schlingen so geschickt um ihre Hälse, als habe er in Tyburn gedient. Den Gefangenen wurde unter dem Galgen noch eine Dreiviertelstunde zugestanden, die sie mit dem Singen von Psalmen und einigen Ermahnungen an alte Gefährten und andere Zuschauer zubrachten; die Zuschauer drängten sich so dicht um den Fuß des Galgens, wie die Wache des Profos es zuließ. Dann befahl der Gouverneur dem Profos, sich bereitzumachen. Die Gefangenen warteten auf ihr Ende, als der Gouverneur entschied, George Rounsivel zu begnadigen. Sobald man ihn von der Plattform heruntergeholt hatte, wurden die Fässer mit Seilen weggezogen, worauf die Plattform zusammenstürzte und die acht am Galgen baumelten.[22]

Am Ende von Gouverneur Rogers' Bericht finden sich knappe, doch ähnlich präzise Angaben zu den acht Hingerichteten. Wir erfahren, daß John Augur ungefähr 40 Jahre alt und ein bekannter Kapitän auf Jamaika war, bevor er Kommandant eines Piratenschiffs wurde. Er schien sehr bußfertig und lehnte es ab, sich vor der Hinrichtung zu waschen und zu rasieren und die Kleider zu wechseln. Als er auf den Wällen der Festung ein Glas Wein bekam, trank er auf das Wohl des Gouverneurs und der Bahamas. Auch der 45 Jahre alte William Cunningham, ein Kanonier unter Blackbeard, zeigte sich bußfertig und voll Reue über seine Taten.

Ganz anders trat Dennis McKarthy auf. Der 28jährige ehemalige Fähnrich der Bürgerwehr erschien in sauberen Kleidern, die an Hals, Ärmelaufschlägen, Knien und Mütze mit langen blauen Bändern geschmückt waren. Er stieg lachend auf die Wälle und sagte, er erinnere sich noch an die Zeit, in der es auf der Insel manch tapferen Burschen gegeben habe, der ihn nicht hätte sterben lassen wie einen Hund. Dann zog er die Schuhe aus und schleuderte sie über den Wall, mit den Worten, er habe gelobt, nicht in den Schuhen zu sterben. Auf die Plattform des Galgens sprang er, als gelte es einen Boxkampf zu bestehen, ein Eindruck, der durch die flatternden Bänder noch verstärkt wurde.

Der 24jährige William Dowling wird als verstockter Pirat beschrieben, der ein lasterhaftes Leben geführt hatte. Der 34jährige William Lewis war ebenfalls ein rauher Geselle und ehemaliger Preisboxer. Er zeigte keinerlei Angst vor dem Tod und verlangte Alkohol, um mit seinen Mitgefangenen auf dem Gerüst und mit den Umstehenden zu trinken. Der 22jährige Thomas Morris wird als vollkommen verderbter junger Mann und unverbesserlicher Pirat geschildert. Er hatte während des Prozesses oft gelacht und erschien auf den Wällen ähnlich gekleidet wie McKarthy und geschmückt mit roten Bändern. Unmittelbar bevor er gehängt wurde, erklärte er noch trotzig, er hätte den Inseln noch mehr Schaden zufügen können und wünschte jetzt, er hätte es getan. Der 18jährige George Bendall sagte, er sei nie zuvor Pirat gewesen. Er trug eine mürrische Miene zur Schau und hatte dem Bericht zufolge »ein lasterhaftes Gemüt, wie es nur der verderbteste Jüngling haben kann«. Der 30jährige William Ling schließlich ging einsilbig in den Tod, doch als Lewis nach Wein verlangte, bemerkte er, Wasser sei in einer solchen Stunde angemessener.

Die Hinrichtung der Piraten in Nassau bedeutete das Ende von New Providence als Piratenhafen, nicht jedoch das Ende der Piraterie auf den Bahamas. Woodes Rogers hatte ehrgeizige Pläne, die Befestigungen der Insel zu verstärken. Zusätzlich sollten drei Kompanien der Bürgerwehr Überraschungsangriffen begegnen. Er ließ Kanonen auf Lafetten montieren, zog Palisaden um das Fort und säuberte die von tropischer Vegetation überwucherten Straßen. Leider hatte er nur eine kleine Streitmacht, und viele der Soldaten und Matrosen, die mit ihm gekommen waren, fielen Seuchen und Fieberkrankheiten zum Opfer. Schlimmer noch, er hatte das Gefühl, von den Behörden in England, die ihn beauftragt hatten, im Stich gelassen zu werden. Auf seine Hilfsgesuche kam keine Antwort, und er fühlte sich zunehmend isoliert. Er erschöpfte sich bei seinen Anstrengungen und mußte nach nur zwei Jahren als kranker Mann nach England zurückkehren. Sein Nachfolger im Amt des Gouverneurs wurde George Phenney, der freilich nicht den unbeugsamen Willen eines Rogers' besaß und alsbald der in der Kolonie grassierenden Korruption erlag.

Unglücklich über die Berichte aus Nassau bat Rogers den König, ihn wieder als Gouverneur einzusetzen. Seine Eingabe wurde von 22 einflußreichen Männern unterstützt, darunter von Sir Hans Sloane, Lord Montague und Gouverneuren und von ehemaligen Gouverneuren einiger amerikanischer Kolonien wie Alexander Spotswood von Virginia und Samuel Shute von Massachusetts. Phenney wurde zurückgerufen, und im Sommer 1729 fuhr Woodes begleitet von seinem Sohn und seiner Tochter erneut nach New Providence. Seine Befugnisse waren erweitert worden, und er sollte als Generalkapitän und Gouverneur ein Gehalt von 400 Pfund im Jahr beziehen. Wieder ging er tatkräftig daran, die Verteidigung der Kolonie zu stärken und ihren Wohlstand zu mehren, etwa durch einen Plan zur Förderung des Anbaus von Baumwolle und Zuckerrohr. Hauptproblem war die kleine Bevölkerung der Insel: Sie bestand aus 446 weißen Männern und Frauen, 489 weißen Kindern, 275 arbeitsfähigen Schwarzen und 178 schwarzen Kindern.[23] Seine Pläne trafen bei den Bewohnern der Insel auf Widerstand, doch konnte er immerhin für die Garnison des Forts eine neue Kaserne bauen. Wieder warf ihn eine Krankheit nieder, und trotz eines Besuches in South Carolina, wo er sich zu erholen hoffte, kam er nicht mehr zu Kräften. Am 15. Juli 1732 starb Rogers in Nassau.

Bevor Rogers England zum letzten Mal verließ, gab er bei William Hogarth, damals einem jungen Mann Anfang Dreißig, ein Familienporträt in Auftrag. Das Gemälde befindet sich heute in den Sammlungen des Londoner Marinemuseums (s. S. 91). Es handelt sich um ein kleines, doch überaus stimmungsvolles Bild. Der Gouverneur sitzt vor dem von ihm instandgesetzten Fort in Nassau, dem Schauplatz des Piratenprozesses und der Hinrichtung der Piraten. In der Hand hält er einen Stechzirkel als Symbol seiner Fähigkeiten als Navigator, neben ihm steht in Erinnerung an seine Weltumsegelung ein Globus. Sein Sohn William hält eine Karte mit einem Teil der Insel Providence, seine Tochter Sarah ist sitzend abgebildet, neben sich einen Spaniel. Im Hintergrund steht ein Dienstmädchen mit einer Obstschale in den Händen. An der Festungsmauer hinter Woodes Rogers befindet sich eine Kartusche mit dem so gut auf ihn passenden, resoluten und optimistischen Motto *Dum spiro, spero: Solange ich atme, hoffe ich.* Im Hafen feuert ein Schiff Salut. Das Gemälde ist ein bescheidenes Denkmal für den Mann, der die Piraten aus ihrem Stützpunkt auf den Bahamas vertrieben und die Herrschaft der Piraten in der Karibik gebrochen hat.

Sloops, Schoner
und Piratenfilme

Drei Anforderungen mußte ein Piratenschiff erfüllen: Es mußte schnell sein, seetüchtig und gut bewaffnet. Ein schnelles Schiff ermöglichte den Piraten, ihre Beute aufzubringen und ihren Verfolgern zu entkommen. »Ein Paar flinke Beine«, schreibt Johnson, »ist von großem Nutzen dabei, andere zu fangen, ohne selbst gefangen zu werden.« In Westindien benutzten deshalb viele Piraten einmastige, auf den Bermudas und auf Jamaika gebaute Sloops, die allenthalben für ihre Schnelligkeit gerühmt wurden. Die Piraten hielten sie gut instand und reinigten regelmäßig die Rümpfe und befreiten sie von Seetang; mit diesen schnellen Schiffen konnten sie die meisten Verfolger abschütteln. Als 1718 Vanes Piratensloops den Hafen von New Providence angriffen, schickten die Behörden Schiffe aus, um ihn zu fangen, »doch als diese die offene See erreichten, mußten sie die Jagd aufgeben, da er zwei Fuß zurücklegte, wo sie einen schafften«.[1]

Die mittelmeerischen Barbaresken verwendeten von Sklaven geruderte Galeeren, lange, schlanke, ebenfalls als schnell bekannte Fahrzeuge. Segelschiffe, die im Mittelmeer mit seinen schwachen Winden in eine Flaute gerieten, waren ihnen hilflos ausgeliefert. Die Ruderer trieben die Galeere so zuverlässig an wie eine Maschine und machten sie sehr wendig, so daß sie mit hoher Geschwindigkeit längsseits des Opfers gehen konnte. Kam Wind auf, hißten die Korsaren am einzigen Mast mittschiffs ein großes Lateinersegel. Die Galeeren waren mit einer oder mehreren Kanonen am Bug und Drehbassen entlang der Reling bestückt, doch war ihre Hauptbewaffnung ein Kontingent von hundert Männern, die das angegriffene Schiff enterten und dort alle niedermachten, die sich ihnen entgegenstellten.

Ein Piratenschiff mußte außerdem seetüchtig sein – es mußte Stürmen trotzen, tauglich für längere Seereisen sein und in einigen Fällen auch Ozeane überqueren. Besonders beeindruckend an den Piraten des frühen 18. Jahrhunderts sind die gewaltigen Strecken, die sie auf der

Suche nach Beute zurücklegten. Sie kreuzten vor der nordamerikanischen Küste von Neufundland bis zur Karibik, sie fuhren über den Atlantik nach Westafrika, sie umrundeten das Kap der Guten Hoffnung, sie segelten bis nach Madagaskar und enterten und plünderten sogar im Indischen Ozean Schiffe.

Die Bewaffnung spielte bei der Wahl eines Schiffes gegenüber Schnelligkeit und Seetüchtigkeit eine untergeordnete Rolle. Das Schiff konnte nachträglich mit Kanonen bestückt werden. Der Umbau eines Schiffes fand in einem versteckten Winkel außerhalb der Reichweite der Behörden statt; deshalb gibt es darüber keine offiziellen Berichte. Wer allerdings Johnsons *Allgemeine Geschichte der Piraten* aufmerksam liest, erfährt, daß sich auf von Piraten eroberten Schiffen zuerst stets der Schiffszimmermann und die Kanoniere an die Arbeit machten.

Der beste Bericht über die Veränderungen an den Schiffen findet sich in Johnsons Kapitel über Bartholomew Roberts. Als Roberts und seine Männer 1721 die *Onslow* kaperten, beschlossen sie, das Schiff für ihre eigenen Zwecke zu behalten. Die *Onslow* war ein schönes Schiff vom Typ einer Fregatte; Eigner und Reeder war die Königliche Afrikagesellschaft gewesen. Die Piraten gingen nun daran, »sie durch entsprechende Änderungen zum Piratenschiff umzubauen. Sie rissen die Schotten heraus und machten das Deck glatt, so daß die *Onslow* in jeder Hinsicht für ihre Zwecke geeignet war wie kein zweites Schiff; anschließend gaben sie ihr den Namen *Royal Fortune* und bestückten sie mit 40 Kanonen.«[2] Die Schotten oder Trennwände zum Verstauen der Ladung unter Deck wurden entfernt, um wie auf einem Kriegsschiff zusammenhängende Decks für die Geschütze zu schaffen. Die Formulierung »sie machten das Deck glatt« besagt, daß die Piraten auch das Vorderdeck entfernten und das Achterdeck absenkten. Auf einem Glattdecker hatte das Wetterdeck keine Unterbrechung oder Stufe, und die Piraten hatten eine freie Kampffläche und freies Schußfeld in alle Richtungen.

Nach diesen Vorbereitungen holten Roberts' Männer wahrscheinlich die Kanonen der ersten *Royal Fortune* und stellten sie neben denen auf, mit denen die *Onslow* bereits bestückt war. Zusätzliche Geschützpforten mußten in die Bordwand geschnitten werden, doch dürfte das für die Schiffszimmerleute kein Problem gewesen sein. Das Ergebnis war ein furchteinflößendes Kriegsschiff, das dem größten Ostindienfahrer Paroli bieten konnte und Kauffahrer durchschnittlicher Größe, wie sie auf dem Atlantik verkehrten, zu Kleinholz schießen konnte. Es war Roberts' Pech, daß er nur wenige Wochen nach Übernahme der

Onslow auf ein Kriegsschiff unter dem Kommando eines besonders tüchtigen Mannes traf.

Neben Schnelligkeit, Seetüchtigkeit und Bewaffnung spielte auch die Größe des Piratenschiffes eine Rolle. Ein großes Schiff war schneller und hielt einem Sturm besser stand als ein kleines Schiff bei ansonsten gleicher Ausstattung. Auf einem großen Schiff konnte man außerdem mehr Kanonen unterbringen. Umgekehrt hatte ein kleines Schiff für Piraten auch Vorteile. Man konnte es leichter auf Strand setzen und kielholen, um den Rumpf zu reinigen. Außerdem konnte sich ein Fahrzeug mit geringem Tiefgang zwischen Sandbänken oder in Buchten und Flußmündungen verstecken, die für ein Kriegsschiff zu flach waren.

Im Unterschied zur Royal Navy, zur Ostindiengesellschaft und zu Kaufleuten aus London oder Boston konnten die Piraten nicht Schiffe für sich bauen lassen. Sie mußten mit den Schiffen vorliebnehmen, die sie kapern konnten. Die meisten Piratenschiffe waren Prisen, gewaltsam aufgebrachte Schiffe. Da die Piraten Gesetzlose waren, konnten sie natürlich kein Prisengericht anrufen, um die gekaperten Schiffe schätzen zu lassen und anschließend zu verkaufen, wie Freibeuterkapitäne es taten. Deshalb verbrannten sie die Schiffe meist, nachdem sie sie geplündert hatten, oder gaben sie Wind und Wellen preis. Wenn ein Schiff dem Piratenkapitän jedoch gefiel, übernahm er es entweder für sich selbst oder als Begleitschiff.

In einigen Fällen wurden Piratenschiffe auch von Mitgliedern der Besatzung übernommen, die gegen den Kapitän meuterten und ihn und seine loyalen Männer überwältigten. Das denkwürdigste Beispiel dafür ist Henry Avery, vormals Erster Offizier auf dem Kauffahrer *Charles*. Als die *Charles* vor La Coruña ankerte und der Kapitän einen Rausch ausschlief, organisierte Avery eine Meuterei und übernahm das Schiff. Er taufte es *Fancy*, fuhr nach Madagaskar und begann dort einen Beutezug, der ihn zum berühmtesten Piraten seiner Zeit machte. Der ehemalige Kapitän des Schiffes wurde an der Küste Afrikas an Land gesetzt. Zwischen 1715 und 1737 gab es 48 Meutereien, und ein Drittel der Meuterer wurden Piraten.[3]

Die meisten Piraten blieben ihrem Schiff für die meist kurze Zeit ihrer Laufbahn treu; nur einige erfolgreiche Kapitäne wechselten häufiger das Schiff. Vane, der 1718 in der Karibik auf Kaperfahrt ging, begann mit der Sloop *Ranger* mit 6 Kanonen und 60 Mann Besatzung, wechselte dann aber auf eine Brigg mit 12 Kanonen und 90 Mann Besatzung. Bellamy begann seine Karriere als Pirat mit der Übernahme von Hornigolds 8-Kanonen-Sloop *Mary Anne* und kommandierte bis zu seinem Tod in einem Sturm vor Cape Cod das ehemalige Sklavenschiff *Whydah*, einen mächtigen Dreimaster von 300 Tonnen, der 28 Kanonen führte. Bartholomew Roberts wechselte das Schiff in drei Jahren sechs Mal. Sein erstes Kommando war das 30-Kanonen-Schiff *Rover*, das er nach einer Meuterei gegen Kapitän Howell Davis übernahm. Einige Wochen später, als Roberts in einer kleinen Sloop eine Expedition einen afrikanischen Fluß hinaufführte, verschwand die Hälfte der Mannschaft mit der *Rover*. Roberts fuhr mit der Sloop über den Atlantik und plünderte einen Hafen an der neufundländischen Küste. Er kaperte und übernahm ein Schiff aus Bristol, die er mit 16 Kanonen bestückte; mit ihr eroberte er ein französisches Kriegsschiff mit 26 Kanonen, das er in *Fortune* umtaufte. 1720 kaperte er dann ein französisches Kriegsschiff mit 42 Kanonen, aus der die *Royal Fortune* wurde. Mit diesem waffenstarrenden Dreimaster richtete er an der Handelsschiffahrt im westlichen Atlantik verheerende Schäden an. Das war freilich noch nicht das Ende: Als er 1721 vor der afrikanischen Küste kreuzte, kaperte er die *Onslow* der Königlichen Afrikagesellschaft, die er, wie bereits erwähnt, für sich umbaute und ebenfalls auf den Namen *Royal Fortune* taufte.

Das typische Piratenschiff, mit dem zwischen 1710 und 1730 über die Hälfte der Überfälle in der Karibik und entlang der nordamerikanischen Küste ausgeführt wurden, war die sogenannte »Sloop«. Das Wort bezeichnet heute einen einmastigen Schiffstyp mit Gaffelsegel und Vorsegel oder Stagfock, es wurde aber im 18. Jahrhundert für eine ganze Reihe von Schiffen mit verschiedener Takelung gebraucht. 1711 standen sieben Sloops im Dienst der Royal Navy. Die ursprünglichen Pläne der Admiralität für die HMS *Ferret* von 1711 sind erhalten und zeigen deutlich ihre eleganten Linien. Das Batteriedeck war 20 Meter lang, der Kiel gut 15 Meter. Die Breite innerhalb der Beplankung betrug 6,5 Meter, die Tiefe im Raum 2,7 Meter. Die Tragfähigkeit wurde mit 113 Tonnen bis 117 Tonnen angegeben. Das Schiff hatte 8 Ruderpforten, so daß es bei Flauten gerudert werden konnte, und 12 Kanonen.

Die vielen Überfälle der Bukaniere und französischen Freibeuter auf Kauffahrer in der Karibik in den Jahren um 1700 erhöhten die Nachfrage nach Schiffen, die schnell genug waren, um ihnen zu entkommen. Alsbald entwickelten Schiffsbauer auf Jamaika eine Sloop von beeindruckender Seetüchtigkeit und Schnelligkeit; sie hatte einen niedrigen Freibord und einen nach achtern geneigten Mast. Rumpf und Takelage ähnelten der ebenfalls für ihre Schnelligkeit berühmten

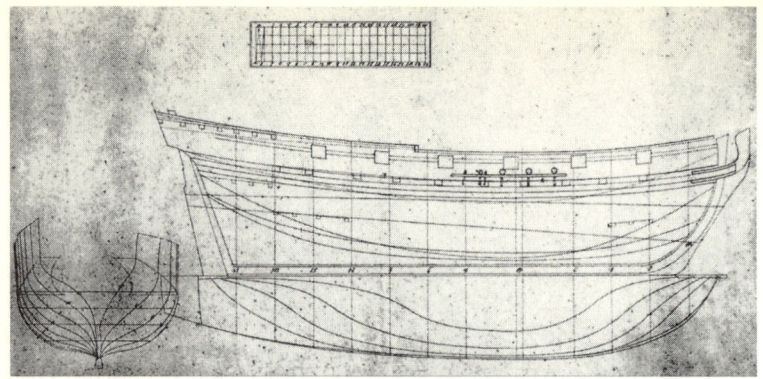

Konstruktionszeichnungen der 1711 in Deptford gebauten britischen Sloop HMS *Ferret*. Sie hatte eine Besatzung von 100 Mann und war mit 10 bis 12 Kanonen und 4 Drehbassen bestückt. Viele Piratensloops, die Anfang des 18. Jahrhunderts in Westindien und vor der amerikanischen Ostküste operierten, dürften sehr ähnlich ausgesehen haben.

Eine 12-Kanonen-Sloop der britischen Navy vor dem Bostoner Leuchtturm. Detail aus einem Stich von William Burgis von 1729. Das Bild zeigt die Takelage der Anfang des 18. Jahrhunderts in amerikanischen Gewässern gebräuchlichen Sloops.

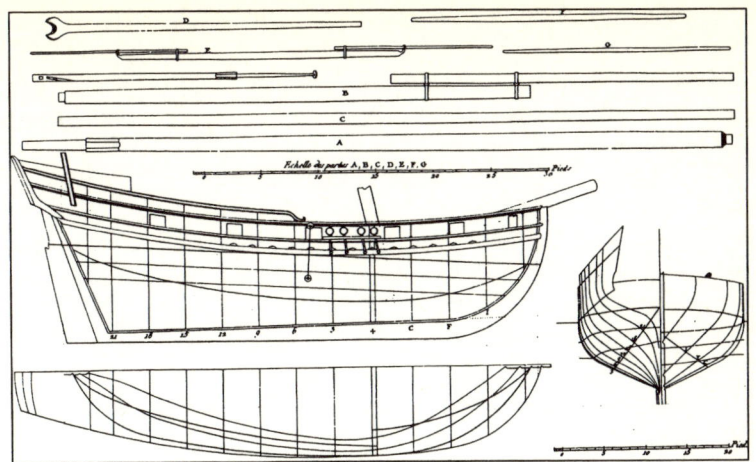

Konstruktionszeichnungen einer Bermuda-Sloop aus der *Architectura Navalis Mercatoria*, der 1768 erschienenen Abhandlung über Schiffe und Schiffbau des großen Schiffbauers F. H. Chapman. Das hier abgebildete Schiff war 20 Meter lang und 6,5 Meter breit und mit zehn 4-Pfünder-Kanonen und zwölf Drehbassen bestückt. Auf den Bermudas und auf Jamaika gebaute Sloops waren für ihre Schnelligkeit bekannt und bei Kaufleuten, Freibeutern und Piraten sehr begehrt.

Bermuda-Sloop, die bei Kaufleuten und Freibeutern gleichermaßen begehrt war und in großen Stückzahlen gebaut wurde. Unter den 1715 vom Gouverneur von Jamaika mit einem Kaperbrief ausgestatteten Schiffen waren vier Sloops, eine Galeere und eine Schnau.

Aufgrund der Quellenlage ist nicht zu klären, welchen Typ der Sloop die Piraten am häufigsten verwendeten, zumal die Art der Takelage selten detailliert beschrieben wird. Da wir jedoch wissen, daß die Piraten schnelle und gut bewaffnete Fahrzeuge brauchten, darf man annehmen, daß viele ihrer Sloops den auf Jamaika und den Bermudas gebauten ähnelten. Wenn sie diese Handelsschiffe dann mit zusätzlichen Kanonen bestückten, dürften sie von den Sloops der Royal Navy wie der oben erwähnten *Ferret* nicht mehr zu unterscheiden gewesen sein.

Zahlreiche Piraten, darunter viele bekannte Piratenkapitäne, verwendeten rahgetakelte Vollschiffe mit drei oder mehr Masten, wie sie die Ost- und Westindienkompanien und die Royal Navy einsetzten. Diese gewaltigen Schiffe hatten 200 und mehr Tonnen und waren mit 30 bis 40 Kanonen bestückt. Die Durchschnittsgröße eines Londoner Kauffahrers lag zu Beginn des 18. Jahrhunderts bei 150 bis 200 Tonnen; Schiffe aus englischen Provinzhäfen kamen auf 100, Küstenschiffe, die in Häfen wie Boston, Charleston oder Port Royal auf Jamaika verkehrten, auf 20 bis 50 Tonnen.[4] Die Piratenschiffe waren also ihren Opfern häufig überlegen. Der entscheidende Unterschied zwischen ihnen und den Kauffahrern bestand allerdings in der Zahl der Geschütze und der Größe der Mannschaft.

Selbst große Kauffahrer wurden von überraschend kleinen Mannschaften gesegelt. Arthur Middleton gibt in seinem Buch *Tobacco Coast* eine genaue Auflistung der Schiffe der Tabakflotte, die am 9. Juni 1700 von Virginia nach England auslief. Der Konvoi bestand aus 57 Schiffen, die Besatzung des größten war 18 Mann stark, die des kleinsten 10. Das am stärksten bewaffnete Schiff hatte 10 Kanonen, die anderen Schiffe hatten durchschnittlich sechs.[5]

Ganz anders waren die Verhältnisse auf Piratenschiffen. Sie hatten selten weniger als 30 Mann Besatzung; viele hatten 150 bis 200. Das verschaffte den Piraten eine gewaltige Überlegenheit, wenn sie ihr Opfer enterten. Der Anblick von über 100 bis an die Zähne bewaffneten Piraten bewog die Kapitäne meist zur kampflosen Übergabe. Die große Besatzung war allerdings nicht nur für die zahlenmäßige Überlegenheit im Kampf Mann gegen Mann notwendig. Man brauchte die Männer auch zur Bedienung der Geschütze wie auf einem Kriegsschiff.

Ein Kriegsschiff 5. Ranges mit 32 Kanonen hatte eine Besatzung von insgesamt 220 Mann, auf einem Schiff 4. Ranges mit 44 Kanonen dienten 250 bis 280 Mann. Dies erklärt auch die erforderliche Stärke der Besatzungen von Piratenschiffen. Es war für einen Piratenkapitän sinnlos, ein Schiff mit 20 Kanonen zu kapern und 10 weitere an Bord zu schaffen, wenn er nicht genügend Männer hatte, sie zu bedienen. Alle außer den kleinen, auf Lafetten montierten Kanonen mußten von vier bis sechs Mann bedient werden. Die Kanoniere mußten das Rohr naß wischen, die Pulverladung und das Geschoß in den Lauf rammen, das Geschütz richten, abfeuern und nach dem Rückstoß wieder ausrennen. Weitere Männer wurden für die kleineren Drehbassen und zur Bedienung des Schiffes benötigt.

Am 5. Dezember 1717 wurde die Sloop *Margaret* vor Crab Island von Blackbeard gekapert. Ihr Kapitän Henry Bostock wurde acht Stunden an Bord des Piratenschiffes festgehalten und konnte bei seiner Vernehmung zwei Wochen später über einige aufschlußreiche Details berichten. So gab er zu Protokoll,»das Schiff sei seinem Eindruck nach von Niederländern gebaut worden und ein Kriegsschiff aus Französisch-

Guinea, wie er an Bord hörte; es sei damals mit 36 Kanonen bestückt und sehr voll gewesen, mit dreihundert Mann Besatzung, wie er schätzt; sie hätten ihm gesagt, daß sie das Schiff vor sechs oder sieben Wochen übernommen hätten; Mangel an Proviant schienen sie nicht zu haben.«[6]

Blackbeard und Hornigold hatten die *Margaret* in der Karibik am 24. Breitengrad gekapert; sie war zu der französischen Insel Martinique unterwegs gewesen. Blackbeard übernahm sie als sein eigenes Schiff und taufte sie *Queen Mary's Revenge*. Er muß seine Mannschaft bemerkenswert gut ausgebildet haben, denn kurz nach der Übernahme des Schiffes traf er auf die HMS *Scarborough*, ein Schiff 5. Ranges mit 32 Kanonen, »das ihn einige Stunden lang jagte und angriff, dann jedoch, als es feststellte, daß das Piratenschiff gut bemannt und stark bewaffnet war, den Kampf aufgab und nach Barbados zurückkehrte, wo es stationiert war«.[7]

Im folgenden Jahr machte Blackbeard einen denkwürdigen Überfall auf Charleston in South Carolina. Auf der *Queen Anne's Revenge* und in Begleitung dreier Sloops fuhr er bis zur Sandbank vor dem Hafen. Fünf Tage lang blockierte er den Hafen, plünderte jedes Schiff, das an ihm vorbei wollte, und erpreßte die Stadt mit Lösegeldforderungen. Gouverneur Johnson berichtete darüber nach London:

Die Piraten tauchten vor der Stadt auf, kaperten unser Lotsenboot und danach acht oder neun Schiffe mit angesehenen Bürgern der Stadt an Bord und ließen mir dann ausrichten, wenn ich ihnen nicht sofort eine Kiste mit Medikamenten schickte, würden sämtliche Gefangene getötet. Nachdem um der Gefangenen willen die Forderung erfüllt worden war, wurden diese all ihrer Habseligkeiten beraubt und fast nackt an Land geschickt. Die Bande wird von einem gewissen Teach alias Blackbeard befehligt, der ein Schiff von ungefähr 40 Kanonen befehligt und 3 Sloops als Begleitschiffe hat, insgesamt also über 400 Mann verfügt.[8]

Eins dieser Begleitschiffe war die *Adventure* mit zehn Kanonen. An Bord dieser vergleichsweise kleinen Sloop kämpfte Blackbeard seinen letzten Kampf, als er im November 1718 von Leutnant Maynard in der Meerenge von Ocracoke gestellt wurde.

An Größe und Bewaffnung mit Blackbeards *Queen Anne's Revenge* vergleichbar waren nur noch die Schiffe der Piraten Bartholomew Roberts, William Moody und Henry Avery. Etwas kleiner, aber immer noch furchteinflößend und schwer bewaffnet waren die Schiffe von William Kidd, Edward England, Edward Low und Sam Bellamy.

Kidds Schiff war die *Adventure Galley* mit 287 Tonnen. Sie war 1695 in Deptford gebaut worden, hatte eine Besatzung von 152 Mann und war mit 34 Kanonen bestückt.[9] Wie eine ganze Reihe Schiffe aus dieser Zeit hatte sie Pforten für lange Ruder, die bei Flaute eingesetzt werden konnten, was erklärt, warum man sie auch als Galeere bezeichnete, obwohl sie sonst in jeder Hinsicht ein ganz normaler Dreimaster war. Vom Aussehen muß sie der englischen *Charles Galley* sehr ähnlich gewesen sein, die Willem van de Velde gemalt und gezeichnet hat. Die *Charles Galley* wurde 1676 gebaut, um im Mittelmeer gegen die Barbaresken eingesetzt zu werden. Sie hatte 32 Kanonen, eine Kiellänge von knapp 35 Metern, eine Breite von 8,5 Metern und eine Tiefe von etwas über 2,5 Metern. Beim Stapellauf wurde sie als Schiff 4. Ranges eingestuft.

Das vielleicht interessanteste Piratenschiff ist Sam Bellamys *Whydah*. Ihr Wrack wurde 1984 vor Cape Cod entdeckt und ist gegenwärtig das einzige sicher identifizierte Piratenschiff. Die archäologische Untersuchung der Fundstelle hatte faszinierendes Material zutage gefördert, das in Ergänzung mit schriftlichen Quellen ein lebendiges Bild des Schiffes und seiner Besatzung zeichnet. Die *Whydah*, ein rund 30 Meter langer Dreimaster von 300 Tonnen, benannt nach dem gleichnami-

Die englische *Charles Galley* auf einem Gemälde von Willem van de Velde dem Jüngeren von 1677. Die *Charles Galley* mit 32 Kanonen wurde 1676 gebaut und 1693 in Deptford umgebaut. Captain Kidds Schiff, die *Adventure Galley* mit ebenfalls 32 Kanonen, wurde 1695 in Deptford gebaut und sah der *Charles Galley* sehr ähnlich. Beide Schiffe hatten Ruderpforten und konnten bei Flaute gerudert werden.

gen Handelsposten an der westafrikanischen Goldküste, wurde in England gebaut, 1716 in Dienst gestellt und im Sklavenhandel eingesetzt. Als Bellamy sie kaperte, war sie mit 10 Kanonen bewaffnet, doch die Piraten verwandelten sie in ein Schiff mit 28 Kanonen, 18 davon auf Lafetten, und 10 Drehbassen. Bis heute hat man 27 Kanonen aus dem Wrack geborgen, 5 Sechspfünder, 15 Vierpfünder und 7 Dreipfünder. Außerdem fanden die Archäologen große Mengen von Munition, darunter Kanonenkugeln, Stangenkugeln und 16 eiserne Granaten.[10]

Der bei Romanschriftstellern so beliebte Piratenschoner ist eine vergleichsweise späte Erscheinung. Zwar verwendeten die Niederländer bereits im 17. Jahrhundert zweimastige Schiffe mit Gaffelsegeln, doch taucht das Wort »Schoner« erst 1717 in zwei Ausgaben des *Boston News Letter* auf, und erst einige Jahre später wird zum ersten Mal über einen Schoner im Zusammenhang mit Piraten berichtet. Im August 1723 schreibt die *Boston Gazette*, Kapitän John Philmore sei mit seinem Schoner von einem Piratenschoner unter dem Kommando von John Phillips vor der neufundländischen Küste gekapert worden. Im Oktober desselben Jahres wurde die Sloop *Content* unter Kapitän George Brown vor Barbados von einem Piratenschoner mit vier Kanonen und 25 Mann Besatzung aufgebracht. Solche Berichte sind freilich die Ausnahmen. Der Schoner kam erst in der zweiten Hälfte des 18. Jahrhunderts an der Ostküste Nordamerikas in Gebrauch. Um 1800 wurde er im Lotsendienst, von der Marine, von Kaufleuten und von Fischern eingesetzt, doch war damals die große Zeit der Piraten in der Karibik und an der nordamerikanischen Küste schon vorbei.

Gelegentlich wird allerdings auch noch im 19. Jahrhundert über Angriffe der Piraten in der Karibik berichtet, und vielleicht haben sie die Phantasie der Schriftsteller angeregt. Über zwei dieser Angriffe wurde umfassend in Zeitschriften berichtet, und später erschienen sogar Bücher über die Ereignisse. Der erste Übeltäter war Aaron Smith. Er wurde im Dezember 1822 im Londoner Old Bailey der Piraterie angeklagt. Smith wurde vorgeworfen, vor der kubanischen Küste zwei Handelsschiffe gekapert zu haben, doch konnte er zu seiner Verteidigung vorbringen, er sei im Jahr zuvor von Piraten gefangen und zur Piraterie gezwungen worden. Nach seiner Entlassung aus der Haft schrieb er über seine Abenteuer einen aufsehenerregenden Bericht unter dem Titel *Die Greuel der Piraten: eine wahrheitsgemäße Schilderung der beispiellosen Leiden, welche der Verfasser während seiner Gefangenschaft bei den Piraten von der Insel Kuba erdulden mußte; einschließlich eines Berichtes über die Exzesse und Schurkereien der unmenschlichen Freibeuter.* 1824 veröffentlicht, enthält der Bericht die Schilderung gräßlicher Foltern durch die Piraten. Das Schiff seiner Peiniger beschreibt Smith als Schoner. Nicht weniger Aufsehen erregte das Schicksal Lucretia Parkers, die an Bord einer von St. Johns nach Antigua fahrenden englischen Sloop einen blutrünstigen Piratenüberfall miterlebte. Ihre Geschichte erschien 1826 in New York unter dem Titel *Barbarei der Piraten oder die gefangene Frau*. Auch in diesem Fall war das Schiff der Piraten ein Schoner. Vielleicht hat einer dieser Berichte Kapitän Marryat zu seinem 1836 veröffentlichten Roman *Der Pirat* angeregt. Marryat, der sich nach einer abenteuerlichen und glänzenden Laufbahn in der Royal Navy der Schriftstellerei zuwandte, schrieb ingesamt über 15 Seefahrerromane. Von *Sigismund Rüstig* und *Midshipman Easy* abgesehen sind die meisten heute vergessen, doch hatte er im viktorianischen England viele Bewunderer. Sein Piratenroman enthält eine wunderbar detaillierte und plastische Beschreibung des Piratenschoners *Avenger*, wie dieser in dem ruhigen Gewässer einer kleinen Bucht an der westafrikanischen Küste vor Anker liegt.

Dort lag er in bewegungsloser Schönheit. Der untere Teil seiner Seite war schwarz gestrichen, nur von einem schmalen roten Streifen durchzogen, die hochaufstrebenden Masten waren zierlich glatt gehobelt, Stengen, Kreuzhölzer, Kappen und sogar Blöcke waren schneeweiß bemalt. Vorn und hinten waren Planen aufgespannt, um die Schiffsmannschaft vor den sengenden Strahlen der Sonne zu schützen; die Taue strafften, und überall zeigte sich deutlich, daß das Schiff mit kundiger Hand und strenger Disziplin geleitet wurde. Durch das klare, spiegelglatte Wasser funkelte der Kupferbeschlag, und sah man über die Heckreling in die stille, blaue See hinab, so konnte man deutlich den sandigen Boden und den nun unter dem Heck liegenden Anker erkennen.

Marryats Schoner *Avenger* ist ursprünglich ein Sklavenschiff und wird dann von Kapitän Cain und einer blutrünstigen Meute von Piraten übernommen. Er ist mittschiffs mit einem langen Zweiunddreißigpfünder bewaffnet und an den Seiten der Decks mit je acht Geschützen eines kleineren Kalibers. Die Taue bestehen aus Manilahanf, die Decks aus schmalen Tannenplanken, das Schanzkleid ist grellgrün gestrichen. Am Großmast stehen griffbereit Musketen und Enterhaken. Die *Avenger* scheint Vorbild für eine ganze Reihe fiktionaler Piratenschiffe gewesen zu sein, die alle schwarz angemalte Rümpfe und schnittige Linien haben.

Auch das berühmteste aller literarischen Piratenschiffe, die *Hispaniola* aus Robert Louis Stevensons 1883 erschienener Erzählung *Die*

Schatzinsel, ist ein Schoner. Sie wird in Bristol von Squire Trelawny gekauft, läuft nach Westindien aus und übersteht die schweren Stürme
auf der Fahrt über den Atlantik. Vor der Schatzinsel geht sie vor Anker
und wird wenig später von den Piraten unter Long John Silver geentert. Jim Hawkins entwischt Silver und schickt sich an, die Insel zu er-
kunden. Nach einer Begegnung mit dem ausgesetzten Seemann Ben
Gunn kehrt er zum Strand zurück.»Als wir hinausfuhren, lag der Ankerplatz unbewegt und bleiern in Lee der Skelettinsel. Die *Hispaniola*
wurde in diesem ungebrochenen Spiegel bis ins kleinste Detail abgebildet, vom Topp bis zur Wasserlinie, die Piratenflagge hing schlaff am
Mast.«
   Nicht alle von Schriftstellern geschaffenen Piratenschiffe waren freilich Schoner. Kapitän Clevelands Schiff in Walter Scotts Roman *Der
Pirat* von 1832 ist ein Vollschiff; Scott legte seiner Geschichte das wahre
Leben von Kapitän Gow zugrunde und verwendete Details aus Zei-
tungsberichten und Prozeßakten. Kapitän Hooks Schiff in J. M. Barries
Peter Pan ist eine zweimastige Brigg, von der Größe her einem Schoner
ähnlich, doch mit Rahsegeln statt Gaffelsegeln.
   Während Schriftsteller meist relativ kleine Schiffe vom Typ Schoner
oder Brigg bevorzugten, verwendeten die Regisseure aufwendiger Piratenfilme gewöhnlich große Dreimaster oder spanische Galeonen.
Das hatte praktische Gründe: Ein großes Schiff sah auf einer großen
Leinwand eindrucksvoller aus, der Held brauchte für seinen Zweikampf
mit dem Bösewicht Platz, akrobatische Klettereien in der Takelage sind
bei großen Schiffen aufregender und leichter zu inszenieren, und auf
großen Decks konnte man Massenszenen mit mehreren hundert Matrosen und Piraten drehen. Daß nur wenige Piratenschiffe eine annähernd vergleichbare Größe besaßen, ist ein weiteres Beispiel dafür,
wie der Piratenmythos die Wirklichkeit überlagerte.
   Für Hollywood bot der Piratenstoff die Gelegenheit, zu zeigen, wie
Seeräuberhelden in exotischer Umgebung schöne Frauen aus den
Krallen teuflischer Schurken erretten. Piratenfilme boten wie Western
die Möglichkeit zu spannender Handlung, nur daß mit Degen statt mit
Gewehren gekämpft wurde und akrobatische Klettereien in der Takelage die Verfolgungsjagd zu Pferd ablösten. Das Filmen großer Schiffe
auf See war schwierig, und noch schwieriger waren ganze Seeschlach-
ten, doch konnte man mit Modellen und Nachbauten von ein, zwei
Schiffen in natürlicher Größe im Studio nahezu perfekte Illusionen
schaffen. Vorbilder der Filmhelden waren vor allem die Freibeuter und
Bukaniere der Karibik, weniger die Barbaresken des Mittelmeers.
Nützliches Material lieferten die Biographien Francis Drakes und

Henry Morgans oder Johnsons *Allgemeine Geschichte der Piraten*, doch war Wirklichkeitsnähe kein Anliegen der Regisseure. Die Piratenfilme der zwanziger, dreißiger und frühen vierziger Jahre waren ausnahmslos realitätsferne Abenteuerfilme und wollten keineswegs besonders ernst genommen werden.[11]

Der erste erfolgreiche Piratenfilm war *Der schwarze Pirat*, ein 1926 von United Artists gedrehter Stummfilm mit Douglas Fairbanks sen. in der Hauptrolle. Fairbanks spielt den Herzog von Arnoldo, der als der schwarze Pirat auftritt, um sich an den Piraten zu rächen, die seinen Vater umgebracht haben. Im Zweikampf an einem einsamen Strand tötet er den Piratenkapitän und übernimmt das Kommando über dessen Männer und Schiff. In einem spektakulären ersten Einsatz kapert er ganz allein eine riesige Galeone. Er zerstört ihr Steuerruder, klettert das Heck hinauf, das so hoch ist wie ein dreistöckiges Haus, schwingt sich an einem Tau zum Mastkorb hinauf und vollbringt dann jenes zur Legende gewordene Bravourstück, das in mindestens zwei weiteren Filmen kopiert wurde: Er sticht mit seinem Messer ins Segel, gleitet über die Leinwand nach unten und zerteilt das Segel dabei in zwei Hälften. Auf der Rahnock des Großsegels hält er kurz an, dann wiederholt er das Kunststück und gleitet zum Deck hinunter. Dort richtet er zwei Drehbassen auf die Besatzung und zwingt sie zur Übergabe, während die jubelnden Piraten mit ihrem Schiff längsseits gehen. An Bord des Spaniers wird eine schöne Prinzessin als Geisel festgehalten. Fairbanks, der schwarze Pirat, verliebt sich in sie und will ihr zur Flucht verhelfen, doch werden seine Pläne von dem schurkischen Leutnant der Piraten aufgedeckt, und er wird über die Planke ins Meer getrieben. Er kann an Land schwimmen, kehrt mit einigen Getreuen zurück und bringt das Schiff wieder in seine Gewalt. Es folgen weitere Kämpfe, bis die Piraten besiegt und die Prinzessin gerettet ist. Die Kritik war von der Handlung nicht beeindruckt, um so mehr dafür aber von den prächtigen Bildern und der Dramaturgie, und sie lobte den Film als »treffliche Unterhaltung für Menschen jeden Alters«.[12]

Der schwarze Pirat eröffnete einen ganzen Reigen von Piratenfilmen. Die besten basieren auf den historischen Romanen des damals sehr populären Italieners Rafael Sabatini, vor allem seinen drei Seefahrerromanen *Der Seefalke* (1915), *Peter Bluts Odyssee* (1922) und *Der schwarze Schwan* (1932). Nachdem bereits 1925 ein Stummfilm nach dem zweiten dieser Romane mit dem Titel *Unter Piratenflagge* gedreht worden war, griff Warner Brothers den Stoff 1935 erneut auf. Die Rolle des Kapitäns Peter Blood wurde mit dem noch unbekannten Errol Flynn besetzt, die Rolle der Lady Arabella Bishop mit der gleichfalls unbe-

Errol Flynn in dem 1940 gedrehten Film *Der Herr der sieben Meere*. Flynn spielte den Kapitän Thorpe, einen kühnen Freibeuter, dessen Abenteuer im Dienste Königin Elisabeths I. an die Fahrten Drakes und Hawkins' angelehnt sind. Regie führte Michael Curtiz, der auch andere Abenteuerfilme mit Errol Flynn drehte, darunter *Unter Piratenflagge* und *Robin Hood, König der Vagabunden.*

Douglas Fairbanks sen. in der Titelrolle des *Schwarzen Piraten*, einem 1926 von United Artists produzierten Stummfilm. Fairbanks schwingt sich in dem actionreichen Abenteuerfilm durch die Takelage, kapert im Alleingang eine riesige spanische Galeone, besteht verschiedene Zweikämpfe und muß über die Planke ins Meer.

161

kannten Olivia de Havilland. Flynn war damals sechsundzwanzig und Olivia de Havilland neunzehn.

Die Produktion von *Unter Piratenflagge* kostete Warner eine Million Dollar. Der größte Teil der Dreharbeiten fand im Studio statt, wo man eine Zuckerplantage, die Straßen von Port Royal und das Deck eines Dreimasters nachbaute. Die Seeschlachten wurden mit 5,5 Meter langen Schiffsmodellen in einem Wasserbecken im Studio gefilmt. Die Außenaufnahmen, vor allem der Zweikampf zwischen Flynn und Rathbone am Strand, wurden am Laguna Beach gedreht. Der Film wurde ein Triumph und brachte einen Gewinn von fast 1,5 Millionen Dollar ein.

1924 produzierte First National Pictures einen Stummfilm nach Sabatinis Roman *Der Seefalke* mit Milton Sills in der Titelrolle. Es war eine der wenigen Hollywood-Produktionen über die Barbaresken. Der Held von Sabatinis Geschichte ist ein englischer Adliger, der fälschlich des Mordes angeklagt und in die Sklaverei verkauft wird. Er wird Galeerensklave auf einem spanischen Schiff, bis Korsaren ihn retten und er sich ihnen anschließt. Schon bald ist er der Anführer der Korsaren und wird als »Seefalke« berühmt für seine Kühnheit. Die Figur ist ganz offensichtlich von den Biographien der elisabethanischen Adligen Sir Francis Verney und Sir Henry Mainwaring inspiriert, die beide Piraten geworden waren.

Nachdem Warner Brothers die First National Pictures übernommen hatte, wurde der Stoff unter dem Titel *Der Herr der sieben Meere* erneut verfilmt. Seton Miller wurde beauftragt, ein neues Drehbuch zu schreiben, denn Sabatinis Geschichte sollte von Grund auf umgeschrieben werden. Der neue Held ist Kapitän Thorpe, Kommandant eines Kaperschiffes der Königin Elisabeth I. Er kämpft in der Karibik gegen die verhaßten Spanier. Da in Europa inzwischen der Zweite Weltkrieg ausgebrochen war, wurde das Epos zu einem Propagandafilm mit Spanien in der Rolle Deutschlands und einigen leidenschaftlichen patriotischen Reden Thorpes.

Die Hauptrolle spielte wieder Errol Flynn. Die weibliche Hauptrolle war diesmal mit Brenda Marshall besetzt, für die Rolle der Königin Elisabeth wurde Flora Robson aus England eingeflogen. Die Seeschlachtszenen wurde in einem neugebauten, dreieinhalb Meter tiefen Becken in einem Warner-Studio gedreht, in das zwei Galeonen in natürlicher Größe gesetzt wurden. Hydraulische Hebevorrichtungen brachten die Schiffe zum Schwanken, als Hintergrund diente ein Rundgemälde mit Meer und Wasser.

Der Herr der sieben Meere kam 1940 in die Kinos. Er wurde ein großer

Erfolg und spielte trotz der enormen Kosten (angeblich 1,75 Millionen Dollar) fast eine Million Dollar Gewinn ein.[13] Die Kritiker reagierten sehr unterschiedlich auf den Film. Einige hielten ihn für den größten Kostümfilm aller Zeiten, andere meinten, er sei allzu theatralisch. Über jeden Zweifel erhaben ist freilich die Leistung der Schauspieler. Flora Robson spielt eine wunderbar majestätische Elisabeth, Claude Rains als spanischer Botschafter einen überzeugenden Bösewicht, doch wurden sie alle noch von Errol Flynn in Hochform übertroffen. Blitzenden Auges schreitet er über das Deck seines Schiffes, und sein Zweikampf mit dem verräterischen Lord Wolfingham in den von Kerzen erleuchteten Sälen des Palastes gehört zu den großen Szenen in der Geschichte des Films.

Nur sehr wenige Piratenfilme waren den Filmen mit Douglas Fairbanks sen. und Errol Flynn ebenbürtig. Erwähnung verdienen noch *Der Seeräuber* von 1942 mit Tyrone Power und Maureen O'Hara nach Sabatinis Roman *Der schwarze Schwan* über die Bukaniere um Henry Morgan, außerdem der 1938 gedrehte *Freibeuter von Louisiana* des Produzenten Cecil B. DeMille mit Fredric March in der Hauptrolle und schließlich der beste Piratenfilm der fünfziger Jahre, *Der rote Korsar*, mit Burt Lancaster in einer klassischen Heldenrolle und Eva Bartok als der beherzten Frau an seiner Seite. Das Leben des Captain Kidd dagegen, das für einen großen Film prädestiniert scheint, diente als Vorlage für einige der schlechtesten Piratenfilme. Charles Laughton spielt in *Unter schwarzer Flagge* von 1945 eine Cockney sprechende Karikatur des Kapitäns und ist auch Hauptdarsteller in dem noch schlechteren *Abbott und Costello als Piraten wider Willen* von 1954.

Über 70 Filme sind über Piraten, Bukaniere und Korsaren gedreht worden. Einige Regisseure und Produzenten bauten in aufwendiger Manier ganze Piratenschiffe nach, inszenierten Seeschlachten mit viel Kanonendonner und drehten an Originalschauplätzen in der Karibik und anderswo, doch ist insgesamt erstaunlich, wie unbekümmert die meisten Filme mit der historischen Wahrheit umgehen. Die meisten basieren auf Romanen oder plündern die Biographien leibhaftiger Piraten ohne Rücksicht auf die Fakten und mit geradezu dichterischer Freiheit. Robert Louis Stevenson, Walter Scott, Lord Byron, Daniel Defoe und Rafael Sabatini haben Generationen von Lesern mit den Abenteuern der von ihnen erfundenen Piraten unterhalten, und warum sollten die Filmemacher nicht dasselbe tun? Doch das Leben einiger wirklicher Piraten und der Männer, die sie zur Strecke brachten, war ebenso fesselnd und dramatisch wie diese Romane und Filme.

Captain Kidd und der vergrabene Schatz

Die Chesapeake Bay an der Ostküste Nordamerikas ist eine riesige, zerklüftete Meeresbucht, in die zahlreiche Flüsse münden. Im November 1720 fuhr die *Prince Eugene* in die Bucht ein und steuerte auf die Mündung des York River zu. Doch statt noch einige Meilen stromaufwärts bis Yorktown weiterzufahren, ankerte sie in der Mündung des Flusses. In der folgenden Nacht wurde das Beiboot zu Wasser gelassen. Sechs mit Silbermünzen gefüllte Säcke wurden im hinteren Teil des Bootes verstaut, sechs schwere Kisten mittschiffs. Dann wurde das Boot im Dunkeln zum Strand gerudert. Die Kisten wurden ausgeladen, den Strand hinaufgetragen und im Sand vergraben. Anschließend kehrte das Boot zu dem ankernden Schiff zurück, und Kapitän Stratton gab Befehl zur Weiterfahrt. Der Anker wurde gelichtet, die Segel gesetzt, und langsam glitt die *Prince Eugene* den Fluß hinauf, das Beiboot im Schlepptau.

Zur Besatzung des Schiffes gehörte Morgan Miles, ein 20jähriger Waliser aus Swansea. Als das Schiff Yorktown erreichte, ging er heimlich von Bord und informierte die Behörden, daß sein Kapitän in Madagaskar mit einem Piraten Geschäfte gemacht habe.[1] Die *Prince Eugene* sei zum Piratenhafen auf Sainte Marie im Norden der Insel gefahren, und dort habe man Kapitän Condell getroffen, den Kommandanten des Piratenschiffes *Dragon*. Eine Bootsladung Schnaps sei zu den Piraten hinübergeschickt worden, gefolgt von großen Mengen Lebensmitteln aus der Ladung des Kauffahrers. Stratton habe unter einem Baum auf das Wohl des Piratenkapitäns getrunken, und eine große Menge spanischer Silberdollars sei an Bord der *Prince Eugene* gebracht worden. Der Schiffszimmermann habe Anweisung erhalten, für das Geld Kisten anzufertigen.

Kapitän Stratton wurde in Yorktown verhaftet, verhört und ins Gefängnis geworfen. Einige Wochen später wurde er an Bord des britischen Kriegsschiffes HMS *Rye* nach England gebracht. Ein anderes Besatzungsmitglied, Joseph Spollet aus Devon, teilte den Behörden mit, der Wert des spanischen Silbers, mit dem die Piraten Stratton bezahlt hatten, belaufe sich auf 9000 Pfund (heute über eine halbe Million Pfund).[2] Was mit den vergrabenen Kisten geschah, ist nicht überliefert. Wahrscheinlich wurden sie von den Behörden der Stadt geborgen und beschlagnahmt.

Vergrabene Schätze sind ein beliebtes Thema von Piratenromanen, doch sind nur wenig Fälle dokumentiert, in denen Piraten ihre Beute vergraben haben. Die meisten verpraßten sie lieber im nächstbesten Hafen bei wüsten Gelagen. Der oben geschilderte Fall ist selten, und Stratton hatte den Schatz zwar von Piraten bekommen, doch er war eher ein zweifelhafter Geschäftsmann als ein Pirat. Ein anderer, gut dokumentierter Fall ereignete sich 150 Jahre früher. Als Francis Drake und seine Männer nach ihrem Überfall auf den Maultierzug bei Nombre de Dios zur Küste zurückkehrten, stellten sie fest, daß ihre Schiffe an der Küste hatten entlangfahren müssen, um einer spanischen Flottille zu entkommen. Drake befahl seinen Männern daraufhin, die gewaltige Beute aus Gold und Silber zu vergraben. Einige blieben zurück, um den vergrabenen Schatz zu bewachen, Drake und die anderen fuhren auf einem behelfsmäßigen Floß den Schiffen hinterher. Sechs Stunden später wurden sie vom Ausguck gesichtet und an Bord genommen. Nachts kehrten sie zu der Stelle zurück, an der sie die Beute vergraben hatten, gruben sie wieder aus und traten die Rückkehr nach England an. Der Überfall bei Nombre de Dios machte Drake berühmt und reich, die Episode mit dem vergrabenen Schatz fand dagegen nur wenig Beachtung.

Die Erzählungen von vergrabenen Schätzen gehen in erster Linie auf Captain Kidd zurück. Es ging das Gerücht, er habe vor seiner Verhaftung das auf der *Quedah Merchant* erbeutete Gold und Silber auf Gardiners Island bei New York vergraben. Wegen des Aufsehens, das seine Beutezüge im Indischen Ozean, sein Prozeß und seine Hinrichtung erregten, wurde er einer der berühmtesten Piraten der Geschichte, und dem Gerücht über den vergrabenen Schatz wurde eine unverdiente Aufmerksamkeit zuteil. Eine Ironie der Geschichte ist es, daß Kidd keineswegs hatte Pirat werden wollen und daß er bis zuletzt seine Unschuld beteuerte und alle ihm zur Last gelegten Missetaten leugnete. Zu seinem Unglück war er zu einer Schachfigur in einem Spiel geworden, das zwischen London, New York und Indien gespielt wurde.[3]

Kidd war ein Opfer der Umstände, aber auch ein Opfer seiner eigenen Charakterschwächen. Er scheint ähnlich veranlagt gewesen zu sein

Mutmaßliches Porträt Captain Kidds von einem unbekannten Künstler.

wie Kapitän Bligh von der *Bounty*. Er war ein tüchtiger Seemann, hatte aber ein gewalttätiges Naturell, und seine Männer mochten ihn nicht. Im Unterschied zu dem kleingewachsenen Bligh war Kidd groß und stark und schüchterte seine Männer ein. Er war ständig in Raufhändel verwickelt. Ein Handelsvertreter, der ihn in der indischen Hafenstadt Carwar kennenlernte, beschrieb ihn als »kraftstrotzenden Mann, der mit seinen Männern bei jeder Gelegenheit Streit anfängt, ständig nach seinen Pistolen schreit und jedem, der ihm zu widersprechen wagt, damit droht, ihm den Schädel einzuschlagen«.[4] Durch sein selbstherrliches Auftreten und die Gewohnheit, mit seinen Beziehungen zu prahlen, verärgerte er Hafenarbeiter und Kapitäne. Als er Pirat im Indischen Ozean wurde, täuschte er sich selbst über seine Motive und sein Tun, und zweifellos war die bissige Bemerkung zutreffend, die ein britischer Parlamentarier während des Prozesses machte: »Ich hielt ihn nur für einen Schurken. Jetzt weiß ich, daß er auch noch ein Dummkopf ist.«[5]

William Kidd wurde 1645 in der schottischen Hafenstadt Greenock am Firth of Clyde geboren. Sein Vater war presbyterianischer Geistlicher. Über seine Kindheit ist nichts bekannt, außer daß er zur See

166

fuhr und 1689 Kapitän eines Kaperschiffes in der Karibik war. Als Kommandant der *Blessed William* fuhr er in einem Geschwader unter Kapitän Hewetson von der Royal Navy mit, das die französische Insel Marie Galante plünderte und anschließend vor der Insel St. Martin fünf französischen Kriegsschiffen eine Seeschlacht lieferte. Zum Unglück für Kidd war seine Besatzung mehr daran interessiert zu plündern, als für ihr Vaterland zu kämpfen, und so brachten sie, kurz nachdem sie bei Nevis vor Anker gegangen waren, Kidds Schiff in ihre Gewalt und fuhren ohne ihn weg. Der Gouverneur von Nevis dankte Kidd jedoch für seine Hilfe gegen die Franzosen und gab ihm ein kurz zuvor erobertes französisches Schiff, das in *Antigua* umbenannt wurde.

Im Jahr 1691 traf Kidd mit seinem neuen Schiff in New York ein. Am 16. Mai heiratete er dort die reiche Witwe Sarah Oort, wenig später zog das Paar in ein stattliches Haus in der Pearl Street am südlichen Zipfel von Manhattan, in der Nähe der alten Hafenkais. Die nächsten vier Jahre betätigte Kidd sich als Unternehmer, pflegte Beziehungen zu Politikern und Kaufleuten und lief gelegentlich auf Kaperfahrt aus. Doch scheint er dieses Lebens bald überdrüssig geworden zu sein. 1695 fuhr er nach England, wo er hoffte, sein Glück als Freibeuter zu machen.

Mit Hilfe des New Yorker Unternehmers Robert Livingstone, der um dieselbe Zeit in London eintraf, sah Kidd sich nach Kapitalgebern um, die eine Kaperfahrt finanzieren würden. Nach längerem Bitten und Hofieren sagte schließlich Lord Bellomont, Parlamentarier und überzeugter Anhänger der regierenden Whigs, seine Unterstützung zu. Bellomont brauchte Geld. Er sollte in den folgenden Ereignissen eine Schlüsselrolle spielen, weil er kurz zuvor zum Gouverneur von Massachusetts Bay ernannt worden war. Zu dritt tüftelten die Männer einen ungewöhnlichen Plan aus, wie sie zu Geld kommen könnten: Sie wollten ein Syndikat bilden, ein großes Schiff kaufen, damit in den Indischen Ozean fahren, die dort plündernden Piraten kapern und deren Diebesgut an Kaufleute in New York verkaufen. Bellomont sollte finanzkräftige Teilhaber auftreiben, Kidd das Schiff führen und eine Besatzung anheuern; für sie galt die bei Freibeutern übliche Bedingung »Bezahlung nur bei Erfolg«.

Bellomont konnte vier hochrangige Whigs als Förderer gewinnen: die Lords Somers, Orford, Romney und Shrewsbury. Auch Edmund Harrison, ein reicher Kaufmann der Londoner City und Direktor der Ostindienkompanie, wollte Kapital zuschießen. Gemeinsam wandte man sich sodann mit der Bitte um einen Kaperbrief an die Admiralität. England lag damals noch im Krieg mit Frankreich; deshalb war es nicht schwierig, die Genehmigung zum Kapern französischer Schiffe zu bekommen. Der Kaperbrief galt zwar nicht für Piratenschiffe, doch konnte dem durch einen Freibrief mit der Unterschrift des Lordkanzlers abgeholfen werden, der zufällig Lord Somers war. Dieser zweite Kaperbrief ermächtigte Kidd, »Piraten, Freibeuter und Seeräuber« zu jagen, insbesondere die vier namentlich genannten Piraten Thomas Tew, John Ireland, Thomas Wake und William Maze oder Mace. Am meisten überrascht bei diesem Kontrakt, daß sogar der König als Teilhaber gewonnen werden konnte. William III. gab dem Vorhaben seinen offiziellen Segen und unterzeichnete ein Dokument, daß den Partnern sämtliche Gewinne aus Kidds Kaperfahrten zusicherte; damit wurde das übliche Verfahren umgangen, nach dem Prisen von einem Gericht der Admiralität bewertet werden mußten und eine Abgabe an die Staatskasse fällig wurde. Die Zustimmung des Königs zu dieser ungewöhnlichen Vereinbarung hatte Lord Shrewsbury dadurch erreicht, daß er ihm einen Anteil von zehn Prozent der Beute direkt zusicherte.

Das für die Kaperfahrt ausgewählte Schiff war die mit 34 Kanonen bestückte *Adventure Galley*. Am 10. April 1696 traf sie in den Downs in der Straße von Dover ein, und der Themselotse ging von Bord. Anschließend fuhr sie nach einem kurzen Halt in Plymouth über den Atlantik nach New York, wo Kidd die Besatzung auf die erforderliche Größe bringen wollte. Die Nachricht von der geplanten Kaperfahrt verbreitete sich in Windeseile. Kidd konnte mühelos weitere 90 Männer anheuern. Am 6. September 1696 verließ er New York mit 152 Mann an Bord. Gouverneur Fletcher von New York beschrieb sie als »Männer in verzweifelten Lagen, die nur noch gewaltige Reichtümer retten konnten«.

Nach einem eintägigen Zwischenstopp auf Madeira zur Übernahme von Trinkwasser und Proviant ging es nach Süden. Am 27. Januar 1697 ging die *Adventure Galley* vor Tuléar (Toliary) vor Anker, einer kleinen Hafenstadt an der Westküste Madagaskars. Hier blieb Kidd einen Monat, um den Männern Gelegenheit zu geben, sich von der langen Reise zu erholen. Einige waren an Skorbut erkrankt. Anschließend segelte er nordwärts nach Johanna, einer Insel der Komoren, und von dort zur nahe gelegenen Insel Mohilla, wo er das Schiff kielholen ließ. Dreißig seiner Männer starben in dieser Zeit an Tropenkrankheiten. Die Überlebenden wurden allmählich ungeduldig. Kidd hatte in einigen Häfen des Indischen Ozeans weitere Männer angeheuert, darunter auch eine Gruppe ehemaliger Piraten.

Der Kapitän beschloß, ins Rote Meer zu segeln und einem Schiff der islamischen Pilgerflotte aufzulauern. Er gab der Besatzung bekannt, sein Ziel sei Mocha an der Pforte zum Roten Meer: »Nur Mut, Jungs, an dieser Flotte werde ich genug verdienen.« Ein solches Vorhaben fiel allerdings nicht unter die in England getroffenen Vereinbarungen und war durch keinen der beiden Kaperbriefe gedeckt. Kidd mußte deshalb Schwierigkeiten bekommen, es vor seinen Kapitalgebern und Teilhabern zu rechtfertigen. Die Pilgerflotte verließ Mocha am 11. August 1697 unter dem Schutz dreier europäischer Schiffe, eins davon die *Sceptre* mit 36 Kanonen unter Edward Barlow, der erst kurz zuvor nach dem Tod des Kapitäns zum Kommandanten befördert worden war. Barlow genießt heute aufgrund eines mit Illustrationen versehenen Tagebuchs, in dem er sein Leben auf See lebendig schilderte, bei Marinehistorikern große Wertschätzung.[6] Am frühen Morgen des 14. August sichtete er die *Adventure Galley* mit Kurs auf die Pilgerflotte. An ihrem Mast flatterte unheilverkündend die rote Piratenflagge. Barlow ließ Warnschüsse abgeben und zog die Flagge der Ostindienkompanie auf. Da der Wind schwach war, ließ Kidd rudern. Er steuerte auf ein Schiff von der Malabarküste zu und feuerte eine Breitseite ab. Barlow war jedoch nicht bereit, ein Schiff seines Konvois preiszugeben. Er ließ die Boote zu Wasser, und seine Männer schleppten die *Sceptre* zu Kidds Schiff. Die Matrosen in der Takelage mußten Drohungen brüllen, und Kanonen wurden abgefeuert. Daraufhin verlor Kidd die Nerven und zog sich außer Reichweite der gegnerischen Geschütze zurück. Wenig später gab er die Hoffnung auf eine Prise ganz auf und segelte davon.

Die Lage an Bord verschlechterte sich zusehends. Das Schiff nahm Wasser, der Proviant war knapp, und die Besatzung wurde immer aufsässiger. Als sie vor der Malabarküste einem kleinen Handelsschiff begegneten, stoppte Kidd es durch einen Schuß vor den Bug und ging längsseits. Der Kauffahrer fuhr unter englischer Flagge. Was dann geschah, war die entscheidende Wende dieser Kaperfahrt. Während Kidd den Kommandanten Kapitän Parker verhörte, folterten einige seiner Gefolgsleute Parkers Männer, um die Verstecke ihrer Wertsachen aus ihnen herauszupressen. Einige Matrosen wurden an Tauen hochgezogen und mit Entermessern malträtiert. Dann »beschlagnahmte« Kidd Proviant und zwang den Kapitän, an Bord zu bleiben, weil dieser die Gewässer und Schiffahrtsrouten vor der Malabarküste kannte.

Die Nachricht von Kidds Überfall auf die Pilgerflotte und den Kauffahrer verbreitete sich in den Hafenstädten der Region, und der Vizekönig von Goa schickte zwei portugiesische Kriegsschiffe aus, die nach der *Adventure Galley* suchen sollten. Diesmal war das Glück auf Kidds Seite. Seine Kanoniere zerschossen die Masten des kleineren Schiffes, und die Piraten entkamen ungeschoren. Doch die mangelnde

Disziplin und die Verwahrlosung seiner Besatzung wurde offenkundig, als er die Lakkadiven anlief. Dort wurden Boote der Insulaner geraubt und zu Feuerholz zerschlagen, und Frauen wurden vergewaltigt. Als die Einheimischen aus Rache den Küfer des Schiffes töteten, griffen die Piraten das Dorf an und mißhandelten die Bewohner. Auch diese Greueltaten wurden auf dem Festland bekannt und der Liste von Kidds Verbrechen hinzugefügt.

Zwei weitere Vorfälle besiegelten endlich sein Schicksal. Am 30. Oktober kam es zu einem heftigen Streit zwischen Kidd und seinem Stückmeister William Moore. Die Männer murrten wegen der ausbleibenden Prisen, und Kidd hatte daraufhin Moore, der an Deck ein Stemmeisen schärfte, einen räudigen Hund geschimpft. Moore erwiderte:»Wenn ich ein räudiger Hund bin, dann habt Ihr mich dazu gemacht. Ihr habt mich und viele andere ruiniert.«[7] Kidd geriet in Wut, packte einen eisenbeschlagenen Eimer und schlug damit auf den Kopf des Stückmeisters. Moore brach zusammen und sagte noch:»Lebt wohl, Captain Kidd hat mich erschlagen.«[8] Der Schiffsarzt brachte Moore unter Deck, konnte aber nichts mehr für ihn tun. Er hatte einen Schädelbruch und starb am Tag darauf. Kidd zeigte sich uneinsichtig. Er habe gute Freunde in England, sagte er, die ihn vor der Sühne für seine Taten bewahren würden.

Am 30. Januar 1698 begegnete die *Adventure Galley* endlich einer lohnenden Prise. Vor der Hafenstadt Cochin an der Malabarküste brachte sie den 400 Tonnen großen Kauffahrer *Quedah Merchant* auf. Die *Quedah Merchant* hatte in Bengalen Seide, Baumwolle, Zucker, Opium und Eisen geladen und war unter dem Kommando des englischen Kapitäns John Wright nach Norden unterwegs. Kidd ging unter französischer Flagge längsseits. Da die meisten Kauffahrer auf langen Seereisen Pässe verschiedener Nationalitäten mitführten, um nicht von Freibeutern als Prisen aufgebracht zu werden, zeigte Kapitän Wright, als er Kidds französische Flagge sah, natürlich einen französischen Paß. Damit tat er Kidd freilich nur einen Gefallen. Sein Kaperbrief ermächtigte ihn, französische Schiffe anzugreifen und zu beschlagnahmen. In Wirklichkeit gehörte die *Quedah Merchant* Armeniern, und ein beträchtlicher Teil der Schiffsladung war Eigentum eines hohen Beamten am Hof des indischen Moguls.

Kidd teilte Kapitän Wright mit, daß er sein Schiff als Prise nehme, und begleitete die *Quedah Merchant* dann ohne viel Federlesens in den nächsten Hafen, wo er einen Teil der Ladung für dringend benötigtes Bargeld verkaufte. Der Wert der Ladung wurde auf 200 000 bis 400 000 Rupien geschätzt. Kidd verkaufte das meiste davon in Caliquilon für rund 7000 Pfund. Dann stach er erneut in See, um nach weiteren Prisen Ausschau zu halten. Er kaperte ein kleines portugiesisches Schiff, plünderte es und behielt es als Begleitschiff. Dann jagte er einige Stunden lang den Ostindienfahrer *Sedgewick*, doch das große Schiff war zu schnell und konnte entkommen. Kidd nahm wieder Kurs auf Madagaskar, und im April 1698 ging die *Adventure Galley* im Piratenhafen von Sainte Marie vor Anker. Dort lag bereits das Piratenschiff *Resolution* unter Robert Culliford, der im vergangenen Jahr Schiffe im Indischen Ozean gekapert hatte. Culliford gehörte zu einer Gruppe von Meuterern, die den Kapitän des Ostindienfahrers *Mocha* umgebracht und das Schiff in ihre Gewalt gebracht hatten. Wenn Kidd seinen ursprünglichen Auftrag ausgeführt hätte, dann hätte er Culliford festnehmen und dessen Schiff beschlagnahmen müssen, wie es sein Kaperbrief vorsah. Statt dessen versicherte er Culliford, daß von ihm keine Gefahr drohe, und veranstaltete ein Zechgelage mit dem Piraten.

Kidd blieb einige Monate auf Madagaskar, um sich von den Wochen auf See zu erholen und auf günstigere Winde zu warten. Die Männer drängten ihn, den Rest der Beute zu verteilen, und einige desertierten und liefen zu Culliford über. Kidd beschloß, die lecke, faulende *Adventure Galley* aufzugeben und durch die *Quedah Merchant* zu ersetzen, die er in *Adventure Prize* umbenannte. Anfang 1699 (das genaue Datum ist nicht bekannt) lief er mit einer drastisch verkleinerten Besatzung von 20 Mann und einigen Sklaven aus. Er nahm Kurs auf Westindien und traf Anfang April auf der kleinen Insel Anguilla ein. Dort erfuhr er, daß die britische Regierung ihn auf Verlangen der Ostindienkompanie zum Piraten erklärt hatte. Er sollte dingfest gemacht und seiner gerechten Strafe zugeführt werden. Eilig versorgte er sich mit Proviant und Wasser, dann brach er – nach einem Aufenthalt von nur vier Stunden – auf der Suche nach einem sichereren Hafen wieder auf.

Seine Wahl fiel auf die dänische Insel St. Thomas, auf der viele Piraten ihre Beute versilberten. Am 6. April lief er in den Hafen ein. Er suchte den Gouverneur der Insel auf und bat ihn um Schutz vor den britischen Linienschiffen. Gouverneur Laurents wollte jedoch keine Seeblockade seines Hafens riskieren und wies Kidds Bitte zurück.

Kidd kehrte zu seinem Schiff zurück, lichtete den Anker und fuhr weiter. Am Ostende der Insel Hispaniola zog er sich in die Mündung des Higüey zurück; sein leckes Schiff vertäute er an Bäumen am Flußufer. Dort suchte ihn Henry Bolton auf, ein skrupelloser Händler mit dunkler Vergangenheit, der keine Bedenken hatte, mit dem inzwischen berüchtigten Piraten Geschäfte zu machen. Bolton und ein Partner erklärten sich bereit, die restlichen Stoffballen im Laderaum der früheren *Quedah Merchant* zu kaufen; anschließend kauften sie auch noch das Schiff. Kidd erwarb dafür Boltons Sloop *Saint Antonio* und ging mit dem Rest seiner Besatzung und dem Erlös aus seiner Beute an Bord. Er hatte inzwischen erkannt, wie verzweifelt seine Lage war. Die britischen Behörden suchten ihn in der ganzen Karibik. Im November des Vorjahres hatte Admiral Benbow die Gouverneure der amerikanischen Kolonien in einem Schreiben angewiesen, »keine Mühe zu scheuen, besagten Kidd und seine Kumpane aufzugreifen, wo immer sie sich zeigen«.[9] Als der Gouverneur von Nevis von Kidds Aufenthalt in seinen Gewässern erfuhr, schickte er die HMS *Queenborough* nach Puerto Rico, um ihn abzufangen. Kidd sah seine letzte Hoffnung nun in der Rückkehr nach Amerika und in Verhandlungen mit seinem Geschäftspartner Lord Bellomont, der inzwischen Gouverneur von New York, Massachusetts Bay und New Hampshire war.

Im Juni traf die *Saint Antonio* vor Long Island ein, und Kidd war nach drei Jahren der Abwesenheit wieder mit seiner Frau und seinen beiden Töchtern vereint. Verhandlungen mit Bellomont in Boston begannen, doch spann der Gouverneur eine abgefeimte Intrige. Einerseits wollte er sein Amt behalten, andererseits Kidds Schatz an sich reißen. In Verhören durch Bellomont und anschließend den Rat von Massachusetts zählte Kidd detailliert auf, was er auf seinen Raubzügen erbeutet hatte: zahlreiche Ballen Seide, Musselin und Kaliko, Tonnen von Zucker und Eisen, außerdem 50 Kanonen, 80 Pfund in Silber und 40 Pfund in Gold. Bellomont wußte, daß seine Karriere in Gefahr war, wenn er jetzt einen Fehler machte. Doch wenn er als Ehrenmann und treuer Diener seines Königs Kidd wegen Piraterie verhaften ließ, konnte er vielleicht den Verdacht der Mittäterschaft zerstreuen und sich zugleich, in seiner Eigenschaft als Vizeadmiral der Kolonie, einen Teil der Beute aneignen. Als Kidd zu einem weiteren Treffen mit dem Rat in Boston eintraf, erwartete ihn am Eingang des Gebäudes ein Konstable, um ihn zu verhaften. Kidd rannte ins Haus und schrie laut nach Lord Bellomont. Doch der Konstable packte ihn, führte den schreienden und protestierenden Piraten ab und brachte ihn ins Gefängnis der Stadt. Bellomont hatte Kidd zwar versprochen, eine Begnadigung durch den König zu erwirken, doch konnte er seinen Sinneswandel damit begründen, daß er aus England die ausdrückliche Anweisung erhalten habe, Kidd festzunehmen. Verlassen von dem einzigen Mann, der ihn hätte retten können, war Kidds Schicksal besiegelt. Wenn er sich auf einer Karibikinsel versteckt hätte oder auf dem amerikanischen Festland untergetaucht wäre, hätte er vielleicht wie viele andere Piraten überlebt. Jetzt war er der Sündenbock für alle Raubzüge, die unzählige Piraten im Indischen Ozean begangen hatten.

Kidds Beutezüge waren in London aufmerksam verfolgt worden, weil eine ganze Reihe einflußreicher Männer, darunter der König, der Lordkanzler und einige Politiker der Whigs, an dem Unternehmen beteiligt gewesen waren. Als bekannt wurde, daß Kidd sich zum Piraten gewandelt hatte, witterten viele Tories die Gelegenheit zu einem großen Skandal und zum Sturz wichtiger Mitglieder der Regierung. Weiter geschürt wurde die Sensationslust durch Gerüchte, nach denen Kidd Beute im Wert von über 400 000 Pfund gemacht haben sollte. Die Ostindienkompanie forderte einen Teil davon als Kompensation für in Indien erlittene Verluste und als Entschädigung für einige Opfer Kidds. Im Dezember nahm sich das britische Unterhaus der Sache an. Die Whigs sollten durch ein Mißtrauensvotum gestürzt werden, doch verloren die Tories die Abstimmung. Außenminister Sir James Vernon notierte freilich düster: »Die Parlamente haben sich das Kritisieren zur Gewohnheit gemacht, und der eine oder andere Jonas muß über Bord, wenn der Sturm nicht auf andere Weise beruhigt werden kann.«[10] Überflüssig zu sagen, daß Kidd der auserkorene Jonas war.

Im September traf die Nachricht von Kidds Verhaftung in London ein, und die Admiralität schickte ein Kriegsschiff nach Boston, um Kidd nach England zu holen. Die HMS *Advice* traf im Februar 1700 bei bitterer Kälte in Boston ein. Kidd wurde zusammen mit 31 weiteren Häftlingen an Bord gebracht; dann begann die beschwerliche Rückreise. Als die *Advice* auf der Themse vor Anker ging, war Kidd ernsthaft erkrankt. Doch er konnte noch einen Brief an Lord Orford schreiben, einem der Kapitalgeber seiner Kaperfahrt, in dem er unvollständig und beschönigend über seine Kaperfahrten im Indischen Ozean berichtete. So behauptete er, nur zwei Schiffe gekapert zu haben, die beide die französische Flagge geführt hätten. Außerdem habe seine Besatzung ihn zur Piraterie gezwungen, ihn ausgeraubt und sein Logbuch und sämtliche Aufzeichnungen vernichtet.

Während die Politiker, die Lords der Admiralität sowie Rechtsanwälte und Kaufleute Beweismaterial sichteten und Zeugen vernahmen, wurde Kidd von der *Advice* auf die königliche Jacht *Katharine* in Greenwich gebracht. Zermürbt von monatelanger Einzelhaft und Krankheit, ohne Anwalt oder Einsicht in die Gerichtsakten wollte er sich das Leben nehmen. Aus Angst vor dem Tod am Galgen bat er um ein Messer, doch seine Peiniger wollten ihm kein gnädiges Ende gewähren. Am 14. April wurde er in einem Boot der Admiralität stromaufwärts nach Whitehall gerudert. Dort wurde er im Gebäude der Admiralität sieben Stunden lang verhört und anschließend nach Newgate gebracht, wo er die folgenden elf Monate im Kerker schmachtete. Newgate war, selbst noch nach den Maßstäben des 18. Jahrhunderts, ein Ort des Schreckens. Das grimmige Steingebäude an der Ecke Holborn und Newgate Street beherbergte die Unterwelt Londons, die dort auf ihre Aburteilung und Hinrichtung am Galgen von Tyburn wartete. Gelegenheitsdiebe und Prostituierte waren mit Mördern und Straßenräubern auf engstem Raum zusammengepfercht. Zwar waren Besuche von Angehörigen erlaubt und Glücksspiel, Alkohol, Frauen und sogar die Haltung von Kaninchen und Hühnern wurden geduldet, doch die Häftlinge lebten in entsetzlicher Enge und infernalischem Gestank, und die verzweifelten Schreie der Verurteilten, die zum Galgen geführt wurden, trieben viele in den Wahnsinn.

Am 27. März 1701 durfte Kidd diese Hölle für kurze Zeit verlassen. Er wurde durch die Straßen nach Whitehall geführt, um als erster und einziger Pirat der britischen Geschichte vor dem Parlament auszusagen. Dazu war er freilich kaum noch in der Lage. Gezeichnet von über zweijähriger Haft unter entsetzlichen Bedingungen muß er einen jämmerlichen Anblick geboten haben. Protokolle der Sitzung sind nicht erhalten, wir wissen nur, daß der Versuch scheiterte, Lord Somers und Lord Orford ihrer Ämter zu entheben. Am 31. März folgte ein zweites Verhör; dann wurde Kidd nach Newgate zurückgebracht.

Inzwischen war die Beweisaufnahme weitgehend abgeschlossen. Henry Bolton, der auf Hispaniola die *Quedah Merchant* von Kidd gekauft hatte, war gefunden und zur Anhörung nach England gebracht worden. Die Ostindienkompanie schickte aus Indien Coji Babba, einen armenischen Kaufmann, der an Bord der gekaperten *Quedah Merchant* gewesen war und dessen Waren Kidd geraubt hatte; Babba sollte als Zeuge der Anklage aussagen. Auch Kidds Sklaven Dundee und Ventura waren vernommen worden, und man hatte Stöße von Unterlagen von Lord Bellomont und anderen Beteiligten zusammengetragen. Ganz England wartete begierig auf den Prozeß, der am 8. und 9. März im Old Bailey stattfinden sollte.

Kidd blieben nur zwei Wochen, seine Verteidigung vorzubereiten. Er bat um Aushändigung seiner Papiere, insbesondere um die zwei Kaperbriefe mit dem Siegel der Admiralität und die zwei französischen Pässe, die ihm die Kapitäne der *Quedah Merchant* und eines anderen Schiffes ausgehändigt hatten. Er erhielt einige Dokumente, doch die französischen Pässe blieben mysteriöserweise verschollen.

Zu Beginn des Prozesses wurde Kidd eine schier endlose Liste von Anklagen vorgelegt. Man klagte ihn des Mordes an William Moore an, ferner als Pirat, der die *Quedah Merchant* widerrechtlich aufgebracht und vier weitere Schiffe gekapert und ihre Ladungen gestohlen hatte.

Den Vorwurf des Mordes wies Kidd mit der Begründung zurück, seine Besatzung habe damals kurz vor einer Meuterei gestanden, außerdem habe Moore ihn provoziert, er selbst habe ihn jedenfalls nicht töten wollen. Zum Vorwurf der Piraterie erwiderte er, er sei ermächtigt gewesen, französische Schiffe zu kapern, und wenn die französischen Pässe auftauchten, würden sie seine Unschuld beweisen. Die Ankläger hatten jedoch eine erdrückende Beweislast zusammengetragen, und die Zeugen der Anklage waren gut instruiert. Sosehr Kidd seine Unschuld auch beteuerte, das Urteil stand im Grunde vor Prozeßbeginn fest. Die Geschworenen befanden ihn für schuldig in allen Punkten der Anklage, und der Richter verurteilte ihn zum Tod durch den Strang. Als Kidd das hörte, rief er: »Mein Gott, das ist ein sehr hartes Urteil. Ich für meinen Teil trage am wenigsten Schuld von allen, doch haben andere Meineide gegen mich geschworen.«[11]

Doch wo war Kidds sagenhafte Beute geblieben, und was war dran an den Gerüchten über einen vergrabenen Schatz? Einen Teil der Waren hatte er bereits in einem Hafen im Indischen Ozean versilbert, den Rest verkaufte er zum größten Teil auf Hispaniola an Henry Bolton. Für 3000 Pesos kaufte er die *Saint Antonio*, 4200 Pesos erbeutete er in Wechseln, 4000 Pesos in Goldbarren und Goldstaub. Als er mit seinem neu erworbenen Schiff nach Norden in See stach, hatte er also 8200 Pesos in Schuldverschreibungen, Münzen oder Edelmetallen bei sich und außerdem eine unbekannte Menge von Waren und Wertgegenständen. Bei seiner Ankunft in New York hatte er vielleicht einen Teil seiner Frau und seinem Freund Emott ausgehändigt.

Während der Verhandlungen mit Lord Bellomont verlegte Kidd sein Schiff aus dem New Yorker Hafen ans Ostende von Long Island, in die Nähe von Gardiners Island. In den Wochen, in denen das Schiff zwischen Gardiners Island und Block Island vor Anker lag, gingen drei Sloops längsseits, um einen Teil von Kidds Besatzung mit ihren Seekisten und ihrem Anteil an der Beute abzuholen. Wir wissen außerdem, daß Kidd Lady Bellomont ein emailliertes Kästchen mit vier Edelsteinen überreichen ließ. Ebenso wissen wir, daß Mrs. Kidd Thomas Way einen sechs Pfund schweren Sack mit Pesos und Kidd selbst Major Selleck in Connecticut mehrere Pfund Gold mit einem angeblichen Wert von 10 000 Pfund schickte. Der größte Betrag gelangte allerdings in die Hände John Gardiners, des Besitzers von Gardiners Island, und er führte zu der Legende vom vergrabenen Schatz. Kidd landete zweimal auf der Insel. Er kaufte bei Gardiner Proviant und ließ fünf Ballen

Stoff, eine Kiste mit verschiedenen wertvollen Beutestücken und eine Truhe mit 52 Pfund Gold zurück.

Als Kidd dann in Boston hinter Schloß und Riegel saß, versuchte Lord Bellomont angestrengt, Kidds inzwischen an verschiedenen Orten um New York, Boston und auf den Westindischen Inseln verstreutes Vermögen aufzuspüren. Mr. Campbells Haus in Boston wurde durchsucht, 463 Unzen Gold und 203 Unzen Silber wurden sichergestellt. John Gardiner schickte Bellomont elf Säcke mit Gold und Silber. Insgesamt kamen 1111 Unzen Gold, 2353 Unzen Silber, 41 Stoffballen, mit Silbermünzen gefüllte Säcke und zahlreiche Edelsteine zusammen; die Beute wurde an Bord der *Advice* nach England verfrachtet.[12] Ihr Gesamtwert wurde auf 14 000 Pfund geschätzt, eine stattliche Summe, doch wenig im Vergleich zu den 40 000 Pfund, die Kidd Bellomont angeboten, und nur ein Bruchteil der 400 000 Pfund, die Kidd angeblich im Indischen Ozean erbeutet hatte. Henry Bolton wurde zwar vom Kapitän der HMS *Fowey* verhaftet, doch fand sich von den Waren, die er auf den Westindischen Inseln von Kidd gekauft hatte, keine Spur. Die in Hispaniola aufgegebene *Quedah Merchant* war angezündet worden. Das ausgebrannte Wrack verrottete am Ufer der Flußmündung. Immer wieder haben Glücksritter versucht, die Reste von Kidds Schatz auf Gardiners Island und anderswo zu finden, doch suchten sie stets vergeblich.

Aufgrund des gewaltigen Aufsehens, das Kidds Gefangennahme und Prozeß erregten, wissen wir über seine Beute mehr als über die anderer Piraten seiner Zeit. Bartholomew Roberts größter Fang war wahrscheinlich jenes portugiesische Schiff, das er im ersten Jahr seines Piratenlebens kaperte. Blackbeard plünderte in zwei Jahren rund 20 Schiffe, doch keines hatte spektakuläre Schätze an Bord. Die Beute, die nach dem Kampf bei Ocracoke aus seinen Schiffen geborgen und in ein Zelt an Land gebracht wurde, belief sich auf »25 Oxhofte Zucker, 11 Fässer Wein, 145 Säcke Kakao, ein Faß Indigo und einen Ballen Baumwolle«.[13] Der Gesamterlös einschließlich dem Erlös für Blackbeards Sloop belief sich auf 2500 Pfund − für einen so berühmten Piraten wahrhaftig keine eindrucksvolle Summe.

Nach Kidds Beute wissen wir über den Schatz des Sam Bellamy am meisten. Taucher haben aus dem Wrack der *Whydah* viele Münzen, Gold und afrikanischen Schmuck geborgen.[14] Einen genauen Wert anzugeben wäre schwer, und Presseberichte, nach denen der Schatz der *Whydah* 400 Millionen Dollar wert ist, entbehren jeder Grundlage. Doch die Erforschung dieses Wracks hat zweifelsfrei erwiesen, daß einige Piraten tatsächlich große Mengen Gold und Silber erbeutet haben.

Die Hoffnung auf Gold, Silber und Juwelen verlockte zur Piraterie. Wer Reichtümer wie Henry Morgan, Henry Avery, Captain Kidd oder Sam Bellamy erwarb, konnte das harte Leben auf See hinter sich lassen. Er konnte sein Geld bei Huren verprassen oder den Rest seiner Tage trinkend im Wirtshaus verbringen. So ein Glückspilz brauchte den Tod durch Malaria oder Gelbfieber nicht mehr zu fürchten, während er an der afrikanischen Küste auf eine Ladung Sklaven wartete. Er konnte sich an frischem Fleisch und gutem Wein gütlich tun, statt schimmelnden Schiffszwieback und Pökelfleisch mit stinkendem Bier hinunterzuspülen.

Wer zur See fuhr, hörte verlockende Geschichten von Piratenkönigreichen in Madagaskar und auf den Westindischen Inseln, wo alle die gleichen Rechte und Mitspracherecht bei den Belangen der Piratengesellschaft hatten und wo die Beute gerecht verteilt wurde. Wer genügend Wagemut besaß, konnte als Pirat die grauen, kalten Gewässer der Nordsee oder der Neufundlandbänke verlassen und in das warme, blaue Wasser der Karibik fliehen.

Manchen trieb auch die schiere Not zur Piraterie. Einen besonders dramatischen Anstieg verzeichnete die Piraterie zweimal in ihrer Geschichte, als nach langwierigen Seekriegen Frieden geschlossen und unzählige Seeleute arbeitslos wurden. Als die 50 Jahre anhaltenden Feindseligkeiten zwischen England und Spanien 1603 schließlich beendet wurden, standen Hunderte von Matrosen der Royal Navy und verschiedener Kaperschiffe auf der Straße. Es verwundert nicht, daß in den folgenden 30 Jahren Piraten eine Plage des Schiffsverkehrs im Ärmelkanal, vor der Themsemündung und im Mittelmeer wurden.

Auch nach dem Frieden von Utrecht 1713 zwischen England, Frankreich und Spanien nahm die Piraterie drastisch zu. In der Royal Navy dienten 1703 immerhin 53785 Seeleute, 1715 waren es nur noch 13430; damit waren rund 40 000 Männer arbeitslos.[15] Es läßt sich nicht beweisen, daß sie in der Mehrzahl Piraten wurden, und Marcus Rediker hat dargelegt, daß die meisten Piraten aus der Handelsmarine und nicht der Kriegsmarine kamen. Doch viele zeitgenössische Beobachter glaubten, daß die Zunahme von Piratenüberfällen nach dem Frieden von Utrecht eine Folge der Arbeitslosigkeit unter den Seeleuten war.

Auch die letzten Worte zum Tod verurteilter Piraten geben Aufschluß darüber, warum jemand Pirat wurde. Einige machten die Grausamkeit ihrer Kapitäne dafür verantwortlich, viele den Alkohol. Doch war die größte Verlockung für Piraten wie für alle Räuber, Briganten und Diebe der Geschichte die Aussicht auf märchenhafte Beute und schnellen Reichtum.

Die Jagd auf die Piraten

Die Geschichte vom schrecklichen Ende des Piraten Blackbeard ist mit so vielen Legenden ausgeschmückt worden, daß man glauben könnte, sie sei ganz der lebhaften Phantasie Johnsons entsprungen. Die vom Salzwasser fleckigen Logbücher der beteiligten Kommandanten und Offiziere sind deshalb eine heilsame Erinnerung daran, daß es Blackbeard wirklich gab. Im Archiv von Kew liegt das Logbuch des Kapitäns der HMS *Lyme*, in dem die Suchexpedition beschrieben wird,[1] und im Marinemuseum von Greenwich liegt das Logbuch Robert Maynards, des Ersten Leutnants der HMS *Pearl*. Er leitete die Jagd und brachte den berühmtesten Piraten aller Zeiten zur Strecke. Am 17. November 1718 notiert Maynard:

> Mäßiger Wind & schönes Wetter, bekam heute von Kapitän Gordon Befehl, auf zwei kleinen Sloops und mit 60 Männern der Schiffe Seiner Majestät Pearle & Lyme auszulaufen, um einige Piraten zu vernichten, die einen Schlupfwinkel in North Carolina bezogen haben.[2]

Organisiert wurde die Suche nach Blackbeard von Alexander Spotswood, dem Gouverneur von Virginia, bei dem zahlreiche Klagen über die Untaten der Piraten eingegangen waren. Er setzte in einem Erlaß vom 24. November 1718 Kopfgelder aus. Versprochen wurde, gleich ob tot oder lebendig:

> Für Edward Teach, gemeinhin genannt Kapitän Teach oder Blackbeard, einhundert Pfund, für jeden weiteren Kommandanten eines Piratenschiffes vierzig Pfund, für jeden Leutnant, 1. Offizier, Quartermeister, Bootsmann oder Zimmermann zwanzig Pfund, für jeden weiteren niederen Offizier fünfzehn Pfund und für jeden gemeinen Matrosen an Bord eines solchen Schiffes zehn Pfund.[3]

Spotswood fragte bei den Kommandanten der beiden in Virginia stationierten britischen Linienschiffe *Pearl* und *Lyme* an, ob sie bereit

Der Piratenkapitän Blackbeard. Auch hier ist der berühmte Pirat mit den brennenden Lunten unter dem Hut abgebildet. »Da diese sein Gesicht rahmten und seine Augen von Natur aus wild und grausam waren, machten sie ihn insgesamt zu einer solchen Erscheinung, daß die Phantasie sich keine Vorstellung von einer Furie aus der Hölle machen könnte, die furchterregender aussähe.«

seien, »dieses Vipernnest zu zertreten«. Die Kapitäne erwiderten, sie könnten mit ihren Schiffen die flachen und schwierigen Rinnen um Ocracoke nicht befahren. Als Spotswood daraufhin anbot, zwei Sloops und Lotsen aus Carolina zu stellen, erklärten die Kapitäne sich bereit, diese Schiffe zu bemannen.[4]

Die Leitung der Expedition wurde Leutnant Maynard übertragen, »einem erfahrenen Offizier und Gentleman von großer Tapferkeit und Entschlußkraft«.[5] Unter seinem Kommando standen 35 Männer von der *Pearl*, außerdem ein Midshipman und 25 Männer von der *Lyme*. Die angemieteten Sloops hießen *Ranger* und *Jane*. Maynard übernahm das Kommando der *Jane*, ein gewisser Mr. Hyde führte die *Ranger*. Keine der beiden Sloops war mit Geschützen bestückt. Maynard mußte ganz auf Degen und Pistolen vertrauen.

Von anderen Schiffen erfuhr er, daß Blackbeards Sloop *Adventure* auf der inneren, dem Pamlico-Sund zugewandten Seite der Insel Ocracoke ankerte, einem idealen, durch zahlreiche Untiefen und Sandbänke geschützten Schlupfwinkel. Unter Führung der ortskundigen Lotsen trafen Maynards Schiffe dort am Donnerstag, dem 21. November, bei Anbruch der Dunkelheit ein. Man beschloß, die Flut abzuwarten und am nächsten Tag im Morgengrauen anzugreifen.

Zur vereinbarten Stunde lichteten die Schiffe die Anker und glitten langsam auf die Insel zu. Es war fast windstill, und Maynard befahl einigen Männern, in einem Boot vorauszurudern und zu loten. Als sich das Boot dem Piratenschiff näherte, wurde es mit einer Breitseite begrüßt. Hastig ruderten die Männer in den Schutz ihrer beiden Schiffe zurück.

Maynard war trotz der Geschütze der Piraten in der Übermacht. Wie Kapitän Brand später an die Admiralität berichtete, befanden sich nur 19 Männer an Bord des Piratenschiffes:»dreizehn Weiße und sechs Neger«.[6] Außerdem hatten Blackbeard und viele seiner Männer am Vortag bis tief in die Nacht hinein gezecht. Doch der Piratenkapitän kannte die Untiefen und Fahrtrinnen, und sein Schiff war mit neun Kanonen bestückt. Unverzüglich kappte er das Ankertau und nahm Kurs auf eine zwischen unsichtbaren Sandbänken gelegene enge Rinne. Maynard hißte die königliche Flagge und nahm die Verfolgung auf.

Der Wind war so schwach, daß die Sloops die Ruder zu Hilfe nehmen mußten, um überhaupt voranzukommen. Kurz darauf liefen sie auf Grund, und es kam zu einem heftigen Wortwechsel zwischen Maynard und Blackbeard. Er ist in verschiedenen Versionen überliefert, die kürzeste gibt Maynard selbst:»Als erstes Willkommen stieß er wilde Verwünschungen gegen mich und meine Männer aus. Er beschimpfte sie als Feiglinge und rief, er werde keinen Pardon geben und erwarte auch keinen.«[7]

Mit steigender Flut und viel Schieben und Ziehen wurden Maynards Schiffe schließlich wieder flott, und sie ruderten auf die *Adventure* zu. Als sie näher kamen, feuerte Blackbeard eine Breitseite aus grobem Schrot, Nägeln und Eisenbrocken. Die Wirkung war verheerend. »Mr. Hyde wurde zu unserem Unglück getötet«, schrieb Maynard, »und fünf seiner Männer verwundet. Die kleine Sloop fiel, ihres Kommandanten beraubt, achtern zurück und kam erst wieder zu meiner Hilfe, als der Kampf schon fast vorüber war.«[8] Dem ausführlicheren Bericht des *Boston News Letter* zufolge kostete die Breitseite sechs Männer das Leben, zehn weitere wurden verwundet.

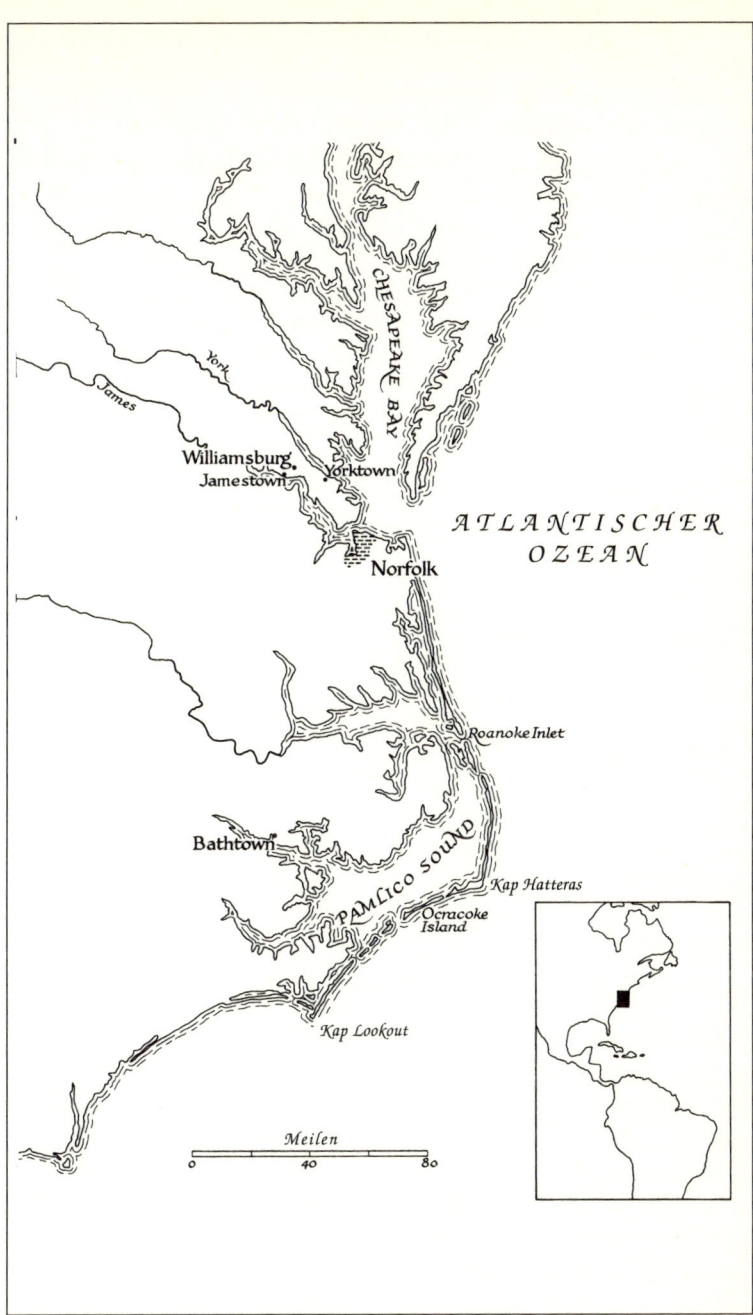

Pamlico Sound und Chesapeak Bay um 1700.

181

Maynard stieß mit der *Jane* weiter vor, und es gelang ihm, den Klüverbaum und die Fockfalls der *Adventure* wegzuschießen und das Schiff ans Ufer zu drängen. Sodann befahl er allen Männern bis auf zwei, sich mit gezückten Waffen unter Deck zu verstecken, während er sich dem Piratenschiff näherte. Als die *Jane* längsseits ging, glaubte Blackbeard natürlich, seine Kanonen hätten fast die ganze Besatzung getötet, und er enterte Maynards Schiff mit zehn Piraten. Sie kletterten an Bord, und in diesem Augenblick tauchten die Männer aus ihrem Versteck auf. Der ausführlichste Bericht über den nun folgenden Kampf wurde im *Boston News Letter* gedruckt:

Maynard und Teach selbst eröffneten den Kampf mit ihren Degen. Maynard führte einen Stoß und traf mit der Spitze seines Degens Teachs Patronentasche, worauf die Klinge sich bis zum Griff bog. Teach durchbrach nun Maynards Deckung und verwundete ihn an den Fingern, ohne ihn indessen kampfunfähig zu machen, worauf dieser zurücksprang, den Degen wegwarf, seine Pistole abfeuerte und Teach verwundete. Demelt sprang mit seinem Degen dazwischen und fügte Teach am Gesicht einen tiefen Schnitt zu. Inzwischen war auf Maynards Schiff der Kampf zwischen beiden Partien voll entbrannt. Einer von Maynards Männern, ein schottischer Hochländer, stellte Teach mit seinem Pallasch und fügte ihm einen Schnitt am Hals zu. Teach sagte:»Gut gemacht, Bursche«, worauf der Schotte versetzte:»Und wenn's nicht gut genug war, dann will ich es noch besser machen.« Damit versetzte er ihm einen zweiten Streich, mit dem er ihm den Kopf vom Rumpf trennte, so daß der Kopf flach auf der Schulter lag.[9]

Maynard zufolge starb Blackbeard »mit fünf Kugeln im Leib und 20 gräßlichen Schnittwunden am ganzen Körper«.[10] Ähnlich wie Rasputin, jenes andere bärtige Ungeheuer der Geschichte, scheint der Pirat dem Tod getrotzt zu haben, bis der Schotte ihn mit seinem Säbel köpfte. Um einen solchen Wüterich mußten sich alsbald Legenden ranken: Als die Leiche über Bord geworfen wurde, soll der kopflose Leib noch mehrmals um das Schiff herum geschwommen sein.

Doch mit dem Tod des Piratenkapitäns war der Kampf noch nicht zu Ende. Alle Berichte stimmen darin überein, daß die Piraten sich verzweifelt wehrten. Als die *Ranger* mit dem Rest ihrer Besatzung schließlich längsseits ging, waren die Decks blutüberströmt, und überall lagen Tote und Sterbende. Angaben über die Zahl der Opfer schwanken. Kapitän Brand berichtete der Admiralität von elf gefallenen und über zwanzig verwundeten Matrosen. Einige Piraten sprangen über Bord und ertranken, eine weitere Leiche wurde erst einige Tage später entdeckt, weil Möwen über ihr kreisten. Von den Piraten waren zwischen

Blackbeards letzter Kampf von Howard Pyle, 1895. Das kleine Ölgemälde schildert lebendig das Getümmel auf dem Deck von Leutnant Maynards Sloop. Die Briten fallen über Blackbeard her, der unter dem gezückten Entermesser in der Bildmitte zu sehen ist. Ein geradezu fotografischer Realismus ist charakteristisch für Pyles Arbeit.

neun und zwölf getötet worden, neun Schwerverletzte wurden gefangengenommen.

Um ein Haar wäre die Zahl der Opfer noch höher gewesen. Blackbeard hatte einen seiner Neger beauftragt, wenn Maynard und seine Männer das Piratenschiff enterten, Feuer in der Pulverkammer zu legen und alle miteinander in die Luft zu jagen. Glücklicherweise hatten sich zwei Männer von einem Handelsschiff, die in der Nacht zuvor mit Blackbeard gezecht hatten, während des Kampfes unter Deck versteckt, und sie hinderten den Neger daran, seinen Auftrag auszuführen. Blackbeards Kopf spießte Maynard am Bugspriet seiner Sloop auf. Diese gräßliche Trophäe spiegelte den Geist einer Zeit, in der die Köpfe von Verrätern an der Zufahrt zur London Bridge auf Lanzen gesteckt und die Leichen von Verbrechern an exponierten Orten als abschreckendes Beispiel aufgehängt wurden. Maynard brauchte den Kopf außerdem als Beweis dafür, daß er den berüchtigten Piraten getötet hatte und die Belohnung einfordern durfte.

Nach dem Kampf fuhr Maynard über den Sund nach Bath Town, um die Verwundeten zu versorgen. Einige Wochen später setzte er auf dem Piratenschiff *Adventure* Segel und nahm in Begleitung der Sloop *Jane* Kurs auf Norden, nach Virginia, um wieder zur HMS *Pearl* zu stoßen und seinem Kommandanten Kapitän Gordon vom Erfolg seiner Mission zu berichten. Am 3. Januar 1719 fuhren die beiden Schiffe den James River in Richtung Williamsburg hinauf. Es war ein sonniger Wintertag, und eine leichte Brise kräuselte die Wasseroberfläche. Maynard ging gegenüber der HMS *Pearl* vor Anker und befahl einen neunschüssigen Salut. Die Kanonen der *Pearl* erwiderten ihn, und die Besatzung des Linienschiffes begaffte den Kopf des meistgesuchten Piraten der amerikanischen Küste am Bugspriet der Piratensloop.

Blackbeard hatte Angst und Schrecken verbreitet. Sein Tod, der Prozeß gegen die Überlebenden seiner Besatzung und deren Hinrichtung wurden als großer Erfolg im Kampf gegen die Piraten gefeiert. Für die britischen Behörden hatte Blackbeards Ende eine ähnliche propagandistische Bedeutung wie 1701 der Prozeß und die Hinrichtung Kidds.

Blackbeards letztes Gefecht bei Ocracoke wurde zu einer Legende, der Kampf zwischen Leutnant Maynard und dem schrecklichen Piraten galt als der klassische Streit zwischen den Kräften des Guten und des Bösen. Die Zeitungen berichteten ausführlich über den Kampf, und die farbige Schilderung in Johnsons *Allgemeiner Geschichte der Piraten* lieferte den Stoff für zahlreiche Piratenschmöker, Dramen, Balladen und Filme. Achtzig Jahre nach Blackbeards Tod wurde ein melodrama-

Der Schauspieler Helme spielte in dem populären Melodrama *Blackbeard oder die gefangene Prinzessin* die Rolle des Piratenkapitäns; das Stück wurde 1798 in London uraufgeführt.

tisches Bühnenstück von James Cross mit dem Titel *Blackbeard oder die gefangene Prinzessin* in London uraufgeführt, und es blieb jahrelang auf den Spielplänen und in der Gunst des Publikums. Die Handlung basiert auf historischen Berichten über Blackbeards letzte Tage. James Cross nahm sich allerdings bei den beteiligten Personen und Handlungsorten viel dichterische Freiheit. Natürlich durfte auch eine romantische Liebesgeschichte nicht fehlen. Cross kopierte zu diesem Zweck aus der Biographie Henry Averys eine schöne Prinzessin und benutzte damit die Geschichte der Piraten kurzerhand als Inventar für sein Stück. Die Aufführung wurde zusätzlich durch szenische Effekte, zahlreiche mitreißende Lieder und den Lärm von Pfeifen, Trommeln, Pistolenschüssen und Kanonendonner publikumswirksam aufgemöbelt.

Das Drama wurde im 19. Jahrhundert häufig neu inszeniert und bearbeitet. Einen Großteil seiner Popularität verdankte es zweifellos der Seefahrerromantik und den patriotischen Liedern, die das britische Publikum begeisterten. Und nicht zuletzt erinnerte das triumphale Happy-End des Stücks das Londoner Publikum daran, daß die britischen Seestreitkräfte stets über die Feinde Großbritanniens gesiegt hatten.

Um 1720 waren die Piraten auf dem Höhepunkt ihrer Macht angelangt. Von Boston bis Barbados kamen dieselben Meldungen. Generalleutnant Mathew berichtete von der Insel St. Kitts im September 1720, die Piraten kämen sogar nach Basse Terre Road und setzten unter den Kanonen der Küstenbatterie Schiffe in Brand.[11] Der Befehlshaber von Jamaika schrieb im Dezember 1717:»Es gibt hier täglich mehr Piraten, und sie kapern und plündern fast alle Schiffe, die hierher unterwegs sind.«[12] Warnend fügte er hinzu, daß Schiffe mit Ziel Großbritannien den Hafen nicht ohne Geleitschutz verlassen sollten. Gouverneur Shute von Boston wurde besonders deutlich:»Immer noch suchen Piraten diese Gewässer heim, und wenn nicht bald ausreichend Schiffe zu ihrer Vertreibung hier eintreffen, kommt unser Handel ganz zum Erliegen.«[13] Vermutlich operierten damals zwischen 1500 und 2000 Piraten in der Karibik und vor der nordamerikanischen Küste.[14] Ein Piratenschiff hatte durchschnittlich 80 Mann Besatzung, es muß in diesem Gebiet also zwischen 15 und 25 solcher Schiffe gegeben haben. Auf den ersten Blick erscheint es unwahrscheinlich, daß so wenige Männer so viel Angst verbreiten und den Handel der Kolonien ernsthaft bedrohen konnten. Doch darf man nicht vergessen, daß die Inseln und Küsten – das eigentliche Jagdrevier der Piraten – dünn besiedelt und kaum befestigt waren. Diese Häfen und Städte waren eine nahezu wehrlose Beute, wenn sie von schwerbewaffneten Schiffen gezielt angegriffen wurden. Port Royal auf Jamaika hatte im Jahr 1700 rund 3000 Einwohner, New York 18000 und Charleston 5000, und in ganz Neufundland lebten damals nicht mehr als 2000 Menschen.[15] Die meisten Kauffahrer, die in den Häfen der Kolonien Handel trieben, hatten nur zehn bis zwanzig Mann Besatzung und waren selten mit mehr als acht bis zehn kleineren Kanonen bewaffnet. Zwei mit insgesamt 50 Kanonen bestückte Piratenschiffe hatten die Feuerkraft einer kleinen Armee und konnten allenfalls von einem Kriegsschiff bezwungen werden.

In London war man sich des Piratenproblems sehr wohl bewußt und hatte auch schon Schritte unternommen, der Piraterie und der Auswüchse der Freibeuterei Herr zu werden. Die Kriege in Europa hatten allerdings absoluten Vorrang vor der Jagd auf Piraten in den Kolonien. Vor dem Frieden von Utrecht 1713, der einen langen Konflikt zwischen Großbritannien und Frankreich beendete, brauchten die Lords der Admiralität ihre Schiffe für den Kampf mit dem Gegner auf dem Kontinent. Doch wurden zwischen 1700 und 1720 eine Reihe von Maßnahmen ergriffen, die sich als sehr wirkungsvoll erwiesen. Das jähe Ende der Piraten ist eine erstaunliche Tatsache der Geschichte. Gab es 1720 noch rund 2000 Piraten, so waren es 1723 nur noch 1000 und 1726 gar nur noch 200.[16] Zugleich sank die Zahl der Piratenüberfälle von 40 bis 50 im Jahr 1718 auf ein halbes Dutzend im Jahr 1726.

Das Problem wurde auf verschiedene Weise angegangen: durch Gesetze, durch Amnestien, durch verstärkte Präsenz der Royal Navy in besonders verseuchten Gebieten, durch Aussetzung von Kopfgeldern auf Piraten, durch die Ermächtigung ziviler Schiffe, Piraten anzugreifen und dingfest zu machen, und durch die Aburteilung und Hinrichtung gefangener Piraten. Nicht alle Maßnahmen waren gleich wirksam, doch konnte mit ihnen insgesamt die Piraterie als ernsthafte Bedrohung des Handels im Atlantik und in der Karibik ausgeschaltet werden.

Bis 1700 regelte ein 1536 vom Parlament verabschiedetes Gesetz, wie mit gefangenen Piraten verfahren werden sollte.[17] Alle Akte der Piraterie auf hoher See und in Häfen und Flüssen, die der Gerichtsbarkeit des Großadmirals unterstellt waren, sollten vom Admiral und drei oder vier vom Lordkanzler ernannten Richtern untersucht werden. Problematisch war für die Gouverneure der Kolonien dabei, daß die gefangenen Piraten nach London gebracht werden mußten, um dort von einem Gericht am Old Bailey abgeurteilt zu werden. Die Hinrichtungen von Piraten am Execution Dock am Themseufer waren zwar für die Bevölkerung von Wapping und Rotherhithe ein unterhaltsames Spektakel, konnten aber die Besatzung eines Piratenschiffes, das vor der amerikanischen Küste oder in der Karibik kreuzte, schwerlich von weiteren Missetaten abschrecken.

Der Durchbruch kam mit dem »Gesetz zur wirksameren Unterdrückung der Piraterie« von 1700. Ab jetzt mußten Piraten nicht mehr zum Prozeß nach England gebracht werden, sondern konnten auch von Gerichten der Vizeadmiralität in Übersee abgeurteilt werden. Das Gesetz ermächtigte diese Gerichte zur Verhängung der Todesstrafe und bestimmte, daß die Missetäter an der Küste oder in deren unmittelbarer Nähe hingerichtet werden sollten. Seeleute, die sich erfolgreich gegen Piraten zur Wehr gesetzt hatten, sollten mit einem Anteil an der geretteten Schiffsladung belohnt werden.

Damit war ein gesetzlicher Rahmen geschaffen, dem freilich nicht sofort eine Welle von Hinrichtungen folgte, da man die Piraten zuerst einmal dingfest machen mußte. Einer der ersten Prozesse außerhalb Englands fand statt, als ein Piratenkapitän und seine Besatzung in den Hafen zurückkehrten, in dem sie zuvor nach einer Meuterei ein Schiff in ihre Gewalt gebracht hatten: Im Mai 1704 fuhr John Quelch, nachdem er an der brasilianischen Küste einige Monate lang Schiffe ausgeplündert hatte, in den Hafen von Marblehead in Massachusetts ein; einige Tage später wurden er und 25 Piraten verhaftet und in Boston inhaftiert. Der Prozeß begann am 13. Juni vor einem Admiralitätsgericht unter dem Vorsitz Joseph Dudleys, dem Generalkapitän von Massachusetts Bay und New Hampshire.[18] Quelch und sechs seiner Komplizen wurden zum Tode verurteilt, die Hinrichtung wurde auf Freitag, den 20. Juni, festgesetzt. Sieben Tage mußten die Piraten nun den Predigten, Gebeten und Ermahnungen des unermüdlichen Reverend Cotton Mather standhalten.

Am Tag der Hinrichtung wurden die Piraten vom Profos, von der städtischen Polizei und von 40 Musketieren zum Strand geleitet. Der Galgen war am Strand in der Nähe von Hudson's Point errichtet worden, deshalb wurden die Piraten zusammen mit dem Geistlichen in einem Boot über den Hafen gerudert. Richter Sewell hat die Hinrichtung in seinem Tagebuch beschrieben:

Ich bemerkte zu meinem Erstaunen, daß der Fluß vor Menschen wimmelte. Einige sprechen von 100 Booten ... Die Plattform wurde auf die notwendige Höhe hochgehievt, dann stiegen die sieben Missetäter hinauf. Mr. Mather betete im Boot stehend für sie. Alle wurden mit Stricken am Galgen befestigt (außer King, der begnadigt wurde). Als die Plattform nach unten fiel, stieg aus der Kehle der Frauen ein solcher Schrei auf, daß ihn zu ihrem größten Erstaunen sogar meine Frau zu Hause vernahm. Unser Haus ist eine ganze Meile von diesem Ort entfernt, doch stand der Wind aus Südwest.[19]

Dreizehn Männer von Quelchs Besatzung wurden begnadigt. Es war relativ häufig, daß ein Gericht nach der strengen Durchführung eines Prozesses einige Angeklagte begnadigte, selbst wenn man sie für schuldig befunden hatte. Gnade gewährt wurde meist den jüngeren Mitgliedern der Besatzung, die oft erst 15 oder 16 Jahre alt waren.

Eine andere Maßnahme zur Eindämmung der Piraterie war die Begnadigung von Piraten, die sich noch auf freiem Fuß befanden. Am 5. September 1717 verkündete König Georg I. in einem Erlaß, daß Piraten, die sich innerhalb einer bestimmten Frist den Behörden stellten, mit »Seiner Allergnädigsten Verzeihung« rechnen durften. Der Erlaß wurde den Gouverneuren der Westindischen Inseln und der amerikanischen Kolonien zugestellt, die unverzüglich Kontakt zu den Piraten aufnehmen sollten. Die ersten Reaktionen waren ermutigend. Gouverneur Bennett von den Bermudas entsandte eine Sloop zu den 300 auf Providence versammelten Piraten, und die Nachricht wurde dort »mit großer Freude« aufgenommen. Die meisten Piraten waren sofort bereit, sich zu stellen. Kapitän Jennings und sieben weitere Piraten trafen fristgerecht auf den Bermudas ein, um in den Genuß der Amnestie zu kommen.

Gouverneur Peter Heywood von Jamaika entsandte zwei Schiffe zu Hornigold und einigen seiner Gefährten. Die Piraten antworteten mit folgendem Brief: »Hiermit teilen wir Eurer Exzellenz mit, daß wir mit Kapitän Cook zusammengekommen sind, der uns die willkommene Botschaft eines Gnadenerlasses Seiner Majestät König Georges überbracht hat. Wir nehmen gerne an und übermitteln Seiner Majestät unseren ergebensten Dank. Gott schütze den König.«[20]

Der Erfolg der Amnestie hing letztlich davon ab, ob die begnadigten Piraten ihr blutiges Handwerk wirklich aufgaben. Berichten ist zu entnehmen, daß der königliche Erlaß in bestimmten Gegenden wie den Bahamas wohl eine gewisse Wirkung gehabt hat, anderswo jedoch nicht. So berichtete Gouverneur Shute aus Boston, die Bedrohung durch Piraten bestehe unvermindert weiter.

Ein weiterer Beweis für die Entschlossenheit der britischen Behörden, mit der Piraterie aufzuräumen, war die Aussetzung stattlicher Kopfgelder für Seefahrer, die Piraten gefangennahmen. 1717 bot ein königliches Dekret 100 Pfund für die Festnahme eines Piratenkapitäns, 40 Pfund für einen Piratenoffizier, 30 Pfund für einen niederen Offizier und 20 Pfund für einen gewöhnlichen Piraten.[21] Die Höhe der Kopfgelder, die Alexander Spotswood 1718 für die Ergreifung Blackbeards aussetzte, war ganz offensichtlich durch dieses frühere Dekret angeregt. Was die Kaufleute, Ratsherrn und Gouverneure der Kolonien allerdings am nötigsten brauchten, waren zusätzliche Kriegsschiffe. In Großbritannien reagierte man darauf zunächst zögernd, doch wurden schließlich Kriegsschiffe entsandt, und die nun folgenden Kämpfe zwischen der Royal Navy und den Piraten sind eines der spannendsten Kapitel der Geschichte der Piraterie.

Im Jahr 1718 standen 67 große Linienschiffe, 50 Kriegsschiffe 5. und 6. Ranges, 7 Sloops und rund 13000 Seeleute im Dienst der Royal Navy.[22] Diese gewaltige Kriegsflotte war die wirksamste Waffe der Briten im Kampf gegen die so schwer zu fassenden Piraten. Das kleinste Linienschiff hatte immerhin noch 50 Kanonen und war damit Blackbeards *Queen Anne's Revenge* ebenbürtig, dem größten Piratenschiff der Geschichte. Bekanntlich waren die meisten Piratenschiffe Sloops mit 10 bis 20 Kanonen. Einem Kriegsschiff 3. Ranges mit 70 Kanonen waren sie hoffnungslos unterlegen.

Die Navy entsandte ihre Flotten in alle Teile der Welt. Admiral Benbow kommandierte 1702 in der Karibik sechs Linienschiffe, darunter sein Flaggschiff *Breda* mit 70 Kanonen und die *Ruby* mit 48 Kanonen. In der Nähe von Cartagena vor der südamerikanischen Küste traf die Flotte auf ein kleineres französisches Geschwader. Das anschließende Seegefecht, das als Schlacht von Santa Marta bekannt wurde, endete unentschieden und ist vor allem wegen Benbows heroischem Mut legendär geworden. Sein rechtes Bein wurde von Kettenkugeln zertrümmert, doch weigerte er sich, das Achterdeck zu verlassen. Nach dem Gefecht starb er an seinen Wunden. Stevenson machte ihn unsterblich, indem er das Wirtshaus von Jim Hawkins Vater in der *Schatzinsel* nach ihm benannte.

Sechs Jahre später fing Kommodore Charles Wager in denselben Gewässern die spanische Schatzflotte ab. Wager hatte vier Schiffe unter seinem Kommando: die *Expedition* mit 70 Kanonen, die *Kingston* mit 60 Kanonen, die *Portland* mit 50 Kanonen und einen Brander. Der spanische Verband bestand aus zwei Schiffen mit 64 Kanonen, zwei Schiffen 5. Ranges und acht kleineren Fahrzeugen. Nach anderthalbstündigem Kampf explodierte die *San Joseph*, das größte spanische Schiff. Die *San Joseph* nahm 600 Mann Besatzung und märchenhafte Schätze mit in die Tiefe. Ein anderes spanisches Schiff konnte gekapert werden, ein drittes lief an der Küste auf Grund.

Gegen einen Flottenverband dieser Stärke hatten Piraten keine Chance. Sie konnten nur deshalb so viele Jahre lang ungestraft morden und plündern, weil die Admiralität keine Schiffe dieser Größenordnung gegen sie einsetzte. Lediglich strategisch wichtige Stützpunkte von Schiffen wurden bewacht und Kriegsschiffe als Geleitschutz der den Atlantik überquerenden Kauffahrerflotten eingesetzt. Im Jahr 1715 war ein Schiff 6. Ranges mit 24 Kanonen in New York stationiert, eines in Virginia zur Bewachung der Chesapeake Bay, eins in Neuengland und eins in Maryland. Im Bereich der Westindischen Inseln patrouillierte ein Schiff mit 20 Kanonen bei den Inseln über dem Winde, zwei weitere Schiffe waren auf Barbados stationiert, ein weiteres Schiff mit 42 Kanonen und zwei kleinere Sloops mit 14 Kanonen sollten Jamaika schützen.[23] Ein Blick auf die Karte zeigt, daß diese wenigen Schiffe nicht ausreichten, um den Piraten den Garaus zu machen.

Die amerikanische Küste zwischen Boston und Charleston in South

Carolina ist ein Geäder von Flußmündungen, Buchten, Meeresarmen und Inseln. Vier Schiffe konnten angesichts einer Küstenlinie dieser Länge und Verästelung keinen wirklichen Schutz bieten. In der Karibik war das Problem noch größer. Hier gab es Hunderte unbewachter Inseln, viele davon unbewohnt und kartographisch unzureichend erfaßt. Die Piraten fanden hier Schlupfwinkel in Hülle und Fülle.

Die afrikanische Küste bot weniger Schlupfwinkel, doch war sie für europäische Seefahrer eine Todesfalle wie auch die Westindischen Inseln. Malaria, Ruhr, Gelbfieber und andere Krankheiten erwarteten die Besatzungen der Schiffe in den Tropen. Die Greuel des Sklavenhandels sind wohlbekannt. Weniger bekannt ist, daß weiße Matrosen prozentual genauso häufig starben wie die schwarzen Sklaven. Einer Schätzung zufolge starb einer von drei Weißen während der ersten vier Monate seines Aufenthalts in Afrika.[24] Die Besatzung der HMS *Weymouth* war bereits wenige Wochen nach ihrer Ankunft an der afrikanischen Küste 1721 so sehr von Krankheiten geschwächt, daß das Schiff nicht mehr in See stechen und bei der Suche nach Bartholomew Roberts' Piratenschiffen nicht teilnehmen konnte. Ähnlich schlimm war es in der Karibik. Eine 1726 von Admiral Hosier geführte Expedition erlitt solche Verluste, daß eine Stationierung in der Karibik später ganze Generationen von Seeleuten mit Schrecken erfüllte. Hosier verlor in zwei Jahren von 4750 Männern 4000 durch Fieber.[25]

Zusätzlich zur Größe des zu schützenden Gebietes und zum tödlichen Tribut, den die Krankheiten forderten, hatte die Navy dasselbe Problem wie alle, die Recht und Ordnung gegen bewaffnete Rebellen, Guerillas oder Terroristen verteidigen: Sie wußten meist nicht rechtzeitig, wann und wo der nächste Überfall stattfinden sollte. Hier half nur, die Zahl der Kriegsschiffe zu erhöhen und deren Kommandanten anzuweisen, der Jagd auf die Piraten absoluten Vorrang einzuräumen.

Die Listen der Admiralität über die in ihren Diensten stehenden Schiffe Seiner Majestät zeigen deutlich, daß die Lords nach und nach lernten, die Bedrohung durch die Piraten ernst zu nehmen. Wie bereits erwähnt, waren 1715 vier Schiffe an der amerikanischen Ostküste und sechs in der Karibik stationiert. In den folgenden Jahren wurde diese Zahl nach und nach erhöht, und damit war die Bühne für eine Reihe dramatischer Seeschlachten gegen die Piraten vorbereitet.

Den Anfang machte das Gefecht bei Ocracoke, das dem Treiben Blackbeards und seiner Männer ein Ende setzte. Der Sieg war für die britischen Behörden zwar propagandistisch sehr wertvoll, bewirkte aber freilich nichts gegen die Aktivitäten anderer Piraten. Der wichtigste Schlag gegen die Piraten gelang mit der Gefangennahme der Besatzung Bartholomew Roberts' an der Westküste Afrikas.

Am 6. Februar 1721 lichtete die HMS *Swallow* in Spithead den Anker und nahm Kurs auf Afrika. Begleitet wurde sie von der HMS *Weymouth*. Die beiden Schiffe sollten einen Konvoi von sechs Kauffahrern schützen.[26] Die *Swallow* war ein starker Zweidecker mit 50 Kanonen und erst zwei Jahre zuvor in Chatham Dockyard vom Stapel gelaufen. Sie fuhr unter dem Kommando des erfahrenen Kapitäns Chaloner Ogle.

Am 9. April erreichte der Konvoi die Mündung des Sierra Leone River, am 18. Juni ankerte er vor der Festung von Cape Coast, wo er mit einem Salut von 15 Kanonenschüssen begrüßt wurde. Dort löschten die Kauffahrer ihre Ware und nahmen Sklaven an Bord, während die beiden Kriegsschiffe nach Süden zur 200 Meilen vor der fieberverseuchten Küste gelegenen Prinzeninsel weiterfuhren, die über ein kleines Fort und einen guten Hafen verfügte. Nach siebenwöchigem Aufenthalt fuhren sie zur Insel St. Thomas weiter, anschließend kreuzten sie vier Monate vor der Küste.[27]

Am 7. Januar war die *Swallow* wieder in Cape Coast, und Kapitän Ogle erfuhr vom Gouverneur, daß zwei Piratenschiffe die Gewässer unsicher machten. Da die Besatzung der *Weymouth* inzwischen so von Tropenkrankheiten geschwächt war, daß das Schiff nicht auslaufen konnte, machte sich die *Swallow* allein auf die Suche nach den Piraten. Am 15. Januar traf sie in Whydah ein, einem lebhaften Handelsposten und Zentrum des Sklavenhandels an einem 200 Meilen langen Küstenabschnitt. Der Ort war drei Tage zuvor von Bartholomew Roberts überfallen und geplündert worden. Ogle sah nun mit eigenen Augen, wie die Piraten gewütet hatten.

Roberts hatte die Karibik ein halbes Jahr zuvor verlassen und Kurs auf die afrikanische Küste genommen. Er hatte das Kommando über die *Royal Fortune*, ein französisches Kriegsschiff mit 42 Kanonen, das er 1720 gekapert hatte, und die Brigantine *Good Fortune* diente ihm als Begleitschiff. Trotz oder vielleicht gerade wegen einiger erfolgreicher Beutezüge wurden die von ihm angeführten Piraten immer aufsässiger: »Sie waren fast immer wütend oder betrunken, was zu einem ständigen Chaos führte, da jeder sich einbildete, ein Kapitän, Prinz oder König zu sein.«[28] Tausend Meilen vor der afrikanischen Küste beschlossen die Piraten der Brigantine unter Kapitän Anstis einstimmig, sich von Roberts abzusetzen, und sie verschwanden über Nacht.

Roberts fuhr unbeirrt weiter bis zur Mündung des Senegal an der afrikanischen Küste, die dort unter französischer Herrschaft stand. Von

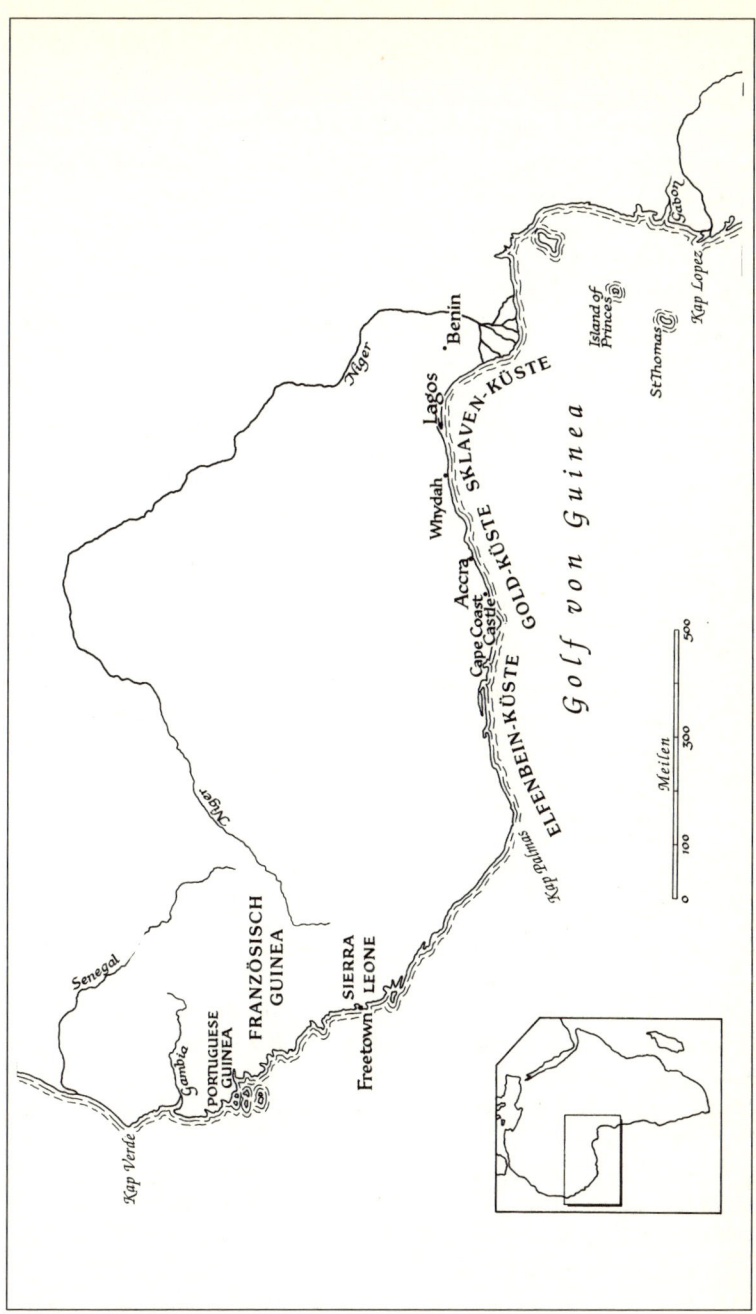

Küste Westafrikas im frühen achtzehnten Jahrhundert.

zwei entlang der Küste patrouillierenden französischen Schiffen wurde er aufgefordert, Flagge zu zeigen. Als Roberts die schwarze Flagge hißte und seine Kanonen ausrennen ließ, ergaben sich die Schiffe kampflos. Roberts fuhr mit den beiden Prisen an der Küste entlang nach Sierra Leone, wo er sie für seine eigenen Zwecke umbaute. Das größere Schiff mit 16 Kanonen bekam den Namen *Ranger*, das kleinere mit 10 Kanonen den Namen *Little Ranger*; es sollte als Versorgungsschiff dienen. Im Juni 1721 ankerte die *Royal Fortune* auf dem Sierra Leone River. In dem Handelsposten am Flußufer erfuhr Roberts, im Monat zuvor seien die *Swallow* und die *Weymouth* dort aufgetaucht, die Schiffe würden allerdings nicht vor Ende des Jahres zurückerwartet. Die Piraten ließen sich in Sicherheit wiegen. Sie überholten ihre Schiffe und fuhren plündernd und mordend an der Küste entlang nach Südosten. In Sestos kaperten sie die schöne Fregatte *Onslow*, während sich der Kapitän und ein Großteil der Besatzung an Land befanden. Die *Onslow* gehörte der Königlichen Afrikagesellschaft. Roberts baute sie für seine Zwecke um und nannte sie wie sein altes Schiff *Royal Fortune*. Aufs beste gerüstet überfiel er am 12. Januar 1722 mit der *Royal Fortune* und der *Ranger* die bei Whydah ankernden Schiffe.

Elf oder zwölf Schiffe hißten die weiße Flagge, ihre Kommandanten erklärten sich bereit, Lösegeld zu zahlen, aber Kapitän Fletcher von dem englischen Sklavenschiff *Porcupine* weigerte sich. Die Piraten wurden so wütend, daß sie das Schiff anzünden wollten. Einer von ihnen goß Teer aufs Deck der *Porcupine* und setzte das Schiff in Brand. Die Piraten hatten in ihrer Wut vergessen, die 80 paarweise aneinander gefesselten Sklaven vom Schiff zu holen. Die Zuschauer waren entsetzt über das grausige Schicksal der Schwarzen an Bord der *Porcupine,* und die Offiziere der *Swallow* schilderten Bilder des Schreckens. Die unglücklichen Sklaven standen »vor der schrecklichen Wahl, entweder im Feuer oder im Wasser umzukommen. Wer über Bord sprang, wurde von den Haien, einem in diesem Gewässer häufig vorkommenden, gefräßigen Fisch, vor den Augen der Beobachter bei lebendigem Leibe zerrissen.«[29] Bevor Roberts Whydah verließ, nahm er noch das schönste französische Schiff als Prise, einen schnellen Segler, der früher von St. Malo aus als Kaperschiff operiert hatte.

Kapitän Ogle vermutete, daß Roberts als nächstes einen Liegeplatz in der Bucht von Benin anlaufen würde, wo er das gekaperte Schiff für seine Zwecke umbauen konnte. Er fuhr mit der *Swallow* also nach Süden, und nach dreiwöchiger Suche wurden am frühen Morgen des 5. Februar die Piraten gesichtet. Drei von Roberts' Schiffen ankerten auf der Leeseite von Cape Lopez. Zuerst kam Ogle nicht auf Schußweite an die Piraten heran. Der starke Südostwind zwang die *Swallow*, nach Nordwest abzufallen, um nicht auf eine Sandbank aufzulaufen. Als die Piraten das Schiff näher kommen und dann abdrehen sahen, glaubten sie, es wolle fliehen. Roberts befahl der mit 32 Kanonen bestückten *Ranger*, die Verfolgung aufzunehmen.

Als Ogle begriff, daß die Piraten die *Swallow* nicht als britisches Kriegsschiff identifiziert hatten, blieb er auf Kurs, verlangsamte aber absichtlich die Geschwindigkeit, damit die Piraten ihn einholten. Um halb elf morgens war die *Ranger* nahe genug, um das Feuer aus ihren Buggeschützen zu eröffnen. Die Männer auf der *Swallow* sahen, daß die Piraten die Rah des Sprietsegels unter dem Bugspriet bereit zum Entern gemacht hatten. Im Topp führte die *Ranger* sowohl die englische Flagge als auch einen holländischen Wimpel und die schwarze Piratenflagge.

Um elf war die *Ranger* auf Musketenschußweite heran. Der Augenblick für den Überraschungsangriff war gekommen. Ogle befahl dem Steuermann:»Ruder hart Steuerbord!« Das Linienschiff schwang herum, die Geschützpforten öffneten sich und die Kanonen des unteren Batteriedecks wurden ausgerannt. Nun empfing die siegessicheren Piraten der ohrenbetäubende Donner einer wohlgezielten Breitseite. Die *Ranger* lief vor dem Bug der *Swallow* vorbei und gab Fersengeld. Doch anderthalb Stunden nach Eröffnung des Feuers war das Schicksal der Piraten besiegelt. Die Großmarsstenge ihres Schiffes war zerschossen, sechsundzwanzig Piraten waren tot oder verwundet, Kapitän Skyrm war im Gefecht ein Bein abgeschossen worden. Den Logbüchern der *Swallow* zufolge holten die Piraten»die schwarze Flagge nieder, sobald sie uns als Schiff Seiner Majestät ausmachten, doch wurde sie danach wieder gehißt«.[30] Johnson schreibt, die Piraten hätten, nachdem die Entscheidung gefallen war, die Fahne ins Meer geworfen, damit sie nicht ihren Feinden in die Hände fiel.

In der Nacht darauf brach ein schweres Gewitter mit Sturm und heftigem Regen los. Die Briten arbeiteten die ganze Nacht und den folgenden Tag auf dem Piratenschiff. Sie reparierten die Schäden, nahmen die Gefangenen in Gewahrsam und versorgten die Verwundeten. Am 7. Februar um 2.00 Uhr morgens nahm die *Ranger* mit einer Prisenbesatzung an Bord Kurs auf die Prinzeninsel. Die *Swallow* fuhr nach Cape Lopez zurück, wo sie am Abend des 9. Februar eintraf. Der Ausguck konnte zwei ankernde Schiffe ausmachen. Weil die Dämmerung hereinbrach, mußte Ogle den Angriff jedoch verschieben. Das Wetter verschlechterte sich erneut, und Regen und Wind schlugen ihnen entgegen, als sie nach Luv kreuzten.

Im ersten Morgengrauen des 10. Februar kehrte die *Swallow* nach Cape Lopez zurück, und die Besatzung bereitete sich auf das entscheidende Gefecht mit den Piraten vor. Als sie näher kamen, sahen sie drei ankernde Schiffe: Roberts' *Royal Fortune*, die *Little Ranger* und eine dreimastige Pinke. Laut Johnson handelte es sich bei der Pinke um die *Neptune* aus London unter Kapitän Hill. Roberts hatte Hill auf sein Schiff eingeladen, und als das Kriegsschiff gesichtet wurde, frühstückten die beiden gerade in der Kapitänskajüte der *Royal Fortune*. Kapitän Hill war vermutlich kein Pirat, und aus Ogles Bericht kann man lediglich schließen, daß Hills Schiff im Dienst der Königlichen Afrikagesellschaft stand. Hill war an dem folgenden Gefecht nicht beteiligt, doch während die *Royal Fortune* sich der *Swallow* stellte, plünderte er in aller Ruhe die *Little Ranger*. »Die Piraten sagten, sie hätten in ihren Kisten beträchtliche Mengen an Gold aufbewahrt«, schrieb Kapitän Ogle später.[31]

Die *Swallow* näherte sich dem Ankerplatz unter französischer Flagge. Verwirrt überlegten die Piraten, ob es sich um die zurückkehrende *Ranger*, einen Portugiesen oder ein französisches Sklavenschiff handelte. Ein Matrose namens Robert Armstrong, der von der *Swallow* desertiert war, identifizierte das Schiff, doch die Piraten saßen in der Falle. Dann ließ Ogle die Kanonen ausrennen und die britische Flagge hissen. Bartholomew wußte, daß sein letzter Kampf bevorstand. Er zog ein leuchtend rotes Wams und rote Hosen an, setzte sich einen Hut mit einer roten Feder auf, hängte sich ein Paar Pistolen an einem seidenen Bandelier über die Schulter und erteilte unbekümmert seine Befehle.

Um 9.30 Uhr slippte die *Royal Fortune* das Ankertau und nahm Fahrt auf. Zwei Wochen später schilderten die Offiziere der *Swallow* die folgenden Ereignisse beim Prozeß gegen die Piraten:

Gegen elf Uhr stand sie auf Pistolenschußweite vor uns. Als sie an ihrer Großmarsstenge eine schwarze Flagge hißte, strichen wir die französische Flagge, die wir bis dahin gesetzt hatten, und zogen die Farben des Königs auf. Zugleich feuerten wir eine Breitseite ab, die sofort erwidert wurde, allerdings ohne uns gleichermaßen zu beschädigen. Ihre Besanstenge kam herunter und mit ihr ein Teil der Takelage.
Der Pirat, der ein schnellerer Segler war als wir, entfernte sich bis auf eine halbe Schußweite, während wir weiter ununterbrochen aus allen Geschützen feuerten, mit denen wir ihn erreichen konnten . . . bis uns der Wind zu Hilfe kam und wir erneut längsseits gingen. Nach weiterem Schußwechsel kam schließlich gegen halb zwei der Großmast der Piraten herunter, getroffen von einem Schuß dicht unterhalb des Rack.
Um zwei strichen die Piraten die Flagge und baten um Gnade. Es handelte sich um die mit 40 Kanonen bestückte *Royal Fortune*, vormals *Ons-*

low, und die Gefangenen sagten uns, bei dem zurückgebliebenen kleineren Schiff handle es sich um die *Little Ranger*, die ebenfalls zu ihnen gehöre. Insgesamt waren 152 Männer an Bord, 52 davon waren Neger.[32]

Unerwähnt bleibt hier, daß das Gefecht bei Gewitter und strömendem Regen stattfand. Roberts selbst wurde durch eine der Breitseiten der *Swallow* getötet. Sein Hals wurde durch eine Kartätschenkugel zerfetzt, und er brach über den Tauen zum Ausrennen einer Kanone zusammen. Dort fand ihn ein Pirat und brach angeblich in Tränen aus. Die Leiche wurde über Bord geworfen, wie Roberts zu Lebzeiten befohlen hatte. Zwei weitere Piraten wurden getötet, zehn wurden verwundet. Auf der *Swallow* gab es keine Verluste.

Ogle kehrte nach Cape Lopez zurück, wo die *Little Ranger* verlassen und ausgeraubt vor Anker lag. Kapitän Hill war mit seiner Pinke verschwunden, und Ogle folgerte, daß er und seine Besatzung für den Raub verantwortlich waren.

In den folgenden Tagen überholte die Besatzung der *Swallow* das Schiff, besserte Schäden aus und nahm Wasser und Proviant an Bord, ständig behindert durch Gewitter und sintflutartige Regenfälle. Am 18. Februar brach die *Swallow* in Begleitung der *Royal Fortune* und der *Little Ranger* auf, zuerst zur Prinzeninsel, um die *Ranger* abzuholen, dann nach Cape Coast, wo sie am 16. März mit einem Salut von 21 Schüssen begrüßt wurde. Tags darauf wurden die Gefangenen an Land gebracht und in der Festung eingesperrt. Der Prozeß war ein Meilenstein im Kampf gegen die Piraterie. 52 Männer wurden gehängt, 17 zu Haftstrafen im Marshalsea-Gefängnis verurteilt.

Vor seiner Rückkehr nach England fuhr Ogle noch weisungsgemäß zu den Westindischen Inseln. Zwei seiner Prisen nahm er bis Jamaika mit. Am 20. August 1722 wurde die Insel von einem schweren Orkan heimgesucht. Alle Schiffe im Hafen von Port Royal sanken oder wurden auf die Küste geworfen, darunter auch die *Royal Fortune* und die *Little Ranger*. Sie scheiterten an den Felsen des Saltpan Hill und wurden dort in weniger als einer Stunde vollkommen zertrümmert. Die *Swallow* jedoch konnte gerettet werden. Zusätzliche Anker wurden ausgebracht, und die Masten wurden gekappt, was das Schiff vor dem Kentern bewahrte.

Kurz nach seiner Rückkehr nach England wurde Kapitän Chaloner Ogle in Anerkennung seiner Verdienste im Kampf gegen die Piraten zum Ritter geschlagen. 1739 wurde er Konteradmiral, am Ende seiner Karriere war er Großadmiral.

Die Geschichte hatte ein interessantes Nachspiel. Am 3. April 1725, über drei Jahre später, berichtete das *London Journal*, Offiziere und Besatzung der *Swallow* hätten die Belohnung ausgezahlt bekommen, die ihnen nach dem königlichen Erlaß für die Ergreifung von Piraten zustand. »Bemerkenswert ist, daß die Offiziere und Matrosen dieses Schiffes erst durch die Veröffentlichung eines Buches mit dem Titel *Eine allgemeine Geschichte der Piraten* von ihrem Anspruch auf besagte Belohnung erfuhren.« Bei dem Buch handelte es sich natürlich um Johnsons berühmtes Werk aus dem Jahre 1724.

Das letzte Stündlein der Piraten hatte geschlagen. Im Juni 1718 eroberte die HMS *Scarborough*, die zwei Jahre zuvor Blackbeard nicht hatte besiegen können, das mit sechs Kanonen bestückte Piratenschiff *Blanco* unter dem französischen Piraten Le Bour. Im Mai 1722 berichtete Sir Nicholas Lawes, der Gouverneur von Jamaika, die HMS *Launceton* mit 40 Kanonen unter Kapitän Candler sei ans südwestliche Ende von Hispaniola entsandt worden, um den dortigen Schiffsverkehr vor Piraten zu schützen. Sie habe dort ein spanisches Piratenschiff unter dem Italiener Mathew Luke aufgebracht. Die gefangenen Piraten wurden in Jamaika abgeurteilt, von 58 Männern wurden 41 gehängt.

Besonderes Aufsehen erregte das Seegefecht zwischen Kapitän Solgard von der HMS *Greyhound* und den Piratensloops *Fortune* und *Ranger* unter Edward Low, dem grausamsten Piraten seiner Zeit. Ausgetragen wurde der Kampf östlich von Long Island, und er dauerte über acht Stunden.[33] Als die Piraten nach einstündigem Schußwechsel versuchten, durch Rudern zu entkommen, setzte Solgard seinerseits 86 Mann an die Ruder und nahm die Verfolgung auf. Um halb drei holte er die Piraten ein und beschoß sie mit Kartätschen, bis das Großsegel der *Ranger* herunterkam. Um vier ergab sich die Besatzung der *Ranger*, Low selbst floh auf der *Fortune*. Solgard mußte die Gefangenen an Bord nehmen. Dann verfolgte er Low, doch er verlor ihn in der Nähe von Block Island aus den Augen.

Die gefangenen Piraten wurden in Newport auf Rhode Island von einem Admiralitätsgericht unter Vorsitz von William Dummer, dem Vizegouverneur von Massachusetts, abgeurteilt. Am 19. Juli 1723 wurden 26 Piraten am Ufer des Hafens von Newport gehängt. Gouverneur Burnet von New York beschrieb die Ereignisse in einem Bericht an Lord Carteret in London, der bei den Lords der Admiralität große Freude ausgelöst haben muß:

Ich habe die Ehre, Euer Lordschaft die gute Nachricht mitzuteilen, daß das hier stationierte Schiff unter Kapitän Solgard am 10. dieses Monats ein Gefecht gegen zwei Piratensloops geführt hat, jede mit etwa 70

Mann Besatzung und 8 Kanonen und unter dem Kommando eines gewissen Low. Gegen Abend kapitulierte eines der Schiffe, das manövrierunfähig geschossen worden war. Dann brach die Dämmerung herein und Kapitän Solgard verlor das andere Schiff aus den Augen. Er schreibt mir allerdings, er habe Nachricht, der zufolge er es östlich von Boston zu finden hoffe. Diese Niederlage wird zusammen mit der, die Kapitän Ogle den Piraten zugefügt hat, das Meer von diesen ausgemachten Schurken hoffentlich befreien. Diese hier waren bemerkenswert grausam, und sie haben auf den Westindischen Inseln ungeheuren Schaden angerichtet.[34]

Solgards kleiner Sieg hinterließ einen stärkeren Eindruck auf die Zeitgenossen als Ogles Erfolg, weil er nicht im fernen Afrika, sondern in amerikanischen Küstengewässern stattgefunden hatte. Einen Monat nach dem Gefecht ernannten die dankbaren New Yorker Stadtväter Solgard zum Ehrenbürger und schenkten ihm eine goldene Tabatiere. Auf der Rückseite war das Stadtwappen eingraviert, den Deckel zierte ein Bild vom Kampf der *Greyhound* gegen die Piraten.[35]

Es war seit Heinrich VIII. Brauch, in Kriegszeiten sogenannte »Kaperbriefe« auszugeben. Sie ermächtigten den Kapitän, Schiffe einer Nation anzugreifen und zu kapern, die mit England im Krieg lag. Solche Kaperschiffe waren eine billige Verstärkung der Royal Navy, und die Eigner und Kapitäne der Kaperschiffe wurden am Erlös aus dem Verkauf des gekaperten Schiffes und seiner Ladung beteiligt.

Das Prisengesetz von 1692 regelte mit 22 vom Kronrat erlassenen Artikeln den Inhalt der Kaperbriefe, die bis dahin oft bloße Freibriefe für die Piraterie gewesen waren. Wer ein Schiff kaperte, hatte ein gesetzliches Anrecht auf die Prise, doch mußte diese erst von einem Prisengericht zur Prise erklärt werden. Auch die Aufteilung des Prisengeldes zwischen Krone, Schiffseigentümer und Schiffsbesatzung wurde festgelegt. Infolge des Gesetzes war es, wie Ritchie bemerkt, »viel leichter, zwischen Kaper und Piraterie zu unterscheiden. Wer die erforderlichen Pässe, Briefe, Urkunden und auch Flaggen nicht vorweisen konnte, war ein Pirat.«[36]

Nach dem Frieden von Utrecht wurden keine Kaperbriefe mehr gegen französische und spanische Schiffe ausgestellt, doch hörte die Kaperei nicht gänzlich auf. Der neue Feind waren die Piraten, und die Gouverneure der Kolonien in Amerika und Westindien ermächtigten zahlreiche Kapitäne, Piratenschiffe zu kapern.

Im November und Dezember 1715 stellte Lord Hamilton, der Gouverneur von Jamaika, zehn Schiffen in der Größe von 20 bis 90 Tonnen

Kaperbriefe aus.[37] Einer der Kommandanten war Jonathan Barnet, Kapitän der *Tyger*, einer Snow von 90 Tonnen. Barnets Kaperbrief ist erhalten, und obendrein hat er Calico Jack und die Piratinnen Mary Read und Anne Bonny zur Strecke gebracht.

Barnets Instruktionen beginnen mit der Erklärung, die häufigen Angriffe der Piraten in der Karibik hätten es erforderlich gemacht, »neben den Kriegsschiffen Seiner Majestät private Kriegsschiffe in Dienst zu stellen«. Im folgenden werden Barnet und die *Tyger* ermächtigt, »durch Waffengewalt jedwedes Piratenschiff zu kapern und seinen Kommandanten, seine Offiziere und die Besatzung zu ergreifen und festzunehmen«.[38] Es folgen detaillierte Anweisungen: Gefangene Piraten mußten nach Port Royal gebracht werden. Alle Einzelheiten mußten schriftlich festgehalten werden. Ein Union Jack mußte im Topp geführt werden, der sich vom Union Jack der Kriegsschiffe nur durch ein weißes Viereck in der Mitte unterschied. Das nächste Mal taucht Barnets Name in einem Bericht vom 13. November 1720 auf, den Sir Nicholas Lawes, der neue Gouverneur von Jamaika, nach London sandte. Der Gouverneur schildert kurz den Kampf, der zur Festnahme von »Calico Jack« Rackam führte:

> Vor etwa zwei Wochen hat uns ein Handelsschiff dieser Insel mit einer guten Besatzung und einem tüchtigen Burschen namens Jonathan Barnet als Kommandanten einen hervorragenden Dienst erwiesen. Barnet traf auf der Leeseite der Insel auf ein Piratenschiff, das von einem gewissen Rackum geführt wurde. Auf dem Schiff befanden sich 18 Piraten, die Barnet festnahm und die sich jetzt im Gefängnis befinden.[39]

Im Oktober 1722 kam die Sloop *Eagle* auf dem Weg von St. Kitts nach Cumaná in Venezuela an der Insel Blanco vorbei. Dort sah ihr Kapitän, der 32jährige Walter Moor, in einer Bucht eine Sloop liegen.[40] Da er wußte, daß die Insel unbewohnt war und von Kauffahrern nicht angelaufen wurde, schöpfte er sofort Verdacht. Die Aussicht auf die Belohnung wird seinen Mut beflügelt haben. Er lief näher heran und entdeckte, daß man die Sloop für Ausbesserungsarbeiten auf die Seite gelegt und die Kanonen an Land gebracht hatte. Als er sie aufforderte, Flagge zu zeigen, hißte das mysteriöse Fahrzeug das Georgskreuz, und die Piraten eröffneten das Feuer auf die *Eagle*. Kapitän Moor befahl seinen Männern, die Sloop zu entern, doch die Piraten kappten die Ankertaue und zogen das Heck der Sloop auf den Strand. Um nicht auf Grund zu laufen, ankerte Moor mit der *Eagle* in der flachen Bucht und beschoß die wehrlose Sloop mit seinen Geschützen, bis die Piraten kapitulierten.

Doch als Moor und seine Männer das Schiff enterten, kletterten der Piratenkapitän und zehn bis zwölf seiner Männer aus dem Kajütenfenster und flohen an Land. Die Insel war dicht bewaldet, und die Verfolger hatten Mühe, die Flüchtigen zu finden. Nach fünftägiger Suche hatten sie erst fünf Männer festgenommen. Doch einige Piraten waren beim Schiff geblieben. Insgesamt machte Moor 24 Gefangene. Moor wurde berichtet, daß die Sloop unter dem Kommando von George Lowther gestanden hatte. Lowther war leider entkommen. Er hatte kurz zuvor die *Princes Galley* aus London gekapert, die Besatzung gefoltert, den Gehilfen des Schiffsarztes und einen Zimmermann gezwungen, sich den Piraten anzuschließen, und die Ladung geraubt.

Die *Eagle* segelte nach Cumaná, wo Moor dem Gouverneur Bericht erstattete. Das eroberte Piratenschiff wurde als Prise deklariert und Moor und seiner Besatzung übergeben. Außerdem schickte der Gouverneur eine kleine Sloop mit 25 Männern nach Blanco, um die Piraten einzufangen, die sich noch in den Wäldern versteckt halten mußten. Sie erwischten vier, doch Lowther, drei weitere Männer und ein kleiner Junge wurden nicht gefunden. Später stellte sich heraus, daß Lowther Selbstmord begangen hatte.[41] Am 11. März 1724 trat auf St. Kitts ein Admiralitätsgericht zum Prozeß gegen Lowthers Besatzung zusammen.[42] Zwei junge Matrosen von der *Princes Galley*, die sich den Piraten freiwillig angeschlossen hatten, wurden zwar schuldig gesprochen, doch anschließend begnadigt. Elf Piraten starben am 20. März am Galgen.

Rückblickend überrascht, wie schnell die Royal Navy und die mit Kaperbriefen ausgestatteten Kapitäne der Piraterie den Garaus machten. Das Operationsgebiet der Piraten erstreckte sich über Tausende von Meilen, und es gab in der Karibik und entlang der nordamerikanischen und afrikanischen Küsten unzählige Inseln und Buchten, wo sie sich verstecken konnten. Und doch wurde die Nachricht von ihrem Aufenthaltsort auch ohne Radio und Telefon von den unzähligen Schiffen und Booten weitergegeben, die zwischen den Inseln und entlang der Küsten verkehrten. Wenn sie den Gouverneur einer Kolonie, den Kapitän eines Kriegsschiffes oder einen Agenten der Königlichen Afrikagesellschaft oder der Ostindienkompanie erreicht hatte, wurde ein Kriegsschiff entsandt und das Seegebiet wurde beharrlich abgesucht, bis der Pirat aufgespürt war. Kapitän Ogle brauchte mit der *Swallow* fast acht Monate, um Bartholomew Roberts zu finden, doch dann konnte er dem erfolgreichsten aller Piraten das Handwerk legen. In einer Welt, die zusehends kleiner wurde, fanden die Piraten bald kein sicheres Versteck mehr.

Verurteilt, hingerichtet und in Ketten aufgehängt

Über vierhundert Jahre lang wurden Piraten am Execution Dock am Nordufer der Themse gehängt. Die genaue Stelle ist auf alten Karten Londons verzeichnet: Sie liegt eine Meile flußabwärts vom Londoner Tower an einer Flußbiegung bei Wapping. Heute sieht man von dem Pub *Captain Kidd* auf die einstige Stätte des Galgens.

Als Captain Kidd, John Gow und andere berüchtigte Piraten Anfang des 18. Jahrhunderts dort gehängt wurden, war das Ufer von Wapping ein Gewirr von Lagerhäusern, Holzkränen und Plätzen, auf denen Holz gelagert wurde. Hinter den Lagerhäusern standen an engen Gassen die Häuser der Matrosen, Hafenarbeiter und Schiffsbauer und ihrer Familien. Der Haupthafen von London befand sich etwas weiter stromaufwärts; sein Zentrum war der Custon House Quay. Dort lagen die Schiffe in drei und vier Reihen nebeneinander, ein Wald von Masten und Segeln, der sich bis zur Old London Bridge erstreckte.

Der Galgen wurde am Ufer in der Nähe der Niedrigwassermarke errichtet. Nach der Hinrichtung tauchten die Leichen der Piraten langsam in das strudelnde Wasser der einkommenden Flut. Dreimal ging die Flut gewöhnlich über sie hinweg, dann wurden die Leichen abgenommen. Piraten wurden auf beiden Seiten des Atlantiks »innerhalb der Flutmarken« gehängt, als sinnfälliger Ausdruck dafür, daß sie ihre Verbrechen innerhalb der Gerichtsbarkeit des Lord High Admiral begangen hatten. Er war für die Bestrafung sämtlicher auf See und auf Wasserwegen bis zur Niedrigwassermarke begangener, schwerer Verbrechen zuständig. Oberhalb davon übernahmen die zivilen Gerichte die Prozesse.

Das Uferland der Themse bestand aus Schlick und Kies und stank nach verrottendem Holz, Algen und Abwässern, doch war es fest genug, daß es bei Niedrigwasser begangen und sogar mit einem Pferdekarren befahren werden konnte. Fand eine Hinrichtung statt, versammelte sich am Ufer und in Booten und Schiffen auf dem Fluß eine

Ein Pirat unter dem Galgen des Londoner Execution Dock am Ufer der
Themse; Detail aus einem Stich von Robert Dodd. Links zu Pferd der Vollstreckungsbeamte mit dem silbernen Ruder der Admiralität. Auf der Bühne
steht neben dem Delinquenten der Gefängnisgeistliche. Im Hintergrund ist
die Kirche St. Mary im Stadtteil Rotherhithe zu sehen.

große Menschenmenge. Der Verurteilte wurde in einer Prozession vom Marshalsea-Gefängnis am Südufer über die London Bridge und am Tower vorbei zur Hinrichtungsstätte geleitet. Angeführt wurde der Zug vom Vollstreckungsbeamten der Admiralität oder seinem Stellvertreter, der als Zeichen seiner Amtsgewalt ein silbernes Ruder trug. Der Pirat fuhr auf einem Karren und wurde vom Gefängniskaplan begleitet. Am Ufer eingetroffen, bekam er Gelegenheit, etwas zur Menge zu sagen. Manche murmelten, ermutigt vom Kaplan, ein paar Worte der Reue, andere hielten trotzige Ansprachen, von mitunter beträchtlicher Länge.

Der Galgen war eine einfache Konstruktion aus zwei senkrechten Balken, die oben durch einen Querbalken verbunden waren. Eine Leiter wurde an den Galgen gelehnt und der Strick mit der Schlinge des Henkers am Querbalken befestigt. Dann stieg der Pirat mit Hilfe des Henkers die Leiter hinauf, die Schlinge wurde ihm um den Hals gelegt, und auf ein Zeichen des Vollstreckungsbeamten stieß der Henker ihn von der Leiter. Der Fall reichte nicht immer aus, den sofortigen Tod herbeizuführen, es war deshalb nicht ungewöhnlich, daß Angehörige oder Freunde an den Beinen des Piraten zogen, um ihn von seinen Qualen zu erlösen. Manchmal riß der Strick, worauf der halb bewußtlose Delinquent noch einmal die Leiter hinaufgehievt und ein zweites Mal gehängt wurde.

Nach dem dreimaligen Untertauchen in der Flut wurde die Leiche entweder abgenommen und anonym begraben oder in der Anatomie seziert oder in Ketten aufgehängt. Die Sektion hingerichteter Verbrecher war seit Heinrich VIII. erlaubt und im 18. Jahrhundert eine verbreitete Praxis. Sie widerfuhr etwa einer Bande von Piraten, die von Hastings aus operierten und 1768 gehängt wurden. Gelegentlich überlebte ein Missetäter die Hinrichtung. Wlliliam Duell wurde 1740 gehängt und in die Anatomie überführt, um dort seziert zu werden. Beim Waschen der Leiche fiel auf, daß er noch atmete. Ein Arzt ließ ihn zur Ader, zwei Stunden später hatte er sich wieder erholt und saß in einem Stuhl. Er wurde ins Newgate-Gefängnis zurückgeschickt, doch waren die Behörden offenbar der Ansicht, eine Hinrichtung sei Strafe genug, und sie ließen es mit der Verbannung in die Kolonien bewenden.[1]

Im Anschluß an die öffentliche Hinrichtung in Wapping wurden die Leichen besonders verruchter Piraten an bestimmten Orten entlang des Flusses zur Schau gestellt, wo sie von den Besatzungen der ein- und auslaufenden Schiffe gesehen werden konnten. Die Leiche Captain Kidds wurde an einem Galgen bei Tilbury Point am Unterlauf der

Themse aufgehängt. An dieser öden Stelle war sie für vorbeifahrende Schiffe eine Stunde lang sichtbar.

Auch auf der anderen Seite des Atlantiks stand dem Seemann das Schicksal der Piraten mahnend vor Augen. In Antigua wurden 1723 Captain Finn und vier Piraten gehängt. Dem Urteil des Admiralitätsgerichts folgend, wurde die Leiche Captain Finns anschließend in Ketten auf der Ratteninsel inmitten des St.-Johns-Hafens aufgehängt.[2] Ähnliches geschah an der amerikanischen Ostküste, vor allem in Boston. Im Juni 1724 berichtete die *Boston Gazette*: »Am Dienstag, den 2. dieses Monats, wurden hier wegen Piraterie hingerichtet John Rose Archer, Quartermeister, ungefähr 27 Jahre alt, und William White, ungefähr 22 Jahre alt. Nach ihrem Hinscheiden wurden sie in Booten auf eine Insel gebracht. White wurde dort begraben, der Quartermeister als abschreckendes Beispiel und Warnung für andere in Ketten aufgehängt.«

Um die zur Schau gestellten Leichen so lange wie möglich vor dem Zerfall zu bewahren, wurden sie mit einem Mantel aus Teer umgeben. Teer, mit dem man die hölzerne Schiffsrümpfe konservierte, bot einen einigermaßen wirksamen Schutz gegen die Unbilden der Witterung und schreckte vielleicht auch Rabenkrähen und Möwen ab. Anschließend wurde die Leiche in ein speziell angefertigtes Geschirr aus eisernen Reifen und Ketten eingepaßt, das Kopf, Körper und Beine zusammenhielt. Im Rathaus von Rye in Sussex wird ein solches Geschirr von 1742 aufbewahrt. Seine Anfertigung durch einen Schmied war sehr zeitraubend, was erklärt, warum es auf der Liste der durch die Hinrichtung Archers und Whites in Boston verursachten Kosten der höchste Posten ist. Die Bootsmiete und der Lohn der Arbeiter, die den Schaugalgen errichteten und Whites Grab aushoben, beliefen sich auf 3 Pfund, 15 Schillinge und 8 Pfennige, während es 12 Pfund und 10 Schillinge kostete, »die Ketten für John Rose Archer, einen der Piraten, anzufertigen und einen Mann zu bezahlen, der ihn an dem Gerüst auf der Vogelinsel befestigte«.[3]

In Ketten aufgehängte Piraten machten freilich nur einen kleinen Teil der insgesamt hingerichteten Piraten aus. Zwischen 1716 und 1726 wurden über 400 Männer wegen Piraterie gehängt,[4] durchschnittlich also 40 pro Jahr. 1723, auf dem Höhepunkt des Kampfes gegen die Piraterie, wurden sogar 82 gehängt. Sir Henry Mainwaring hatte 1617 noch geklagt, viele sähen sich geradezu ermutigt, Pirat zu werden, da es Brauch sei, »nur den Kapitän, den Schiffer und vielleicht noch einige Rädelsführer hinzurichten«.[5] Zu Beginn des 18. Jahrhunderts hatte sich das geändert. Bei 27 zwischen 1700 und 1728 abgehaltenen Prozessen blieben die Hinrichtungen nur in fünf Fällen auf die Rädelsführer beschränkt.[6] Vergegenwärtigt man sich, daß 1720 insgesamt rund 2000 Piraten an den Küsten des Atlantiks operierten, beginnt man zu verstehen, warum das große Zeitalter der Piraterie zu einem raschen Ende kam. Die von der Royal Navy veranstaltete Piratenjagd und die anschließenden Massenhinrichtungen dezimierten die Reihen der Piraten und schalteten die meisten Anführer wirksam aus.

Nicht nur die Zahl der hingerichteten Piraten trug zum Niedergang der Piraterie bei. Das Aufsehen, das die Prozesse erregten, und die öffentlichen Hinrichtungen bewirkten, daß die Seeleute und ihre Familien die für Piraterie ausgesetzten Strafen genau kannten. Richter, Ankläger und Geistliche betonten in ihren Erklärungen das Schändliche dieses Tuns und machten klar, daß Piraten die Feinde aller Menschen waren. Prozesse, Hinrichtungen und die entschiedene Verurteilung der Piraterie durch Kirche und Staat wirkten abschreckend auf alle, die geneigt waren, sich den Piraten anzuschließen.

Die meisten Prozesse dauerten nur ein oder zwei Tage, auch wenn zwanzig oder dreißig Gefangene abgeurteilt werden mußten. Für eine schnelle Abwicklung sprachen zweifellos praktische Gründe. Seit ein Gesetz von 1700 die Einrichtung von Gerichten der Vizeadmiralität in den Kolonien ermöglichte, führte in Prozessen gegen Piraten in der Regel der Gouverneur der Kolonie den Vorsitz; seine Beisitzer waren lokale Honoratioren und die Kapitäne der in dem Seegebiet stationierten Kriegsschiffe. Die Gouverneure hatten viele andere Pflichten, die Kapitäne verließen ihre Schiffe ungern länger als einige Tage, und prominente Bürger und Kaufleute hatten es eilig, zu ihren Geschäften zurückzukehren. Der Hauptgrund für die schnelle Abwicklung war freilich das Fehlen einer sachkundigen Verteidigung. Die Angeklagten hatten in Übereinstimmung mit der damals üblichen Praxis keinen gesetzlichen Vertreter, sondern mußten ihre Verteidigung selbst übernehmen. Da sie meist nur über wenig oder gar keine Bildung verfügten, waren sie dazu kaum in der Lage. Manchmal brachten sie überhaupt nichts zu ihrer Verteidigung vor, manchmal sagten sie lediglich, sie seien betrunken gewesen. Meist behaupteten sie, man habe sie gezwungen – ihre Schiffe seien von Piraten gekapert worden, und dann hätten sie deren Satzung unterschreiben müssen. So etwas war allerdings nur schwer zu beweisen, etwa durch Aussagen anderer Mitglieder des Piratenschiffes oder durch auf den angegriffenen Schiffen gemachte Beobachtungen. Aufgrund ihres unsteten Lebens waren die Seeleute zudem nicht in der Lage, sich von früheren Kapitänen oder Schiffskameraden Charakterzeugnisse ausstellen zu lassen. Nur in seltenen Fällen wurde die Aburteilung eines Gefangenen hinausgezögert, um Zeugenaussagen einzuholen. 1719 wurden von einem Admiralitätsgericht im Old Bailey drei Männer der Piraterie angeklagt, Laws, Caddiz und Tyrril. Laws und Caddiz wurden schuldig gesprochen und zum Tod verurteilt, »der Prozeß gegen Tyrril dagegen wird auf April nächsten Jahres verschoben, da ein Teil seiner Zeugen sich in Übersee befindet«.[7] Doch waren die Gerichte normalerweise nicht bereit, aus solchen Gründen ein Verfahren zu vertagen.

Die Behörden konnten meist nach ihrem Ermessen vorgehen. Besonders wichtig war ihnen, die Prozesse und Hinrichtungen im Kampf gegen die Piraten propagandistisch auszuschlachten. Gouverneur Lawes schrieb 1722 nach der Hinrichtung von 41 Piraten auf Jamaika nach London: »Ich bin überzeugt, daß das Schicksal dieser Schurken andere abhalten wird, ihnen zu folgen.«[8] Es fällt auf, daß die Behörden in solche Prozesse ausnahmslos ihre besten Leute schickten. Als Quelch und 24 Mitglieder seiner Besatzung 1704 in Boston angeklagt wurden, war der Vorsitzende des Admiralitätsgerichtes Joseph Dummer, Generalkapitän und Gouverneur der Provinzen Massachusetts Bay und New Hampshire. Ihm zur Seite standen die beiden stellvertretenden Gouverneure Thomas Povey und John Usher, der Richter der Admiralität Nathaniel Byfield, der Erste Richter der Provinz Massachusetts Bay, Samuel Sewell, und weitere hohe Beamte. Ein besonders erlauchter Kreis von Juristen versammelte sich 1701 in London bei dem Prozeß gegen Captain Kidd und neun Mitglieder seiner Besatzung. Der Prozeß fand im Old Bailey statt, unter Teilnahme von immerhin sechs Richtern.

Kidds Prozeß war in vieler Hinsicht nicht typisch. Kidd war vor seinem Prozeß zwei Jahre in Haft, was für einen Piraten sehr ungewöhnlich war, und das Verfahren wurde aus den bereits genannten Gründen als Schauprozeß gestaltet. Eines hatte der Prozeß allerdings mit anderen Piratenprozessen gemeinsam: Kidd wurde der Piraterie und des Mordes angeklagt. Zwar behauptete er, Moore, der Stückmeister seines Schiffes, den er mit einem Eimer erschlagen hatte, habe ihn provoziert, und er habe im Affekt gehandelt, doch ließen die Richter dies nicht gelten, und die zwölfköpfige Jury sprach ihn des Mordes schuldig. Auf Piraterie wie Mord stand die Todesstrafe, doch galt Mord vor Gericht als das schlimmere Verbrechen, und ein als Mörder überführter Häftling konnte kaum auf Gnade hoffen.

Ein besonders denkwürdiger Piratenprozeß fand 1722 an der afrikanischen Westküste statt. Die Prozeßakten sind erhalten und verdienen genauere Beachtung, weil sie zeigen, wie ein Gericht der Vizeadmiralität arbeitete, und weil wertvolle Informationen über die Haltung der

Behörden zur Piraterie dieser Zeit liefern.[9] Der Prozeß erfolgte im Anschluß an die Eroberung der Piratenschiffe des Bartholomew Roberts durch Kapitän Chaloner Ogle.

Ogle hatte mit seinem Schiff HMS *Swallow* 268 Männer gefangennehmen können, darunter 77 Schwarzafrikaner und 187 Weiße. Unter den Weißen befanden sich Matrosen und Passagiere von Schiffen, die Roberts kurz davor auf seinen Raubzügen entlang der afrikanischen Küste gekapert hatte. Kapitän Ogle brachte die Gefangenen zu dem Handelsposten Cape Coast, wo ihnen der Prozeß gemacht werden sollte. Mit Ausnahme von 19 Männern, die bereits vor dem Prozeß an ihren Wunden starben, wurden alle gefangenen Weißen vor Gericht verhört, die meisten einzeln im Kreuzverhör. Drei Wochen nach der offiziellen Eröffnung des Verfahrens wurden 52 gehängt, 20 zu einer Zuchthausstrafe in Afrika und 17 zu einer Strafe im Londoner Marshalsea-Gefängnis verurteilt.

Schauplatz des Prozesses war die Festung von Cape Coast, ein mittelalterlich aussehendes Gebäude mit vier trutzigen Türmen, vier Meter dicken, zinnenbewehrten Mauern und rund siebzig Kanonen, von denen die meisten seewärts gerichtet waren und den Ankerplatz vor der Burg bestreichen konnten. Von den Schweden 1652 erbaut, hatten die Engländer die Festung 1664 übernommen und zum überseeischen Hauptquartier der Königlichen Afrikagesellschaft gemacht.[10] Cape Coast diente wie Whydah, Elmina, Accra und andere Handelsposten an der afrikanischen Westküste dem Export von Gold, Elfenbein, Edelhölzern und Sklaven. Hauptexportartikel der Gold- und der Sklavenküste, wie sie manchmal genannt wurde, waren schwarze Sklaven, die zu den Plantagen Nordamerikas und der Karibik verschifft wurden. Schätzungen zufolge hat allein die Königliche Afrikagesellschaft in den 80 Jahren ihres Bestehens 100 000 Sklaven in die amerikanischen Kolonien verfrachtet. Zur Zeit der Raubzüge Bartholomew Roberts' an der afrikanischen Küste wurden jährlich rund 36 000 schwarze Afrikaner über den Atlantik transportiert.[11] Die von der HMS *Swallow* gefangenen Piraten saßen vor ihrem Prozeß in jenen Zellen und Lagern ein, in denen sonst die Sklaven vor ihrer Verfrachtung eingesperrt waren.

Der Prozeß begann am 28. März 1722 im großen Saal der Burg. Da Kapitän Ogle die Piraten gefangengenommen hatte, schied er als Richter aus. An seiner Stelle wurde Kapitän Herdman, Kommandant der HMS *Weymouth*, zum Vorsitzenden Richter ernannt. Herdman hatte sechs Beisitzer: der Ehrenwerte James Phipps, General der Küste, Mr. Edward Hyde, Sekretär der Königlichen Afrikagesellschaft, die Kauf-

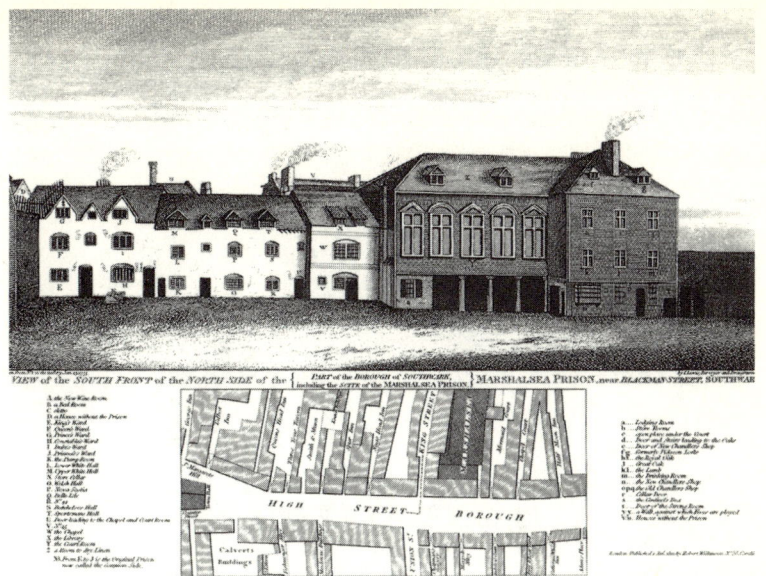

Ansicht des Marshalsea-Gefängnisses in Southwark, 1773. Mit Ausnahme von Kidd, der in Newgate einsaß, wurden alle Piraten vor ihrem Prozeß in London hier eingesperrt.

leute Mr. Henry Dodson und Mr. Francis Boye und, um die erforderliche Zahl voll zu machen, die Offiziere Barnsley und Fanshaw. Die zahlenmäßige Präsenz der Navy (die wichtigsten Zeugen kamen von der *Swallow*) mag die forsche, seemännische Durchführung des Verfahrens erklären. Juristische Fachsprache blieb auf das Nötigste beschränkt, und offenbar wurde der aufrichtige Versuch unternommen, den Gefangenen Gerechtigkeit widerfahren zu lassen.

Zwei Hauptanklagen wurden gegen sie erhoben. Die erste lautete, daß sie sich in böser Absicht gegen Handel treibende Untertanen Seiner Majestät zusammengetan hätten: »Zweimal seid ihr an dieser Küste entlanggefahren, einmal Anfang August, das zweite Mal im Januar, und ihr habt alles versenkt, gebrandschatzt und zerstört, was euch an Gütern und Schiffen über den Weg kam.«[12] Die zweite Anklage lautete, daß sie das Schiff Seiner Majestät *Swallow* angegriffen hätten und daher »Verräter, Räuber, Piraten und Feinde aller Menschen« seien.

Nach Verlesung der Anklage wurden die 80 auf der *Ranger* gefangenen Männer gefragt: »Bekennt ihr euch schuldig oder nicht schuldig?« Alle beteuerten ihre Unschuld. Anschließend schilderten drei Besatzungsmitglieder der HMS *Swallow*, Lieutenant Isaac Sun, Bootsmann Ralph Baldrick und Daniel McLaughlen, das Gefecht vom 5. Februar, als ihr Schiff von der *Ranger* angegriffen wurde. Die Gefangenen gaben zu, daß sie zu diesem Zeitpunkt an Bord der *Ranger* gewesen waren und die Piratensatzung unterschrieben hatten. Die meisten behaupteten freilich, man habe sie dazu gezwungen; sie hätten während des Kampfes nicht geschossen und nur aus Angst mitgemacht. An dieser Stelle des Verfahrens faßte das Gericht den »gnädigen Beschluß«, ab sofort einzeln gegen die Angeklagten zu verhandeln.

Ähnliche Vorwürfe wurden gegen die 80 Männer von der *Royal Fortune* erhoben, und auch sie plädierten auf nicht schuldig. Das Gericht verhörte sie daraufhin einzeln und vernahm Augenzeugen, darunter Kapitän Traherne, dessen Schiff *King Salomon* von den Piraten gekapert worden war. Nach Anhörung aller Aussagen ergingen die Urteile: Schuldspruch, Inhaftierung in Marshalsea oder Freispruch. Die Gründe, aus denen einige verurteilt und andere freigesprochen wurden, sind aufschlußreich.

Den meisten Verurteilten und anschließend Gehängten wurde vorgeworfen, »dreist und unverfroren« gehandelt zu haben, was in der Regel bedeutete, daß sie ein Jahr oder länger bei den Piraten gewesen waren und am Schiffsleben aktiven Anteil genommen hatten. Wer bei einem Überfall mit einer Pistole oder Armbrust bewaffnet gesehen worden war, wurde ebenso schuldig gesprochen wie alle, die Schiffskanonen abgefeuert hatten oder beim Plündern beobachtet worden waren. Vier Männer wurden schuldig gesprochen, weil sie gesehen worden waren, wie sie mit den Piraten zechten und tranken, drei Männer, weil sie sich den Piraten freiwillig angeschlossen hatten. Dasselbe Urteil traf James Skyrm, den Kapitän der *Ranger*, und die zum Quartermeister, Bootsmann und Bootsmannsmaat gewählten Männer. Angesichts des allgemein schlechten Rufes der Piraten und der bisherigen Berichte über Roberts' Haufen überrascht, daß nur vier der Grausamkeit oder Gewalttätigkeit schuldig gesprochen wurden. Das Urteil verkündete der Vorsitzende des Gerichts mit den Worten:

> Ihr seid für schuldig befunden und verurteilt, an jenen Ort zurückzukehren, von dem ihr gekommen seid, und von dort zur Hinrichtungsstätte vor den Toren dieser Festung gebracht zu werden, wo ihr innerhalb der Flutmarken am Halse aufgehängt werden sollt, bis daß der Tod eintritt. Der Herr erbarme sich eurer Seelen. Danach sollt ihr abgenommen und eure Leichen in Ketten aufgehängt werden. [13]

Die 52 zum Tod Verurteilten wurden über den Monat April verteilt in Gruppen gehängt: sechs am 3., sechs am 9., vierzehn am 11., vier am 13., acht am 16. und vierzehn am 20. April. Die Einkerkerung in Marshalsea blieb denen vorbehalten, die ständig betrunken waren und daher nicht zur Arbeit herangezogen werden konnten, ferner einem »Idioten, der einem Affen gleich in ständigem blödsinnigen Tun befangen ist«, und einem Häftling, der von Elizabeth Trengrove, einer Passagierin der *Swallow*, beschuldigt wurde, »ein lästerliches Verhalten an den Tag gelegt, geflucht und ihr den Reifrock vom Leib gerissen zu haben«.[14]

Freigesprochen wurde dagegen, wer beweisen konnte, daß man ihn gezwungen hatte, sich den Piraten anzuschließen. Der interessanteste Fall ist Henry Glasby, der auf der *Samuel* aus London unter Kapitän Cary Erster Offizier war. Er war bei dem Überfall auf die *Samuel* gefangengenommen und, als er sich geweigert hatte, die Piratensatzung zu unterschreiben, beschimpft und mißhandelt worden. Bei einem Aufenthalt der Piraten in einem Hafen auf Hispaniola war er geflohen und hatte sich mit Hilfe eines Taschenkompasses durch die Wälder geschlagen. Doch hatten ihm die barbarischen Verhältnisse auf der Insel so zugesetzt, daß er nach einiger Zeit freiwillig auf das Piratenschiff zurückgekehrt war. Roberts hatte ihn anschließend gezwungen, die *Royal Fortune* zu kommandieren, doch sagten verschiedene Zeugen über seinen guten Charakter aus und schworen, er habe keine Geschütze abgefeuert und die Piraten von Grausamkeiten abgehalten.

Die Admiralitätsgerichte sorgten dafür, daß allen bei einem Piratenprozeß Anwesenden die Gottlosigkeit der Piraterie und die Verderbtheit der Piraten deutlich wurde. Der Geistlichkeit jedoch oblag es, den Verurteilten Schuldgeständnisse abzuringen und sie zur Reue und zur Einsicht zu bewegen. Das war keine leichte Aufgabe. Viele Piraten wollten mit Religion und ganz besonders mit Geistlichen nichts zu schaffen haben. Ein schlagendes Beispiel dafür ist Kapitän Alexander Dolzell, der im Dezember 1715 im Old Bailey der Piraterie schuldig gesprochen wurde.

Der 42jährige Schotte Dolzell und zwei Mitverurteilte wurden in ihrer Haft in Newgate häufig von Reverend Paul Lorrain, dem Gefängnisgeistlichen, besucht. Er unterwies sie in der christlichen Religion, »von der sie wenig wußten und die sie niemals ausgeübt hatten«. An den drei Sonntagen vor der Hinrichtung predigte er ihnen morgens und nachmittags, doch erwies sich Kapitän Dolzell als verhärteter Übeltäter. Er war bereits einige Jahre zuvor als Freibeuter wegen Hochverrats verurteilt worden und hatte als zum Tode Verurteilter einige Zeit in Newgate verbracht. Dann war er jedoch begnadigt und freigelassen worden. Im November 1720 hatte er ein vor Le Havre ankerndes französisches Schiff geentert und die Besatzung in Ketten gelegt. Ein Franzose war über Bord geworfen worden und ertrunken. Dolzell, von dem Gefängnisgeistlichen als bösartig und gefährlich beschrieben, weigerte sich, in der Bibel zu lesen, und drohte, sie zu zerreißen. Einmal drohte er sogar damit, den Geistlichen die Treppe hinunterzuwerfen.[15]

In den letzten Augenblicken seines Lebens zeigte Dolzell freilich einen Sinneswandel. Als Lorrain unter dem Galgen ein letztes Mal für ihn betete, bekundete der Pirat Reue und entschuldigte sich für seine Halsstarrigkeit. Der Geistliche blieb freilich unbeeindruckt. »Ob diese Reue aufrichtig war und rechtzeitig, ist sehr zu bezweifeln.«

Paul Lorrain war 22 Jahre Kaplan in Newgate und hatte schon 1701 Captain Kidd zum Galgen begleitet. Kidd war ein gebildeter Mensch und hegte keinen Groll gegen die Kirche, doch erwies er sich als fast ebenso halsstarrig wie Dolzell. Lorrain besuchte ihn und die mit ihm Verurteilten täglich, manchmal sogar zweimal am Tag, mußte jedoch trotz seiner Bemühungen einsehen, daß Kidd sich nicht zu den Verbrechen bekennen wollte, deren er schuldig gesprochen worden war.

Am Tag der Hinrichtung ging der Geistliche mit Kidd zu weiteren Gebeten und Ermahnungen in die Gefängniskapelle, doch ließ »Captain Kidds verhärtetes Herz sich nicht erweichen«. Immerhin versprach Kidd, unter dem Galgen ein volles Geständnis abzulegen. Lorrain schritt dem Piraten zum Hochgericht voran und bestieg das Blutgerüst in der Hoffnung, endlich ein Geständnis des Sünders zu bekommen. Doch wieder wurde er enttäuscht. »Ich fand Kidd zu meinem unaussprechlichen Kummer vom Alkohol so erregt und verwirrt und in einem so jämmerlichen Zustand, daß er keineswegs zu dem großen Werk fähig war, das zu tun er jetzt letztmalig Gelegenheit hatte.«[16] Kidd hielt eine lange Ansprache an die Menge. Er wiederholte, daß er William Moore im Affekt geschlagen und keineswegs habe töten wollen. Außerdem bedauerte er zutiefst, sich nicht von seiner Frau und seinen Kindern verabschieden zu können, die in New York lebten. Wie die Nachricht seines unrühmlichen Todes auf seine Frau wirken würde, mache ihm mehr zu schaffen als sein eigenes Schicksal. Weiter ermahnte er alle Seeleute und besonders die Kapitäne, sein elendes Schicksal als abschreckendes Beispiel zu nehmen.

Als Kidd vom Gerüst gestoßen wurde, riß der Strick, und er fiel noch bei Bewußtsein zu Boden. Der unermüdliche Lorrain nutzte die

Gelegenheit zu einem weiteren Versuch, ihn zu einem Geständnis zu bewegen. »Als er hinaufgebracht und erneut am Galgen festgebunden wurde, bat ich, noch einmal zu ihm gehen zu dürfen, was mir auch erlaubt wurde. Ich führte ihm die große Gnade Gottes vor Augen, die ihm diesen unerwarteten Aufschub gewährt habe, auf daß er sich im Glauben und in der Buße übe. Diesmal fand ich ihn in einer viel besseren Verfassung als zuvor.«[17] Da nicht nur der Strick gerissen, sondern auch noch das Gerüst zusammengebrochen war, mußte Kidd das zweite Mal von einer Leiter gestoßen werden. Lorrain stieg hinter ihm die Leiter hinauf, um bis zuletzt mit seinen Gebeten und Ermahnungen fortzufahren. Als Kidd in den Tod stürzte, hatte der Geistliche endlich das Gefühl, sein Ziel erreicht zu haben, und er ging »in größerer Zuversicht als zuvor, daß Kidd bereut hatte«.

Der Kaplan von Newgate tat sein möglichstes, doch gab es in Amerika einen Geistlichen, der mindestens ebenso hartnäckig versuchte, verstockte Piraten zur Reue zu bewegen. Reverend Cotton Mather war von 1685 bis 1722 Pfarrer an der Second North Church in Boston. Er stammte aus einer Familie geachteter Führer und Staatsmänner der

Captain Kidd in Ketten. Nach Kidds Hinrichtung am Execution Dock wurde seine Leiche in ein Geschirr aus eisernen Reifen und Ketten gezwängt und an einem Galgen in Tilbury Point am Unterlauf der Themse aufgehängt.

Puritaner und zeigte schon früh religiöse Leidenschaft. Mit zwölf besuchte er Harvard College, mit sechzehn hielt er seine erste Predigt. Getrieben von ungeheurer Tatkraft, unterzog er sich einem mörderischen Arbeitspensum. Er las täglich fünfzehn Kapitel der Bibel, predigte, fastete, betete, kümmerte sich um Arme und Kranke und verfaßte in ununterbrochener Folge Bücher und Pamphlete. Vor der Verderbtheit der Piraten, die damals eine ernste Bedrohung der Seefahrt war, warnte er seine Gemeinden ununterbrochen, und er spielte bei einer Reihe von Prozessen und Hinrichtungen von Piraten eine herausragende Rolle.

Als die Besatzung von Bellamys *Whydah* gefangengenommen und zum Prozeß nach Boston gebracht wurde, baten die Piraten um Mathers Beistand. Er betete mit ihnen, predigte ihnen und erinnerte sie daran, daß,»um Reue und Erlösung zu erlangen, aller unrechtmäßig erworbene Besitz vollständig zurückgegeben werden muß«.[18] Auf dem Weg zum Galgen sprach Mather mit jedem der acht Verurteilten. Später veröffentlichte er diese Gespräche zusammen mit einer seiner gedruckten Predigten.[19] Mather hat die aus der Erinnerung niedergeschriebenen Gespräche zweifellos bearbeitet; sie zeigen deutlich seinen Glaubenseifer, gewähren aber auch Einblicke in die psychische Verfassung der Piraten auf dem Weg zur Hinrichtung.

»In welchem Zustand befindet sich dein Gemüt jetzt?« fragte Mather den 29jährigen Holländer Thomas Baker, von Beruf Schneider.

»O weh! Ich bin in einer schrecklichen Lage! Herr Jesus, lieber Jesus, sieh mich an!«
»Du weißt, daß du schwer gesündigt hast.«
»O weh! Das habe ich! Ist es denn möglich, daß ein solcher Sünder Gnade vor Gott findet? Lieber Gott, kannst du einem solchen Sünder verzeihen?«
»Mein Freund, dies ist das erste, in dem dich unterweisen muß. Dir kann verziehen werden! Höre aufmerksam auf jedes Wort, das ich sage. Ich weiß, daß du große Qualen leidest, doch muß, wer durch die enge Pforte geht, solche Qualen leiden.«

Nach Baker befragte Cotton Mather den 24jährigen Simon van Vorst, der aus New York stammte und später auf der Westindischen Insel St. Thomas gelebt hatte.

»Welche deiner begangenen Sünden drücken dich jetzt am meisten?«
»Daß ich meinen Eltern ungehorsam war und den Sonntag nicht geheiligt habe.«

»Du hast dich gegen deine religiöse Erziehung versündigt, und das macht deine anderen Sünden noch viel schlimmer. Ich bitte dich, sei dessen eingedenk.«

»Das bin ich, Sire.«

»Ich wünschte allerdings, du und deine schlimmen Gefährten würden mehr Reue ob der Verbrechen zeigen, um deretwillen ihr nun bald euer Leben lassen müßt. Ihr seid Mörder! Das Blut der von euch Gemordeten schreit zum Himmel und genauso das Blut der armen Gefangenen – 280 an der Zahl, wie ich höre –, die ertranken, als die *Whydah* in dem Sturm sank, der euch an Land warf.«

»Man hat uns gezwungen.«

»Gezwungen! Nein, niemand darf sagen, er sei gezwungen worden, gegen Gott in seiner Herrlichkeit zu sündigen. Gezwungen! Nein! Besser hättest du alles erduldet, als zu sündigen, wie du es getan hast. Besser wärest du als Märtyrer von der grausamen Hand deiner Brüder gestorben, als einer von ihnen zu werden. Was hast du denn zu dem schlimmen Leben zu sagen, mit dem du dich von Gott entfernt hast? Fällt dir nichts ein, woraus deine ehrbaren Eltern (die du umgebracht hast!) ein wenig Trost schöpfen könnten? Auf daß Licht in ihr Dunkel falle?«

»Ich bereue mein schlimmes Leben von Herzen. Ich sterbe in der Hoffnung, daß Gott, der Allmächtige, sich meiner erbarmen möge. Und ich möchte heute nachmittag sterben. Lieber will ich den Tod erleiden, als in ein Leben zurückkehren, wie ich es gelebt habe, und meine Verbrechen wiederholen.«

»Das ist wohl gesprochen, doch habe ich dieselben Worte schon von Sündern gehört, die nach ihrer Begnadigung (auf die du nicht hoffen darfst) ihre Verbrechen fortgesetzt haben. Ich muß dich jetzt in die Hände dessen geben, der in jedes Herz sieht, und ich bitte ihn, ach!, möge dein Herz die Prüfung bestehen!«

Seine letzten Gebete richtete Mather von einem Boot aus an Bellamys Männer. Das Boot lag vor dem Ufer, auf dem der Galgen stand.

Als William Fly und seine Männer 1726 gefangen wurden, hatte Reverend Cotton Mather erneut Gelegenheit, gegen die Sünde der Piraterie zu predigen und den Verurteilten geistlichen Beistand zu leisten.[20] Wie immer schrieb er die Gespräche auf und ließ sie drucken. Fly blieb verstockt. Er weigerte sich, zu Mathers Predigt am Sonntag vor der Hinrichtung zu kommen, und er zeigte keinerlei Reue. Einen kleinen Blumenstrauß in der Hand, schritt er trotzig zur Hinrichtungsstätte und grüßte auf dem Weg Leute in der Menge. Beschwingt sprang er das Gerüst hinauf, warf dem Henker vor, nichts von seinem Handwerk zu verstehen, und zeigte ihm, wie man den Strick fachmännisch um den Hals legt. Daß er sich so wenig vom Urteil des Gerichts und den Ermahnungen Mathers beeindrucken ließ, ist keineswegs ungewöhnlich.

Viele Piraten zeigten vor ihrem Ende einen ähnlichen Trotz und weigerten sich, als zerknirschte Büßer zu sterben, wie es von ihnen erwartet wurde.

Die Reden unter dem Galgen und die Geständnisse von in England und in den Kolonien gehängten Piraten wurden gewöhnlich gedruckt und nach dem Brauch der Zeit in den Tagen nach der Hinrichtung in hohen Auflagen verkauft. Die wichtigste Quelle solcher Reden ist eine Zeitschrift des 18. Jahrhunderts mit dem Titel *Der Gefängniskaplan von Newgate: sein Bericht über Aufführung, Beichte und letzte Worte der zu Tyburn hingerichteten Missetäter.* Die meisten Reden stammen von in Tyburn gehängten Dieben und Mördern, doch finden sich auch die Reden einiger Piraten darunter. In Boston veröffentlichte Reverend Cotton Mather die letzten Worte der Piraten, die in seiner Amtszeit als Pfarrer dort gehängt wurden. Ähnliche Geschichten wurden auch in anderen Hafenstädten gedruckt, wo Piraten gehängt wurden.

Von Geistlichen in ihren letzten Stunden im Gefängnis betreut, bereuten die Delinquenten in diesen Abschiedsreden ihre Sünden in gefühlstriefenden Beichten. Doch trotz der Bearbeitung der Beichten durch Priester und Drucker spricht aus einigen bewegend das Schicksal von Menschen, die dem harten Leben auf den Handelsschiffen in die Piraterie entflohen oder die eine Piratensatzung volltrunken unterschrieben hatten und anschließend auf ein Leben verpflichtet waren, aus dem es kein Entrinnen mehr gab.

Unter den Abschiedsworten der Piraten, die Kapitän Solgard von der HMS *Greyhound* gefangennahm, findet sich ein Gedicht.[21] Sein Verfasser ist John Fitz-Gerald, ein 21jähriger Ire aus der Grafschaft Limerick. Er wurde am 19. Juli 1723 mit seinen Kameraden in Charleston in South Carolina gehängt. Es ist kein bedeutendes Gedicht, doch mag es hier als Nachruf auf all jene Männer stehen, die an den Küsten des Atlantiks als Piraten gehängt wurden.

In junger Jahre Blüte ging als Pirat ich hin,
Von Gier nach schmutzigem Gewinn erfüllt mein Sinn.
Zu frönen übler Lust und vielen schlimmen Freuden,
Schiffe zu plündern und Leben zu vergeuden.

Ich bitte Gott, daß er vor solchem Schicksal euch bewahr,
Fitz-Geralds schlimmes End sei euch Warnung immerdar.
Die Seele mein geb ich in Gottes Hand, daß er sie hol',
Den Leib der Erde, lieber Freund – auf ewig leb denn wohl.

Nachwort
Faszination der Piraterie

Ein Angriff von Piraten war für die Betroffenen ein schreckliches Erlebnis. Zuerst näherte sich das Piratenschiff drohend und feuerte Warnschüsse ab, dann ging es mit donnernd schlagenden Segeln längsseits. Mit Entermessern und Enterbeilen bewaffnete Männer sprangen an Bord und hieben rücksichtslos alles nieder, was sich ihnen entgegenstellte. Lähmendes Entsetzen breitete sich aus, während die Piraten das Schiff plünderten, Kapitän und Mannschaft verhörten und sie – oft unter Folter – zwangen, die Verstecke ihrer Wertsachen preiszugeben. Meist lagen nach einem solchen Überfall Tote und Verwundete an Deck. Sie wurden nicht versorgt, sondern blutend über Bord geworfen, den Haien zum Fraß.

In einigen Gewässern der Welt ist das bis heute kaum anders. An den Küsten Brasiliens, der Karibik, Westafrikas und vor allem des Fernen Ostens gehört die Piraterie zum Alltag, besonders in der Malakkastraße mit der weltweit höchsten Konzentration von Handelsschiffen. 1992 wurden in den internationalen Gewässern zwischen Singapur und Sumatra über 90 Schiffe aufgebracht. Die meisten Piraten der Region operieren von den schmalen Meerengen zwischen den indonesischen Inseln aus. Sie kommen auf stark motorisierten Auslegerbooten und greifen ihre Opfer nachts und von hinten an, oft unentdeckt vom Radar der Schiffe. Sie gehen längsseits, werfen Taue mit Enterhaken über die Reling oder klettern an Bambusstangen an Bord. Die kleinen Besatzungen heutiger Handelsschiffe haben auch gegen ein halbes Dutzend wild entschlossener, mit Macheten, Dolchen und Pistolen bewaffneter Männer keine Chance. Die Piraten zwingen den Kapitän, den Safe des Schiffes zu öffnen, und wenn sie ihn geleert haben, sammeln sie die Wertsachen der Besatzungsmitglieder ein. In zehn bis zwanzig Minuten ist alles vorbei, und die Piraten verschwinden wieder in der Nacht. Wenn die Behörden alarmiert werden, sind sie längst zu ihrem Schlupfwinkel auf einer der Inseln unterwegs. Daneben gibt es hochorganisierte, mit Maschinengewehren und Sturmgewehren bewaffnete Banden, die in schnellen Motorbooten angreifen und Schiffe als Prise nehmen. Sie haben gefälschte Papiere dabei und verkaufen in entlegenen Häfen das Schiff mit der gesamten Ladung. Auf diese Weise verdienen Piraten heute Millionen.[1] Die moderne Piraterie ist vollkommen unromantisch. Wie in früheren Zeiten werden Kapitän und Mannschaft bei Gegenwehr oft ernsthaft verletzt oder sogar getötet. Ein Akt der Piraterie ist nichts anderes als ein bewaffneter Raubüberfall auf See, begleitet von zusätzlichen Greueln und Grausamkeiten. Deshalb überrascht, daß die Taten von Piraten heute immer noch verklärt werden. Ein Grund dafür könnten die exotischen Schauplätze ihrer Taten sein. Die Jagdgründe der berüchtigsten Piraten des 17. und 18. Jahrhunderts waren die tropischen Gewässer der Karibik, der afrikanischen Westküste und des Indischen Ozeans. Koralleninseln, Lagunen und von Kokospalmen gesäumte Sandstrände haben auf die Menschen kälterer Regionen stets eine magische Anziehungskraft ausgeübt, und deshalb geht von einem kleinen Piraten wie Calico Jack, der vor den Küsten Jamaikas Fischerboote überfiel, eine größere Faszination aus als von einem Bankräuber oder Dieb in einer Großstadt. Hinzu kommt die Faszination der Meere. Die sagenhaften Fahrten des Odysseus, die Entdeckungsreisen eines Kolumbus, Magellan oder Cook und die Seefahrerromane Conrads und Melvilles haben Generationen von lesenden Landratten begeistert. Ähnlich faszinierend sind Piraten, die auf der Suche nach Beute die Meere befahren.

Eine weitere Erklärung könnte das anarchische Element der Piraterie sein. Die meisten Menschen müssen ein monotones Leben führen. Beamte, Fabrikarbeiter und Angestellte folgen jahrein, jahraus einer täglichen Routine. Sie besteigen denselben Bus oder Zug, fahren dieselbe Strecke, geraten in denselben Stau. Welchen größeren Kontrast könnte es dazu geben als das Piratenleben? Die Piraten standen außerhalb der Gesetze und Regeln, die für die meisten von uns gelten. Sie rebellierten gegen die Obrigkeit und gaben sich eigene Gesetze. Sie traten aus der tristen Welt verregneter Straßen in sonnige Gefilde. Wir sehen sie vor uns, wie sie am Strand liegen, in der Hand eine Flasche Rum, neben sich eine schöne Frau, während vor der Küste ein schnittiger schwarzer Schoner darauf wartet, sie zu fernen, exotischen Inseln zu bringen.

Die Faszination der Piraterie hat aber auch weniger offensichtliche Gründe. Lord Byron hat in seiner Verserzählung *Der Korsar* das Bild vom einsamen, geheimnisumwitterten Piraten mit unglücklicher Kindheit und großem Freiheitsdrang gezeichnet. Alle Frauen wissen es, und viele Männer werden es nie verstehen: Die interessantesten Gestalten der Literatur und Geschichte sind keineswegs die untadeligen Helden.

Die Briten bewunderten und verehrten den tugendhaften Herzog von Wellington, doch als die Nachricht vom Tod des skandalumwitterten Lord Nelson in der Schlacht bei Trafalgar eintraf, weinten die Menschen in London auf den Straßen. Nelson war ein eitler, jähzorniger, kleiner Mann. Er hatte seine Frau verlassen und mit der sinnlichen Lady Hamilton eine leidenschaftliche Affäre begonnen. Charaktere wie Heathcliff, Rochester und Rhett Butler sind nun einmal faszinierend. Genauso ist es bei den Piraten. Sie werden als brutal, despotisch, trunksüchtig und herzlos dargestellt, doch gerade das macht sie attraktiv. Frauen wollen ihnen die Liebe geben, die sie nicht bekommen haben, und sie auf den rechten Weg zurückführen.

In Wirklichkeit war die Welt der Piraten hart und grausam. Piraten waren meist junge Männer zwischen zwanzig und dreißig und ehemalige Seeleute, selten dagegen von Adel oder gebildete Männer. Viele Piratenkapitäne waren bösartige Sadisten, und ihre große Freiheit währte meist nur zwei oder drei Jahre. Daß sie in einem Sturm ertranken oder am Galgen endeten, war sehr viel wahrscheinlicher als ein langes Leben in Reichtum und Luxus.

Das wenig schmeichelhafte Bild, das sich nach den Aussagen der Opfer von Piratenüberfällen und aus Tagebüchern von Männern wie Dampier und Ringrose rekonstruieren läßt, wurde freilich im Laufe der Zeit romantisch verklärt. In den Melodramen der viktorianischen Zeit wurden die Piraten zu Schurken, die zwar furchterregend waren, in denen aber ein guter Kern steckte. In Gilbert und Sullivans *Piraten von Penzance* und Barries *Peter Pan* waren die Piraten dann nur noch Karikaturen ihrer selbst. Die Romane Walter Scotts, Frederick Marryats, R. M. Ballantynes und Robert Louis Stevensons schilderten die Piraten zwar wieder als skrupellose Räuber und Mörder, doch bei aller Lebendigkeit der Darstellung sind ihre Piraten eindeutig fiktive Gestalten. Die Filme der dreißiger und vierziger Jahre unseres Jahrhunderts basierten auf wirklichen und fiktiven Piratengeschichten, doch sie wurden für den Zeitgeschmack aufbereitet. Die von Douglas Fairbanks sen. und Errol Flynn gespielten Helden waren gutaussehende Kavaliere, aber sie hatten kaum noch Ähnlichkeit mit den Piraten der Karibik, die als historische Vorbilder gedient hatten.

Es hat einen einfachen Grund, daß die Welt der Piraten immer wieder in Abenteuergeschichten, Dramen und Filmen dargestellt worden ist: Wir wollen diese Legenden glauben, unsere Phantasie ist entzückt

von vergrabenen Schätzen, verwegenen Piratenkapitänen mit Entermessern und Ohrringen und Seeleuten mit Holzbeinen und Papageien
auf den Schultern. Folter, Morde und das unrühmliche Ende am Galgen hingegen oder der jämmerliche Tod von Männern, die an einer
unwirtlichen Küste Schiffbruch erlitten, vergessen wir lieber. Für die
meisten von uns werden die Piraten immer romantische Gesetzlose
sein, Abenteurer an heißen Küsten fernab der langweiligen Zivilisation.

Danksagung

Im Mai 1992 öffnete im Londoner Marinemuseum eine Ausstellung mit dem Titel *Piraten: Fiktion und Wirklichkeit* die Tore. Ursprünglich war sie auf vier Monate befristet. Aufgrund des überwältigenden Interesses des Publikums wurde sie drei Jahre gezeigt. Organisiert wurde sie von meinem Kollegen John Falconer und mir, unterstützt haben uns zahlreiche Mitarbeiter des Museums, und wir erhielten Leihgaben aus vielen privaten Sammlungen. Ausgestellt wurden Funde aus der im Meer versunkenen Piratenstadt in Port Royal auf Jamaika, Captain Kidds Kaperbrief aus dem Public Record Office, Porträts von Robert Louis Stevenson und William Dampier aus der National Portrait Gallery, das Manuskript von Byrons *Korsar*, das Kostüm des *Peter Pan*, das Pauline Chase in der Inszenierung in London im Jahre 1909 getragen hat, die Piratenkostüme Dustin Hoffmans und Bob Hoskins' in Steven Spielbergs Film *Hook*, W. S. Gilberts mit handschriftlichen Notizen versehenes Soufflierbuch der *Piraten von Penzance*, ferner Pesos, Dukaten und Dublonen aus dem Britischen Museum und Seekarten, Waffen, Logbücher, Schiffsmodelle und Tagebücher von Bukanieren aus dem Marinemuseum in London.

Aufgrund der großen Beachtung, die die Eröffnung der Ausstellung fand, machte mir Suzanne Gluck von der New Yorker literarischen Agentur ICM den Vorschlag, ein Buch zu schreiben, in dem das Bild des Piraten in Literatur und Film der Wirklichkeit gegenübergestellt wird. Ich möchte Suzanne für die Anregung zu diesem Projekt danken, das mir sehr viel Freude bereitet hat. Außerdem danke ich Ann Godoff, meiner Lektorin bei Random House, die mich dazu überredet hat, aus meinem ersten Manuskript ein Buch zu machen, das nicht nur den an der Geschichte der Seefahrt interessierten Leser ansprechen soll. Ich möchte mich auch bei meinen Verlegern in England, Alan Samson und Andrew Gordon von Little, Brown bedanken. Sie haben mir geholfen, meine Gedanken klar und allgemein verständlich auszudrücken. Außerdem danke ich Giles O'Bryen, Clinton Black, Gillian Coleridge, John Falconer, Enrica Gadler, William Gilkerson, Alec Herzer, Helga Houghton, Kevin McCarey, David Marley, Julia Milette, Dian Murray, Peter Neill, Richard Pennell, Linda Silverman und Norman Thrower, den Mitarbeitern der Library of Congress, der British Library, des Institute of Jamaica, der London Library und des Public Record Office und meinen früheren Kollegen vom Marinemuseum. Vor allem aber danke ich meiner Frau und meiner Familie für Ermutigung, Rat und zahlreiche Anregungen bei den Vorarbeiten zu der Ausstellung und zu diesem Buch.

Die im Text verwendeten Quellen sind in den Anmerkungen und der Bibliographie am Ende des Buches aufgeführt. Nennen möchte ich an dieser Stelle jedoch vier Bücher, die ich besonders empfehlen kann. Das erste ist Robert Ritchies *Captain Kidd and the War Against the Pirates*, wahrscheinlich das am gründlichsten recherchierte und dokumentierte Buch, das je über das Leben eines Piraten geschrieben wurde. Das zweite ist Marcus Redikers *Between the Devil and the Deep Blue Sea*. Es enthält zahlreiche Einsichten über den Alltag auf See und ist eine höchst informative Studie der anglo-amerikanischen Piraten des frühen 18. Jahrhunderts. Das dritte Buch ist *The Sack of Panama* von Peter Earle mit einer ausgewogenen und lebendigen Darstellung der Expeditionen Sir Henry Morgans. Dieses Werk basiert auf Recherchen in spanischen Archiven. Das vierte Buch ist Nicholas Rodgers *The Wooden World*. Piraten kommen darin nur ganz am Rande vor, doch ist das Buch eine außerordentlich aufschlußreiche Darstellung der Royal Navy und des Lebens auf und unter Deck.

D. C.
Brighton, Sussex
Februar 1995

Appendix I

Piratenprozesse und Hinrichtungen 1700–1730

Datum des Prozesses	Angeklagte Piraten	Ort des Prozesses / der Hinrichtung	Anzahl der Gehängten	Bemerkungen
1701, 8. Mai	Captain Kidd und 9 Männer von der *Adventure Galley*	London / Execution Dock	9	Kidds Leiche in Ketten bei Tilbury Point aufgehängt
1701, 18. Mai	24 Franzosen des Piratenschiffes *La Paix*	London / Execution Dock	24	
1704, 13. Juni	Kapitän Quelch und 25 Männer von der *Charles*	Boston / Charles River	7	
1705	Kapitän Green und 17 Männer von der *Worcester*	Edinburgh / Leith Sands	17	
1715, 9. Nov.	Kapitän Dolzell und 2 Männer	London / Execution Dock	1	
1717, Juni	De Mont, De Cossey Rossoe und Ernandos	Charleston, South Carolina / Hafen von Charleston	4	Richter Trot Vorsitzender des Admiralitätsgerichts
1717, 18. Okt.	8 Männer von Kapitän Bellamys Schiffen	Boston / Charles River	6	Überlebende des Schiffbruchs an der Küste von Cape Cod
1718, 12. März	15 Männer von Blackbeards Sloop *Adventure*	Williamsburg, Virginia / Gallows Road	13	Israel Hands und Samuel Odell begnadigt
1718, 28. Okt.	Major Stede Bonnet und 34 Männer seiner Besatzung	Charleston, South Carolina / Hafen von Charleston	30	
1718, 9. Dez.	10 Piraten von Kapitän Hornigold gefangengenommen	Nassau, Bahamas / Hafengebiet von Nassau	8	Vorsitzender Richter Kapitän Woodes Rogers
1719	Die Piraten Laws, Caddiz und Tyril	London / Execution Dock	3	
1719, Februar	Kapitän Worley und ein Mann	Charleston, South Carolina / Hafen von Charleston	2	
1720, 16. Nov.	Kapitän Rackam und 10 Männer	Spanish Town, Jamaica / Gallows Point	10	Rackams Leiche in Ketten am Deadman's Cay aufgehängt

Datum des Prozesses	Angeklagte Piraten	Ort des Prozesses / der Hinrichtung	Anzahl der Gehängten	Bemerkungen
1720, 28. Nov. / 1721	Mary Read und Anne Bonny / Richard Luntly, Zimmermann	Spanish Town, Jamaica / Edinburgh / Leith Sands	– / 1	Beide wegen Schwangerschaft begnadigt / Vanes Leiche in Ketten am Gun Cay vor Port Royal aufgehängt
1721, 22. März	Kapitän Vane und 1 Mann	Spanish Town, Jamaica / Gallows Point	2	Vanes Leiche in Ketten am Gun Cay vor Port Royal aufgehängt
1722	Der italienische Pirat Kapitän Luke und 57 Männer	Jamaica / Gallows Point	41	Vor Hispaniola von der HMS *Launceton* gefangengenommen
1722, 28. März	Mannschaft der Piratenschiffe Bartholomew Roberts'	Cape Coast Castle / Ufer vor der Festung	52	77 Männer freigesprochen; 37 zu Gefängnisstrafen verurteilt[1]
1722, 11. Okt.	10 Piraten der Mannschaft Kapitän Blancos	Nassau, Bahamas	5	Alle Hingerichteten waren Spanier
1723	Kapitän Finn und 5 Männer	Antigua, Westindien / Hafen von St. Johns	5	Finns Leiche in Ketten auf Rat Island im Hafen aufgehängt
1723, Juli	Kapitän Philip Roche	London / Execution Dock	1	
1723, 5. Juli	Kapitän Massey	London / Execution Dock	1	
1723, 10. Juli	Kapitän Harris und 36 Männer von der *Ranger*	Newport, Rhode Island / Hafen von Newport	26	Piraten von Kapitän Solgard von der HMS *Greyhound* gefangengenommen
1724, 11. März	16 Männer von der Mannschaft von Kapitän Lowther	St. Kitts, Westindien	11	Piraten von Walter Moore gefangengenommen, dem Kapitän der *Eagle*
1724, 12. Mai	Archer, White und 14 Männer	Boston / Charles River	2	Archers Leiche in Ketten auf Bird Island aufgehängt
1725, Mai	Kapitän Gow und 7 Männer von der *Ranger*	London / Execution Dock	8	Leichen von Gow und seinem Leutnant Williams in Greenwich und Deptford in Ketten aufgehängt

Datum des Prozesses	Angeklagte Piraten	Ort des Prozesses / der Hinrichtung	Anzahl der Gehängten	Bemerkungen
1726	Kapitän Lyne und 19 Männer	Curaçao	18	
1726, 4. Juli	William Fly und 15 Männer	Boston / Charles River	3	Flys Leiche auf der Insel Nick's Mate in Ketten aufgehängt
1727, Juli	John Prie	London / Execution Dock	1	Pries Leiche gegenüber Woolwich in Ketten aufgehängt
1729	John Upton	London / Execution Dock	1	

Anmerkung
[1] Kapitän Ogle traf an Bord der Piratenschiffe Bartholomew Roberts' 187 Weiße und 77 Schwarze lebend an. Die schwarzen Sklaven wurden nicht angeklagt. Von den Weißen wurden 52 gehängt, 20 zu sieben Jahren Zwangsarbeit in den Minen von Cape Coast verurteilt; bei zweien wurde das Urteil bis zur Entscheidung des Königs ausgesetzt; 17 erhielten Gefängnisstrafen in Marshalsea, 77 wurden freigesprochen und 19 starben vor Prozeßbeginn (Brief Ogles vom 5. April 1722, ADM.1/2242, PRO).

Appendix II

Piratenüberfälle 1716–1726

Die Liste beschränkt sich auf Überfälle in der Karibik und an der Ostküste Nordamerikas, für die Angaben zum Schiffstyp, der Zahl der Kanonen und der Größe der Besatzung vorliegen.

Datum des Überfalls	Piratenkapitän	Schiffstyp	Kanonen	Besatzung	Ort des Überfalls
1716, Oktober	Jennings	Sloop	–	134	New Cuba
1717, Mai	Bellamy	Vollschiff	30	200	Vor South Carolina
1717, Juli	La Bouche	Vollschiff	20	170	36° nördl. Breite
1717, August	Napin	Sloop	12	100	Auf der Fahrt nach Boston
1717, August	Nichols	Sloop	6	80	Auf der Fahrt nach Boston
1717, Oktober	Teach	Sloop	12	150	Auf der Fahrt nach Philadelphia
1717, November	Kentish	Vollschiff	22	150	Nevis
1717, November	Edwards	Sloop	8	50	Nevis
1717, Dezember	Teach	Vollschiff	36	300	In der Nähe von Crab Island
1718, Januar	Lobdin	Brigantine	10 + 2 D	90	Barbados
1718, Februar	England	Vollschiff	26 + 4 D	180	Jamaika
1718, April	Vane	Sloop	6	60	Bahamas
1718, April	(unbekannt)	Sloop	11	25	Rhode Island
1718, April	Teach + Begleitschiff	Vollschiff	40	300	Insel vor Turneff
		Sloop	10	–	
1718, Mai	Teach + Begleitschiff	Vollschiff	40	300	Vor Providence
		Sloop	12	115	
1718, Juni	Teach + Begleitschiffe	Vollschiff	40	300	Charleston, South Carolina
		3 Sloops	–	100	
1718, Oktober	Vane	Brigantine	12	90	Rhode Island
1718, Oktober	Yeats	Sloop	8	20	Rhode Island
1718, Dezember	Moody	Vollschiff	24	–	St. Christophers
1718, Dezember	Frowd	Brigantine	8	–	St. Christophers

Datum des Überfalls	Piratenkapitän	Schiffstyp	Kanonen	Besatzung	Ort des Überfalls
1718, Dezember	(unbekannt)	Sloop	6	–	St. Christophers
1719, Februar	England	Vollschiff	24 + 2 D	200	Antigua
1719, März	Moody	Vollschiff	35	130	Bucht von Carolina
1719, März	Frowd	Brigantine	4	60	35° nördl. Breite, 38° westl. Länge
1720, Juli	Roberts	Vollschiff	26	200 auf beiden	Neufundlandbänke
	+ Begleitschiff	Sloop			
1720, September	Rackam	Sloop	4 + 2 D	12	Vor Jamaika
1721, April	Roberts	Vollschiff	32 + 9 D	228	Inseln über dem Winde
1721, April	Stidien	Brigantine	24 + 6 D	140	Inseln über dem Winde
1723, September	Lowther	Sloop	8	30	Barbados
1723, Oktober	(unbekannt)	Schoner	4	25	Barbados
1725, Juni	Pyme	Sloop	10 + 16 D	–	40° nördl. Breite
1726, Juni	Fly	Snow	6	23	Vor Philadelphia

Anmerkung:
D = Drehbasse (10 + 2 D bedeutet: 10 Kanonen auf Lafetten und 2 auf die Reling montierte Drehbassen)

Anmerkungen

Wo nur der Nachname des Autors angegeben wird, finden sich der vollständige Titel sowie Ort und Jahr des Erscheinens in der Bibliographie.

Abkürzungen

ADM   Akten von Admiralität und Navy Board
CO   Akten des Kolonialamts
HCA   Akten des Obersten Admiralitätsgerichts
CSPC Calendar of State Papers: Kolonien, Amerika und Westindien
NMM   National Maritime Museum
PRO   Staatsarchiv

Einführung

1. John Turner, *Sufferings of John Turner, Chief Mate of the Ship* Tay *Bound for China and Their Seizure and Captivity Among the Ladrones,* London 1809.

2. Lucretia Parker, *Piratical Barbarity or the Female Captive,* New York 1826, S. 15.

3. John Robert Moore war Professor für Englisch an der Indiana University. Er gab seine Entdeckung, daß Captain Charles Johnson in Wirklichkeit Daniel Defoe sei, 1932 bei einer Tagung der Modern Language Association bekannt. Seine beiden wichtigsten Bücher über Defoe und Johnson waren *Defoe in the Pillory and Other Studies,* 1939, und *Daniel Defoe, Citizen of the Modern World,* Chicago 1958.

4. Brief John Murrays an Byron vom 3. Februar 1814, zitiert bei Rutherford, S. 69.

Holzbeine und Papageien

1. Dieser Bericht über Stevenson stützt sich auf: Colvin (Ausgabe von 1911); Bell; McLynn; sowie die Einführung und Anmerkungen zu der bei Oxford University Press erschienenen World-Classics-Ausgabe von Robert Louis Stevenson, *Treasure Island,* Oxford 1990.

2. Zitiert in Emma Letleys Einführung zu *Treasure Island,* op. cit., S. vii.

3. Robert Louis Stevenson, *My First Book* (Erstveröffentlichung in *The Idler,* August 1894), nachgedruckt in *Treasure Island,* op. cit., S. 197.

4. Johnson, S. 121.
5. Bell, S. 103.
6. Brief an W. E. Henley, Mai 1883, in Colvin, S. 116.
7. CO.1/57, f 381, PRO.
8. Kapitän Chaloner Ogles Brief an die Admiralität. ADM.1/2242, PRO.
9. Johnson, S. 344.
10. Ned Ward, *The Wooden World Dissected*, London 1707, S. 82.
11. *The Post-Man*, Ausgaben vom 21. bis 24. September, London 1717.
12. PRO, HCA 1/42/26v, und PRO, HCA 1/41/189v. Zu weiteren Einzelheiten siehe Briefwechsel zwischen Cheryl Fury und J. D. Alsop in *The Mariners Mirror*, Bd. 80, London 1994, S. 341 f.
13. Dampier, Bd. 2, S. 223.
14. Senior, S. 15.
15. Rediker, Cambridge 1989 (Taschenbuchausgabe), S. 258.
16. Zu weiteren Informationen über Seemannskleidung siehe: Rodger, op. cit., S. 64 f.; Rediker, S. 11; Ritchie, S. 114; Dudley Jarrett, *British Naval Dress*, London 1960; Commander W. E. May, *The Dress of Naval Officers*, London 1966.
17. Senior, S. 37.
18. Johnson, S. 243.
19. Ordinarius von Newgate, *His Account of the Behaviour, Confession, and Last Speech of Capt. Alexander Dolzell*, London 1715. Ein Exemplar befindet sich in der Caird Library, NMM.
20. Johnson, S. 84 f.
21. CO. 152/12, Nr. 67(iii), PRO.
22. Lee, S. 233.
23. Johnson, S. 243.
24. Drury, *Madagascar*, London 1897.
25. Rediker, S. 12, 260; und Rodger, S. 114.
26. Earle, S. 65 f.
27. Die Zahlen beruhen auf Listen von der Piraterie angeklagten Männern, die in Gerichtsakten, Dokumenten des Kolonialministeriums, Johnsons *Allgemeiner Geschichte der Piraten* und zeitgenössischen Zeitungen erwähnt werden.
28. CO. 152/13, f 282, PRO.
29. CO. 1/57, f 381, PRO.
30. Dampier, Bd. 1, S. 33.
31. Exquemelin, Teil IV, S. 366.
32. CO. 38/24, Nr. 145, PRO.
33. G. E. Manwaring und W. C. Perrin, *The Life and Works of Sir Henry Mainwaring*, 2 Bände, Navy Records Society, London 1920–21.
34. William Lithgow, *Rare Adventures and Painfull Peregrinations*, London 1632.
35. Johnson, S. 111.
36. Zu näheren Informationen über J. M. Barrie und *Peter Pan* siehe: Green; Haill; Birkin; und die bei Oxford University Press er-

schienene World-Classics-Ausgabe von J. M. Barrie, *Peter Pan in Kensington Gardens* und *Peter and Wendy*, Oxford 1991.

37. Die Einzelheiten über Averys Leben stammen aus: Hill, S. 99–105; Daniel Defoe, *The King of the Pirates, Being on Account of Famous Enterprises of Captain Avery, with the Lives of Other Pirates and Robbers*, London 1724; Johnson; und einer exzellenten Zusammenfassung bei Ritchie, S. 85–89.

38. Hill, S. 102.

39. Johnson, S. 57.

40. Der *Dictionary of National Biography* bietet eine nützliche Einführung zu Charles Johnson.

Plündern und Brandschatzen der Schatzhäfen

1. Juan López de Velasco hat Nombre de Dios 1570 anschaulich beschrieben. Zitiert bei Andrews, S. 19.

2. Die Einzelheiten über Drakes Überfall stammen aus: Kenneth Andrews, *Drake's Voyages*, London 1967; Wilson; Williams, *The Sea Dogs*; und Neville Williams, *Francis Drake*, London 1973.

3. Williams, *The Sea Dogs*, S. 90.

4. Der erfahrene protugiesische Lotse Nuno da Silva weilte 15 Monate an Bord und gab eine detaillierte Beschreibung ihrer Segeleigenschaften. Wilson, S. 45.

5. Williams, *The Sea Dogs*, S. 130.

6. Der kurze Bericht über Cortez und Pizarro stützt sich auf J. H. Parry, *The Age of Reconnaissance*, London 1963, und Felipe Fernandez-Armesto (Hg.), *The Times Atlas of Exploration*, London 1991.

7. Die von Earl J. Hamilton in *American Treasure and the Price of Revolution in Spain* zusammengestellten Zahlen finden sich in *The New Cambridge Mordern History*, Cambridge 1957, S. 452.

8. Peter Wood, *The Spanish Main*, Amsterdam 1979, S. 18.

9. Zu näheren Informationen über Hawkins siehe Williams, *The Sea Dogs*, und Andrews.

10. Peter Wood, *The Spanish Main*, S. 56.

11. Ebenda, S. 64.

12. Zur einer ausgewogenen Beurteilung der Person Exquemelins siehe Earle, *The Sack of Panama*, S. 256–266.

13. Exquemelin, S. 103.

Sir Henry Morgan

1. Pope, S. 347.

2. Der Bericht über Henry Morgan in diesem Kapitel basiert auf: Pope; Earl, *The Sack of Panama*; Exquemelin; sowie Pawson und Buisseret.

3. Pope, S. 343.
4. Ebenda, S. 261.
5. Ebenda, S. 342.
6. Ebenda, S. 343.
7. Am 21. November 1671 unterschrieb Morgan eine eidliche Aussage, in der er sein Alter mit 35 Jahren angab. Danach wäre 1635 sein Geburtsjahr. Geboren wurde er entweder in dem Dorf Penkarn in Monmouthshire oder in Llanrhymny in Glamorganshire. Sein Lieblingsgut auf Jamaika nannte er Llanrhymny nach dem walisischen Dorf bei Tregedar, dem heutigen Rhymney. Sein Vater hieß wahrscheinlich Robert Morgan.
8. Pope, S. 65.
9. Ebenda, S. 148.
10. Ebenda.
11. Earl, *The Sack of Panama*, S. 74.
12. Ebenda, S. 83.
13. Ebenda.
14. Nach Sir Thomas Modyford, Gouverneur von Jamaika, war der Anteil jedes Freibeuters nur halb so groß wie bei dem Überfall auf Portobello. Ebenda, S. 129.
15. Pope, S. 198.
16. Earle, *The Sack of Panama*, S. 237.
17. Pope, S. 246.
18. Ebenda, S. 250.
19. Ebenda, S. 258.
20. Brief von Lord Vaughan an Sir Joseph Williamson. Weiter heißt es darin: »Sir Henry hat sich und sein Amt durch sein Trinken und Spielen in den Tavernen der Stadt so herabgewürdigt, daß ich wegen des Rufs der Insel beabsichtige, mich schleunigst von hier zu entfernen.« Zitiert bei Pope, S. 277.
21. Zur Behandlung Morgans durch Hans Sloane siehe dessen Bericht in *A Voyage to the Islands of Madera, Barbados, Nieves, S. Christophers, and Jamaica*, 2 Bände, London 1717/1725.

Piratinnen und Piratenfrauen

1. Diese Details stammen aus der Erklärung, die Gouverneur Woodes Rogers am 5. September 1720 abgab und die in *The Boston Gazette* vom 10.–17. Oktober 1720 abgedruckt wurde.
2. Johnson berichtet ausführlich über Rackam, aber siehe auch Black. Black war jahrelang Archivar auf Jamaika und liefert zusätzliche Informationen. Johnsons Schilderung wird durch das gedruckte Protokoll des Prozesses gegen Rackam, CO. 137/14, PRO, bestätigt.
3. Black, S. 110.
4. Johnson, S. 156.

5. Woodes Rogers' Erklärung, *The Boston Gazette*, 10.–17. Oktober 1720.

6. Siehe Zeitungsmeldung aus New Providence in *The Boston Gazette*, 10.–17. Oktober 1720.

7. Kapitän Jonathan Barnet hatte 1715 vom Gouverneur von Jamaika den Auftrag erhalten, Piraten zu jagen. Siehe CO. 137/12. NR. 78 (i-v), ff 231–235, PRO.

8. Das gedruckte Protokoll des Prozesses gegen Rackam enthält eine Schilderung des Gefechts durch James Spatchears, Seemann aus Port Royal (CO. 137/14, PRO).

9. Ebenda.

10. Johnson, S. 153.

11. Das Prozeßprotokoll wurde 1721 von Robert Baldwin auf Jamaika gedruckt und trägt den Titel *The Tryals of Captain John Rackam, and Other Pirates*. Zwei gebundene Exemplare finden sich in den Akten des Kolonialministeriums über Jamaika, Public Record Office, Kew (CO. 137/14, PRO).

12. Diese Einzelheiten und die folgenden Zitate stammen aus dem Prozeßprotokoll, CO. 137/14, PRO.

13. CO. 137/14, PRO.

14. Black, S. 117.

15. Details aus Edgar J. March, *Sailing Drifters: the Story of the Herring Luggers of England, Scotland and the Isle of Man*, Newton Abbot 1969. S. 227 ff.

16. Barlow.

17. Zur Rolle von Ehefrauen, Geliebten und Prostituierten in der Kriegsmarine der georganischen Zeit siehe Rodger (Taschenbuchausgabe 1990), S. 75–80.

18. Siehe Wheelwright, *Amazons and Military Maids*, eine wissenschaftliche Studie über Frauen, die als Männer verkleidet in Marine und Armee dienten, mit umfassender Bibliographie.

19. »The Intrepid Female or Surprising Life and Adventures of Mary Anne Talbot, Otherwise John Taylor«, in Bd. II von Kirbys *Wonderful and Scientific Museum*, London 1804.

20. Zitiert bei Wheelwright, S. 84.

21. Ebenda, S. 141.

22. Zu einer anschaulichen Beschreibung des Bordlebens im 18. Jahrhundert siehe Rodger, S. 60–71; ferner Barlow, Dampier und andere Tagebücher und Memoiren von Seeleuten.

23. Lavery, S. 200 ff.

24. Johnson, S. 212.

25. Rediker (Taschenbuchausgabe 1989), S. 261, Anm. 16.

26. Diese Zitate sind dem gedruckten Protokoll des Prozesses gegen Bellamys Mannschaft entnommen (CO. 5/867, Teil I, PRO).

27. Dow und Edmonds, S. 226.

28. Ebenda, S. 227.

29. Johnson, S. 76

30. CSPC, Bd. 1717/18, Nr. 298, S. 149.

31. Ein kurzer Bericht findet sich in Charles Ellms, *The Pirates Own Book, Authentic Narratives of the Most Celebrated Sea Robbers* (Erstausgabe 1837, zitiert nach der Taschenbuchausgabe von 1993), S. 2.

32. Aus einer Depesche von Richter Drury, Präsident von Munster, an den Staatsrat in London vom 7. November 1578. Dieses Zitat und die meisten Informationen über Grace O'Malleys Leben sind Anne Chambers' faszinierender und sorgfältig dokumentierter Studie über die irische Patriotin entnommen.

33. Nach Anne Chambers leitete sich ihr Spitzname wahrscheinlich vom gälischen »Grainne Ui (Ni) Mhaille« oder »Grace von den Umhalls« ab: Chambers, S. 55.

34. Ebenda, S. 25.

35. Ebenda, S. 93.

36. Ebenda, S. 129.

37. Ebenda, S. 150.

38. Zwei besonders anschauliche Beschreibungen des Lebens unter chinesischen Piraten finden sich in den Tagebüchern zweier Seeleute: John Turner, *Sufferings of John Turner, Chief Mate of the Ship* Tay Bound *for China and Their Seizure and Captivity Among the Ladrones*, London 1809; und Richard Glasspole, *A Brief Narrative of My Captivity and Treatment Amongst the Ladrones*, London 1935. Glasspole war Offizier auf der *Marquis of Ely*, einem Schiff der Ostindienkompanie, und wurde 1809 vor Macao gefangengenommen. Der zuverlässigste Bericht über Cheng und die chinesischen Piraten des frühen 19. Jahrhunderts findet sich bei Murray. Professor Murray führte in chinesischen Archiven auf Taiwan und in Peking intensive Quellenstudien durch.

39. Glasspole, S. 127.

40. Karl F. Neumann, *History of the Pirates who Infested the China Sea from 1804 to 1810*, London 1831, S. 24. Dies ist eine Übersetzung der Arbeit Yuan Yung-luns.

41. Zu einer detaillierten Beschreibung der chinesischen Piratenschiffe siehe Murray, S. 91–98.

42. Ebenda, S. 143 f.

43. Professor Linda Grant de Pau behauptet dies in ihrem Buch *Sea Faring Women*, Boston 1982.

Stürme, Schiffbrüche und das Leben auf See

1. Zu näheren Einzelheiten über den Schiffbruch der *Whydah* und den anschließenden Prozeß siehe: *The Trials of Eight Persons for Piracy, etc.*, CO. 5/867, Teil I, f 10, PRO; Johnson; und Vanderbilt.

2. ADM. 1/2242, PRO.

3. Johnson, S. 322.

4. CO. 1/57, f 381, PRO.

5. Dampier, Bd. 1, S. 301.

6. Zitiert in John Masefields Einführung zu Dampier, Bd. 1, S. 13.

7. Ebenda, Bd. 1, S. 126.

8. Rogers, S. 3.

9. Dampier, Bd. 1, S. 184.

10. Exquemelin, S. 278. Nähere Einzelheiten über die Erbeutung der Karten und ihre Bedeutung finden sich in D. Howse und N. Thrower (Hg.), *A Buccaneer's Atlas*, Los Angeles und Oxford 1992, S. 22, 27.

11. CO. 152/12, Nr. 67 (iii), PRO.

12. Johnson, S. 208.

13. Ebenda, S. 209.

14. *The Boston News Letter*, 14.–21. Januar 1712.

15. Johnson, S. 315.

16. Rediker, Davis und Middleton.

17. *The Four Voyages of Capt. George Roberts … Written by Himself*, London 1726. Die Beschreibung seiner Begegnung mit Low wird bei Dow und Edmonds wiedergegeben.

18. Dow und Edmonds, S. 161.

19. Ebenda, S. 168.

20. Ebenda, S. 231.

21. *Proceedings of the Court Held on the Coast of Africa*, HCA.1/99.3, PRO.

22. Dow und Edmonds, S. 325.

23. Rediker, S. 191 ff.

24. CO. 37/10, NR. 10 (ii), PRO.

25. Rogers, S. 207.

26. Exquemelin, S. 100.

27. Ebenda, S. 475.

28. *Proceedings of the Court Held on the Coast of Africa*, HCA.1/99.3, PRO.

29. Bruce Ingram (Hg.), *Three Sea Journals of Stuart Times*, London 1936, S. 230.

30. Exquemelin, S. 343.

31. Johnson, S. 168.

32. Exquemelin, S. 430 f.

33. Johnson, S. 213.

34. Ebenda, S. 213.

35. Ebenda, S. 211.

36. HCA. 1/55, PRO.

37. Murray, S. 25, 50 und Anm. 67, S. 191.

38. Rodger, S. 81.

Unter Piratenflagge ins Gefecht

1. Die Einzelheiten über den Angriff auf die *Princes Galley* stammen aus: *The Deposition of John Wickstead*, CO. 28/18, f 23 PRO; *The Trial of Robert Corp and Henry Wynn*, CO. 152/14, f 292, PRO; Johnson, S. 315.

2. CO. 152/14, f 292, PRO.

3. Joseph Hiller, der öffentliche Notar von Boston, ließ einen ausführlichen Bericht über den Überfall drucken in: *The Boston Gazette*, 15.–22. August 1720. Siehe auch Johnson, S. 217.

4. Johnson, S. 217.

5. Auf Jamaika waren ein Kriegsschiff 5. Klasse und zwei Sloops stationiert, auf Barbados zwei Schiffe 5. Klasse und auf den Leeward Islands ein Schiff 6. Klasse. Siehe *The Present Disposal of All His Majesties Ships and Vessels in Sea Pay*, ADM. 8/14, PRO.

6. CSPC, Bd. 1717/18, 21. Juni 1718.

7. CSPC, Bd. 1717/18, Nr. 787.

8. *The Boston News Letter*, 12.–19. August 1717.

9. *The Deposition of George Barrow, Master of the Sloop Content*, CO. 28/18, f 22, PRO.

10. Diese Zahlen sind zusammengestellt aus Informationen über Piratenüberfälle in: *Calendar of State papers, Colonial, America and West Indies*; Johnson; Berichten von *The Boston Gazette, The Boston News Letter, The Maryland Gazette, The New York Gazette*; sowie Aussagen und anderen Dokumenten im Public Record Office.

11. Siehe *The Boston Gazette*, 10.–17. Oktober 1720; und CO. 137/14, PRO.

12. Nähere Einzelheiten über diesen Überfall finden sich in *The Trials of Eight Persons Indited für Piracy ... on the 18th October 1717* (der Prozeß gegen die Überlebenden von Bellamys Besatzung), CO. 5/867, Teil I, f 10, PRO.

13. Obwohl es in amtlichen Dokumenten zahlreiche Hinweise auf Roberts' Überfälle gibt, findet sich die einzige Beschreibung des Piratenkapitäns bei Johnson, S. 243 f.

14. Siehe das Logbuch der HMS *Swallow*, ADM. 51/954; Kapitän Ogles Brief vom 5. April 1722 an die Admiralität, ADM. 1/2242; und *Proceedings of the Court Held on the Coast of Africa ...* (Prozeß gegen Roberts' Besatzung in Cape Coast Castle), HCA. 1/99.3, PRO.

15. CSPC, Bd. 1717/18, Nr. 551.

16. Rediker, S. 267 f.

17. Zitiert aus Teil IV von Exquemelin, op. cit., S. 311, und siehe auch S. 309, Anm. 1; und Dampier, Bd. 1, S. 30, 35.

18. Zu Einzelheiten siehe Earle, *The Sack of Panama*, S. 64.

19. Exquemelin, Teil IV, S. 324.

20. Ebenda.

21. CSPC, Bd. 1712/14, Nr. 651.

22. CO. 152/14, f 289, PRO.

23. Johnson, S. 326.

24. CSPC, Bd. 1719/20, Nr. 34.

25. *The Boston News Letter*, 15.–22. Juli 1717. Ich danke William Gilkerson, op. cit., für seine Erklärung der waffentechnischen Fachausdrücke.

26. CO. 152/12, Nr. 136 (vi), PRO.
27. CO. 152/12, Nr. 67 (ii), PRO.
28. CSPC, Bd. 1710/11, Nr. 177.
29. *The Boston Gazette*, 27. April – 4. Mai 1724.
30. CO. 23/13, f 221, PRO.
31. *The Last Speech and Dying Words of Richard Luntly, Carpenter Aboard the* Eagle Snow, Edinburgh 1721. Ein Exemplar befindet sich in der Caird Library, NMM.

Folter, Gewalt und das Aussetzen auf einsamen Inseln

1. Die Einzelheiten über Gows Leben stammen aus Artikeln in *The London Journal* vom 12. Februar 1724/5, 6. März 1724/5, 13. März 1724/5, 20. März 1724/5, 27. März 1724/5, 3. April 1725, 29. Mai 1725 und 5. Juni 1725; ferner aus Johnson sowie Daniel Defoes *An Account of the Conduct and Proceedings of the Late John Gow, Alias Smith*, London 1725. Die von John Russell herausgebene limitierte Auflage von Defoes *Account*, London 1920, enthält nützliche Anmerkungen und Kommentare.
2. Defoe, *An Account of the Conduct and Proceedings of the Late John Gow*, hg. v. Russell, London 1920, S. 35.
3. *The London Journal*, 5. Juni 1725.
4. Walter Scotts *The Pirate* erschien 1821. Die Geschichte wurde für die Bühne bearbeitet und kam beim Theaterpublikum der Zeit gut an.
5. Aussage von Nathaniel Catling, CO. 37/10, Nr. 10 (v), PRO.
6. Aussage von Edward North, CO. 37/10, Nr. 10 (ii), PRO.
7. CSPC, Bd. 1720/21, Nr. 463 (iii).
8. Ebenda.
9. Aussage von Robert Leonard, CO. 152/12, Nr. 136 (vi), PRO.
10. CSPC, Bd. 1724/25, Nr. 102.
11. Ich danke Richard Pennell, daß er mich auf diese Zeitungsmeldung aufmerksam gemacht hat. Ein weiterer Bericht über das »Plankenlaufen« findet sich in *The Mariners Mirror*, Bd. 80, 1994, S. 224.
12. Exquemelin, S. 152.
13. Earle, *The Sack of Panama*, S. 74.
14. Ebenda, S. 75.
15. Ebenda, S. 76.
16. Exquemelin, S. 155.
17. Rediker, S. 216.
18. Ebenda, S. 219.
19. Ebenda.
20. Ebenda, S. 220.
21. Ebenda, S. 225.
22. Dow und Edmonds, S. 325.
23. HCA. 1/99.3, PRO.

24. Rodger, S. 227.
25. Ebenda.
26. Zeitungsbericht aus London über einen Prozeß im Old Bailey, *The Boston Gazette*, 14.–21. August 1721.
27. *The London Journal*, 14. Mai 1726.
28. CO. 23/1, Nr. 18, ff 75–82, PRO.
29. CO. 23/13, f 221, PRO.
30. Johnson, S. 75.
31. CO. 1/57, f 381, PRO.
32. Siehe Backschreider, S. 412–436.
33. Reverend Mark Noble, zitiert bei Moore, S. 223.
34. Rogers, S. 94. Rogers' Bericht über Selkirks Rettung findet sich im Anhang der Penguin-Classics-Ausgabe von *Robinson Crusoe*, hg. von Angus Ross, London 1985.
35. Rogers, S. 92.
36. Ebenda.

Pirateninseln und andere Schlupfwinkel

1. Dr. Emmanuel Heath, *A Full Account of the Late Dreadful Earthquake at Port Royal … by the Minister of That Place*, London 1692.
2. Brief von Edmund Edlyne aus Jamaika vom 20. Juni 1692, zitiert in: H. J. Cadbury, »Quakers and the Earthquake at Port Royal, 1692«, *Jamaica Historical Review*.
3. Brief von John Pike aus Spanish Town, Jamaika, vom 19. Juni 1692, ebenda.
4. Pawson und Buisseret, S. 98.
5. John Taylor, 1687, zitiert in Pawson und Buisseret, S. 109.
6. Ebenda, S. 119.
7. Kaperbrief für Kapitän Jonathan Barnet, ausgestellt von Lord Hamilton, Gouverneur von Jamaika, am 24. November 1715. CO. 137/12, Nr. 78 (i), f 231, PRO.
8. Johnson.
9. Eine hervorragende Beschreibung der Piratensiedlungen auf Madagaskar gibt Ritchie auf S. 80–86 und 112–116.
10. Zitiert bei Mitchell, S. 192.
11. Rogers, S. 307.
12. Uring, S. 241.
13. Jeremy Dummer war der Vertreter des Rates in Massachusetts Bay: CSPC, Bd. 1719/20, Nr. 578.
14. Dampier, Bd. 2, S. 155.
15. Bericht an Addison vom 21. November 1717. CSPC, Bd. 1717/18, Nr. 220.
16. CSPC, Bd. 1717/18, Nr. 64.
17. Vgl. G. E. Manwarings Einleitung zu Rogers, S. VII–XI.
18. Rogers, Eintrag vom 22. Dezember 1709, S. 215.

19. Bericht Addisons an den Rat für Handel und Plantagen, 3. September 1717. CSPC, Bd. 1717/18, Nr. 64.

20. Gouverneur Woodes Rogers an den Rat für Handel und Plantagen, 31. Oktober 1718. CSPC Bd. 1717/18, Nr. 737.

21. Ein vollständiger Prozeßbericht befindet sich im Archiv von Kew: *The Trial of Ten Pirates at Nassau in the Bahamas.* CO. 23/1, Nr. 18, ff 75–82, PRO.

22. CO. 23/1, Nr. 18, f 81 v. PRO.

23. G. E. Manwarings Einleitung zu Rogers, S. XIV, Anm. 3.

Sloops, Schoner und Piratenfilme

1. Brief von der *Milford Galley*, die dabei war, als Woodes Rogers Flottille in Nassau eintraf; abgedruckt in: *The Whitehall Evening Post*, London, 18. Oktober 1718.

2. Johnson, S. 229.

3. Rediker, S. 228.

4. Ralph Davis, *The Rise of the English Shipping Industry in the 17th and 18th Centuries*, Newton Abbot 1962.

5. Arthur Middleton, *Tobacco Coast: A Maritime History of Chesapeake Bay in the Colonial Era*, Baltimore 1984, Appendix E.

6. CO. 152/12, Nr. 67 (iii), PRO.

7. Johnson, S. 72.

8. CSPC, Bd. 1717/18, Nr. 556.

9. Ritchie, S. 58.

10. Vanderbilt; Clifford und Turchi.

11. Zu Piraten- und historischen Abenteuerfilmen siehe Richards und Parish und Stanke.

12. Zitiert bei Parish und Stanke, S. 64.

13. Robertson, S. 55.

Captain Kidd und der vergrabene Schatz

1. Die Einzelheiten dieses Falls stammen aus drei zu Protokoll gegebenen eidlichen Aussagen im Public Record Office, Chancery Lane: *Information of Morgan Miles of Swansea, William Doale of Bristol* und *Joseph Spollet of Devon.* HCA. 1/55, f 9, 10, 11, PRO.

2. Ebenda.

3. Der folgende Bericht über Kidd basiert auf Brooks, Johnson, Hill (S. 113–122) und Ritchie.

4. Zitiert in: Ritchie, S. 102.

5. Brooks, S. 40.

6. Barlow.

7. Brooks, S. 70.

8. Ebenda, S. 71.

9. Ebenda, S. 27.
10. Ritchie, S. 192.
11. Brooks, S. 187.
12. Ritchie, S. 231.
13. Johnson, S. 87. Im Logbuch von Leutnant Hicks von der HMS *Pearl* ist verzeichnet, zusätzlich zum Inhalt der Fässer seien von Maynards Leuten 732 Pfund Brot und 6487 Pfund Kakao geborgen worden (ADM/L/P32, NMM).
14. Eine Liste der aus dem Wrack der *Whydah* geborgenen Gegenstände findet sich im Anhang von Clifford und Turchi, S. 205−214.
15. Rediker, S. 256 und 281.

Die Jagd auf die Piraten

1. ADM. 51/4250, PRO.
2. ADM/LP 32, NMM.
3. Johnson, S. 78.
4. CSPC, Bd. 1717/18, Nr. 800, S. 430.
5. Johnson, S. 78. Robert Maynard wurde am 14. Januar 1707 zum Leutnant befördert. Von 1709 ab diente er als Dritter Leutnant auf der HMS *Bedford*, 1716 wurde er Erster Leutnant auf der HMS *Pearl*. 1739 wurde er zum Kommodore befördert, 1740 zum Kapitän. Er starb 1750.
6. Brief von Kapitän Ellis Brand an die Admiralität vom 6. Februar 1718/1719, ADM 1/1472, PRO.
7. Ein Brief Maynards an Leutnant Symonds von der in New York stationierten HMS *Phoenix* wurde am 25. April 1719 vom *Weekly Journal or British Gazetteer* veröffentlicht. Er wird zusammen mit viel anderem wertvollen Quellenmaterial zitiert in: Lee, S. 233.
8. Lee, S. 233.
9. *The Boston News Letter*, 23. Februar bis 2. März 1719. Der Bericht wurde am 12. Februar von einer Sloop von North Carolina gebracht. Dieselbe Ausgabe enthält zusätzliche Informationen aus einem Brief vom 17. Dezember aus North Carolina.
10. Lee, S. 234.
11. CSPC, Bd. 1720/21, Nr. 251 (i).
12. CSPC, Bd. 1717/18, Nr. 271.
13. CSPC, Bd. 1717/18, Nr. 575.
14. Rediker (Taschenbuchausgabe von 1989), S. 256.
15. Diese Zahlen stammen aus Pawson und Buisseret, ferner aus Constance Green, *American Cities in the Growth of the Nation*, London 1957.
16. Rediker, S. 256.
17. Einen exzellenten Überblick über die Maßnahmen der britischen Regierung gegen die Piraterie gibt Ritchie, S. 140−154; vgl. auch R. Marsden, Hg., *The Law and Custom of the Sea*, Bd. II, Navy Records Society 1916, und Gosse, S. 315 ff., und *Statutes of the Realm*.
18. Eine genaue Schilderung des Prozesses geben Dow und Edmonds, S. 99−115.

19. Ebenda, S. 112.
20. CO. 137/13 Nr. 5 (i), PRO.
21. CSPC, Bd. 1717/18, Nr. 9, PRO.
22. Siehe Lyon, Lavery, *The Ship of the Line*, und Christopher Lloyd, *The British Seaman*, London 1968.
23. ADM. 8/14, PRO.
24. Rediker, S. 49, Anm. 85.
25. Rodger, S. 98.
26. Logbuch des Kapitäns der HMS *Swallow*, ADM. 51/954, PRO.
27. Die Schilderung der Suche Kapitän Ogles nach Bartholomew Roberts und des entscheidenden Gefechts beruht auf den folgenden Quellen: Ogles Briefe an die Admiralität vom 5. April, 26. Juli und 8. September 1722, ADM. 1/2242, PRO; Logbuch des Kapitäns der HMS *Swallow*, ADM. 51/954, PRO; Logbuch des Leutnants der HMS *Swallow*, ADM/L/S564, NMM; *Proceedings of Court Held on the Coast of Africa upon Trying of 100 Pyrates Taken by HMS Swallow*, HCA.1/99.3, PRO; *The London Journal*, 3. April 1725; und Johnson, S. 232–255.
28. Johnson, S. 224.
29. Ebenda, S. 224.
30. ADM/L/S564, NMM.
31. ADM.1/2242, PRO.
32. HCA.1/99.3, PRO.
33. Eine ausführliche Schilderung findet sich bei Dow und Edmonds, S. 292 f., und Johnson, S. 328 f.
34. CSPC, Bd. 1722/23, Nr. 606.
35. *The Boston Gazette*, 19.–26. August 1723.
36. Ritchie, S. 152.
37. CO.137/12, Nr. 78 (i–iii), PRO.
38. Ebenda.
39. CSPC, Bd. 1720/21, Nr. 288.
40. Siehe *Deposition of Walter Moor of the Sloop Eagle*, CO.152/14, f 259, PRO, Johnson, S. 315 ff., und Dow und Edmonds, S. 139f.
41. CO.152/14, f 259, PRO.
42. Siehe *The Trial of Robert Corp and Henry Wynn*, CO.152/14, f 292, PRO.

Verurteilt, hingerichtet und in Ketten aufgehängt

1. Griffiths, Bd. 1, S. 281.
2. Bericht von Gouverneur Hart, St. Christophers, Juni 1723. CSPC, Bd. 1722–1723, Nr. 576.
3. Zitiert in Dow und Edmonds, S. 327. Es ist interessant, diese Kosten mit denen der Hinrichtung Kidds zu vergleichen: Der Vollstreckungsbeamte der Admiralität berechnete für den Transport auf Karren zum Galgen 4 Pfund, James Sherwood für die Errichtung des Schaugalgens bei Tilbury 10 Pfund, Thomas Sherman für den Galgen

3 Pfund, 2 Schillinge und 6 Pfennige und für den Transport der Leiche und die Aufhängung in Ketten 1 Pfund, 5 Schillinge und 2 Pfennige, James Smith für die Herstellung der Ketten 4 Pfund (ADM 1/3666, f 210, PRO).

4. Zu den Zahlen vgl. Rediker, S. 283.

5. Zitiert bei Senior, S. 19.

6. Weiteres Zahlenmaterial findet sich in zeitgenössischen Zeitungen, in den Berichten der Gouverneure aus den Kolonien im *Calendar of State Papers* und in Dokumenten des Public Record Office, in den Prozeßakten, bei Johnson und bei Dow und Edmonds.

7. *Whitehall Evening Post*, 17. Februar 1719.

8. CSPC, Bd. 1722–1723, Nr. 142.

9. Die folgende Darstellung basiert auf: *Proceedings of Court Held on the Coast of Africa upon Trying of 100 Pyrates Taken by HMS Swallow*, HCA.1/99.3, PRO, ferner den Briefen Kapitän Chaloner Ogles an die Admiralität, ADM.1/2242, PRO, dem Logbuch des Kapitäns der HMS *Swallow*, ADM.51/954, PRO, und dem Logbuch des Leutnants der HMS *Swallow*, ADM/L/S564, NMM.

10. Davis, S. 240–245.

11. Davis, S. 345, und James Walvin, *The Slave Trade*, S. 318.

12. HCA.1/99.3, PRO.

13. Ebenda.

14. Ebenda.

15. Kaplan von Newgate, *His Account of the Behaviour, Confession, and Last Speech of Capt. Alexander Dolzell* (London 1715). Ein Exemplar wird im NMM aufbewahrt.

16. Brooks, S. 49.

17. Ebenda.

18. Vanderbilt, S. 105.

19. Rev. Cotton Mather, *Instructions to the Living from the Condition of the Dead. A Brief Relation of Remarkables in the Shipwreck of Above One Hundred Pirates Who Were Cast Away in the Ship Whido, on the Coast of New-England, April 26, 1717 ... With Some Account of the Discourse Had with Them on the Way to Their Execution. And a Sermon Preached on Their Occasion* (Boston 1717). Bei Vanderbilt finden sich längere Zitate aus dieser Schrift (S. 106–112).

20. Eine detaillierte Schilderung der letzten Tage Flys und seiner Mannschaft findet sich bei Dow und Edmonds, S. 335 ff.

21. Zitiert bei Dow und Edmonds, S. 307.

Nachwort

1. Zur Piraterie von heute siehe Eric Ellen, *Piracy at Sea*, International Maritime Bureau, London 1992; Villar; Merchant Shipping Notice Nr. M1517, *Piracy and Armed Robbery*, HMSO, London 1993.

Glossar seemännischer Fachausdrücke

Achterdeck Deck oberhalb des Hauptdecks, das vom Heck bis etwa zur Mitte des Schiffes reichte. Von hier aus befehligten der Kapitän und die Offiziere das Schiff.

achtern Hinten, hinter.

Backbord Linke Seite eines Schiffes, von achtern nach vorn gesehen.

Besanmast oder Kreuzmast Hinterster Mast eines mehrmastigen Schiffes; bei einem Dreimaster ist der vordere Mast der Fockmast, der mittlere der Großmast und der hintere der Besanmast.

Bootsmann Der für Segel, Takelage, Anker und entsprechendes Zubehör zuständige Deckoffizier.

Brasse Leine, mit der die Rah eines Rahsegels horizontal bewegt wird.

Breitseite Gleichzeitiges Feuer aus allen Kanonen einer Seite des Schiffes.

Brigantine Zweimastiger Großsegler, dessen vorderer Mast mit Rahsegeln und dessen Großmast mit Schratsegeln und an der Großmarsstenge mit Rahsegeln getakelt ist.

Brigg Zweimastiger Großsegler, dessen Masten voll getakelt, also nur mit Rahsegeln ausgerüstet sind; der untere Teil des Großmastes führt zusätzlich ein Schratsegel.

Bugspriet Kräftige Spiere, die vom Bug oder der Vorderseite des Schiffes nach vorn zeigt.

Bukaniere Ursprünglich Name für die Jäger verwilderter Rinder und Schweine auf Hispaniola, später für die Piraten und Freibeuter verwendet, die in der zweiten Hälfte des 17. Jahrhunderts in Westindien und an den Küsten Zentral- und Südamerikas Schiffe und Küstenstädte plünderten.

Drehbasse Kleines, auf eine drehbare Gabel montiertes Geschütz, das meist auf die Reling eines Schiffes montiert wurde.

Faden Längenmaß (1,83 m) zur Bestimmung der Wassertiefe.

Flaggschiff Von einem Admiral kommandiertes Schiff, das die Admiralsflagge führt.

Fockmast Der vordere Mast eines Segelschiffes.

Gaffelsegel Viereckiges Schratsegel.

Großschot Leine an der unteren Ecke des Großsegels, mit der das Segel bedient wird.

Jungfer Runde Holzscheibe mit drei Löchern, diente zum Steifsetzen der Wanten.

Kalfatern Die Ritzen zwischen den Planken mit Werg und Pech abdichten.

Kaperbrief Staatliche Ermächtigung, mit einem bewaffneten Schiff gegnerische Handelsschiffe aufzubringen. Ausgestellt wurde der Brief in Großbritannien und den britischen Kolonien vom Monarchen, vom Großadmiral oder vom Gouverneur einer Kolonie.

Kaperschiff Bewaffnetes Schiff, dessen Kapitän und Mannschaft durch einen staatlichen Kaperbrief befugt waren, Kauffahrer eines gegnerischen Landes zu kapern.

Kielholen Ein Schiff auf die Seite legen, um den Rumpf von Tang und Entenmuscheln zu säubern.

Korsar Pirat oder Freibeuter im Mittelmeer. Die berühmtesten Korsaren kamen von der Berberküste Nordafrikas; sie waren von den Herrschern ihrer Staaten beauftragt, christliche Kauffahrer zu überfallen.

Kutter Kleines einmastiges Schiff, dessen Großsegel, Fock und Klüver Schratsegel sind. Im 18. Jahrhundert hatte ein Kutter außerdem meist noch ein Marssegel.

längsschiffs In Längsrichtung des Schiffes, von vorn nach achtern.

Lee Richtung, in die der Wind weht, dem Wind abgekehrte Seite.

Leeküste Küste, auf die der Wind weht; für Segelschiffe vor allem bei Sturm gefährlich.

Linienschiff Kriegsschiff, das groß genug ist, in der Schlacht einen Platz in der Linie der dicht hintereinander fahrenden Schiffe einzunehmen; zu Anfang des 18. Jahrhunderts fielen darunter Schiffe 1. bis 4. Ranges mit 50 bis 100 Kanonen.

Marssegel Segel, das über dem untersten Segel eines Mastes an der Marsstenge gesetzt wird.

Pinke Handelsschiff mit geringem Tiefgang und sehr schmalem Heck, verschieden getakelt als Brigg, Sloop oder Vollschiff. Die britische Navy setzte Pinken als bewaffnete Transportschiffe ein. Die Bezeichnung wird auch für ein holländisches Fischerboot mit rahgetakeltem Großsegel und manchmal Breitfock verwendet, wie es an der Küste bei Scheveningen gebaut wurde.

Rah An der Vorderkante des Mastes befestigte lange Spiere, die das Segel hält.

Rahnock Das freie Ende einer Rah.

Rahtakelung Die Hauptsegel stehen quer zur Längsachse des Schiffes und hängen an waagrecht am Mast befestigten Rahen (im Unterschied zu Schratsegeln).

Rang Kriegsschiffe wurden nach der Zahl der Kanonen, die sie führten, in sechs Klassen eingeteilt. Im frühen 18. Jahrhundert hatte ein Schiff 1. Ranges 100 Kanonen, ein Schiff 2. Ranges 90, ein Schiff 3. Ranges 70 bis 80, ein Schiff 4. Ranges 50 bis 64, ein Schiff 5. Ranges 28 bis 40 und ein Schiff 6. Ranges 12 bis 24.

Ruderpinne Hebel, mit dem das Ruder geführt und das Schiff gesteuert wird.

Schanzkleid Niedrige Wand entlang der Seiten des Decks.

Schoner Schiff mit zwei Masten und Schratsegeln. Einige Schoner hatten am Fockmast oder an beiden Marsstengen Marssegel.

Schot An der unteren Ecke eines Segels befestigtes Tau zur Bedienung des Segels.

Schott Senkrechte Trennwand im Rumpf eines Schiffes.

Schrattakelung Besteht hauptsächlich aus Schratsegeln, d. h. Segeln, die im Unterschied zu Rahsegeln in Richtung der Längsachse des Schiffes liegen.

Sloop Einmastiges Schiff mit Schratsegeln (Großsegel und ein Vorsegel). Im 18. Jahrhundert wurden damit auch kleinere Schiffe bezeichnet, die auf dem Oberdeck vier bis zwölf Kanonen führten und ein bis drei Masten hatten. Eine Beschreibung der westindischen Sloop findet sich im 9. Kapitel.

Snow Zweimastiges Schiff ähnlich einer Brigg; beide Masten sind rahgetakelt, doch der Besan (das Gaffelsegel am Heck, auch Treiber genannt) sitzt an einem eigenen Snowmast hinter dem Großmast.

Spiere Allgemeine Bezeichnung für ein Rundholz (etwa eine Rah) mit Ausnahme des Mastes.

Steuerbord Rechte Seite eines Schiffes, von achtern nach vorn gesehen.

Talje Flaschenzug aus Tauwerk und Rollen (Blöcken), um schwere Lasten zu heben und um die Leinen des laufenden Guts leichter bedienen zu können.

Vollschiff Segelschiff mit drei Masten, die nur Rahsegel führen. Bei mehr Masten muß die Anzahl der rahgetakelten Masten mitgenannt werden (z.B. Fünfmastvollschiff).

wenden, über Stag gehen Kursänderung eines Segelschiffes; der Bug des Schiffes wird durch den Wind gesteuert, bis der Wind von der anderen Seite des Schiffes kommt.

Wanten Tauwerk, das zum stehenden Gut gehört und der seitlichen Verspannung des Mastes dient.

Bibliographie

Die Bibliothek des Londoner National Maritime Museum enthält über 400 Bücher und Aufsätze zur Piraterie und zur Freibeuterei. Die Library of Congress in Washington bietet eine ähnlich große Auswahl. Die gedruckten Bände der *Calendar of State Papers, Colonial Series, America and West Indies* enthalten die einschlägige Korrespondenz zwischen den Gouverneuren der Kolonien und dem Londoner Ministerium für Handel und Plantagen. Über Piratenüberfälle und Prozesse gegen Piraten berichten zeitgenössische Zeitungen, von denen viele auf Mikrofilm in der Library of Congress und der Außenstation der British Library in Colindale aufbewahrt werden. Weitere Informationen über Piraten finden sich in Logbüchern, Briefen von Kapitänen, Prozeßakten und eidlichen Aussagen von Seeleuten und Opfern von Piraten, die in den Sammlungen des Public Record Office in der Chancery Lane und in Kew aufbewahrt werden. Hinweise auf von mir verwendete Bücher und Dokumente finden sich in den Anmerkungen der einzelnen Kapitel. Es folgt eine Liste ausgewählter Bücher zur weiterführenden Lektüre.

Piraten in Literatur und Film

Backschreider, Paula R., *Daniel Defoe, His Life*. Baltimore und London 1989.
Ballantyne, R. M., *Im Banne der Koralleninsel*. Wien und Heidelberg 1961.
Barrie, J. M., *Peter Pan*. Düsseldorf 1964.
– *Peter Pan und Wendy*. Bukarest 1972.
Bell, Ian, *Robert Louis Stevenson: Dreams of Exile*. London 1992.
Birkin, Andrew, *J. M. Barrie and the Lost Boys*. London 1979.
Brogan, Hugh, *The Life of Arthur Ransome*. London 1984.
Byron, Lord, *Der Korsar*, in: *Sämtliche Werke*, Bd. 1. München 1977.
Calder, Jenni, *RLS, a Life and Study*. London 1980.
Colvin, Sydney, Hg., *The Letters of Robert Louis Stevenson*. London 1895.
Defoe, Daniel, *Leben und Abenteuer des berühmten Kapitäns Singleton*. Stuttgart 1842.
– *Robinson Crusoe*. München 1975.
du Maurier, Daphne, *Die Bucht des Franzosen*. Zürich 1957.
Flynn, Errol, *My Wicked, Wicked Ways*. London 1960.
Gilbert, W. S., und Sullivan, Arthur, *The Pirates of Penzance, or the Slave of Duty* (Londoner Premiere 1880).
Green, Roger Lancelyn, *Fifty Years of Peter Pan*. London 1954.
Haill, Catharine, *Dear Peter Pan*. London 1983.
Johnson, Charles, *The Successful Pirate*. London 1713.

McLynn, Frank, *Robert Louis Stevenson*. London 1993.

Marryat, Frederick, *Der Pirat*, in: *Sämmtliche Werke*, Bd. 5. Stuttgart 1843.

Moore, John Robert, *Daniel Defoe, Citizen of the Modern World*. Chicago 1958.

Parish, James Robert, und Stanke, Don E., *The Swashbucklers*. New York 1976.

Ransome, Arthur, *Swallows and Amazons*. London 1930.

Richards, Jeffrey, *Swordsmen of the Screen*. London und Boston 1977.

Robertson, James C., *The Casablanca Man: The Cinema of Michael Curtiz*. London und New York 1993.

Rutherford, Andrew, *Byron: The Critical Heritage*. London 1970.

Sabatini, Rafael, *Der schwarze Schwan*. München 1949.

– *Der Seefalke*. Wien 1948.

– *Peter Bluts Odyssee*. Leipzig 1929.

Scott, Sir Walter, *Der Pirat*, in: *Sämmtliche Werke*, Bd. 3. Stuttgart 1851.

Stevenson, Robert Louis, *Die Schatzinsel*. Zürich 1971.

Thomas, Tony, *The Complete Films of Errol Flynn*. New York 1990.

Wardale, Roger, *Nancy Blackett: Under Sail with Arthur Ransome*. London 1991.

Piraten in der Geschichte

Andrews, Kenneth, *The Spanish Caribbean: Trade and Plunder 1530–1630*. New Haven 1978.

Baker, William A., *Sloops and Shallops*. Barre, Mass., 1966.

Barlow, Edward, *Barlow's Journal of His Life at Sea in King's Ships, East and West Indiamen and Other Merchantmen from 1659–1703*, hrsg. von Basil Lubbock. London 1934.

Black, Clinton V., *Pirates of the West Indies*. Cambridge und New York 1989.

Botting, Douglas, *The Pirates*. Amsterdam 1978.

Brooks, Graham, *The Trial of Captain Kidd*. London und Toronto 1930.

Burg, B. R., *Sodomy and the Pirate Tradition: English Sea Rovers in the Seventeenth-Century Caribbean*. New York und London 1984.

Chambers, Anne, *Granuaille: The Life and Times of Grace O'Malley c1530–1603*. Dublin 1979.

Clifford, Barry, und Turchi, Peter, *The Pirate Prince: Discovering the Priceless Treasures of the Sunken Ship Whydah*. New York und London 1993.

Dampier, William, *Dampier's Voyages*, hrsg. von John Masefield. London 1906.

Davis, K. G., *The Royal Africa Company*. London und New York 1970.

Dow, George Francis, und Edmonds, John Henry, *The Pirates of the New England Coast 1630–1730*. Salem, Mass., 1923.

Drury, Robert, *Madagascar; or Robert Drury's Journal During Fifteen Years Captivity on That Island*. London 1897.

Earle, Peter, *The Sack of Panama*. London 1981.

– *Corsairs of Malta and Barbary*. London 1970.

Ellen, Eric, *Piracy at Sea*. International Maritime Bureau, London 1992.

Exquemelin, A. O., *De Americaensche Zee-rovers,* Amsterdam 1678. Ich habe die 1923 in London und New York unter dem Titel *Esquemeling, The Buccaneers of America* von W. S. Stallybrass herausgegebene Ausgabe verwendet. Dt.: *Das Piratenbuch von 1678,* Tübingen und Basel 1968.

Gilkerson, William, *Boarders Away II: The Small Arms and Combustibles of the Classical Age of Fighting Sail, 1626–1826.* Lincoln, R. I., 1993.

Gosse, Philip, *The History of Piracy.* Erstveröffentlichung 1932, Nachdruck als Taschenbuch New Mexico 1990.

Griffiths, Arthur, *The Chronicles of Newgate.* London 1884.

Harland, John, *Seamanship in the Age of Sail: An Account of the Shiphandling of the Sailing Man-of-War 1600–1860.* London 1984.

Hill, Charles, *Notes on Piracy in Eastern Waters.* Bombay 1923.

Howse, Derek, und Thrower, Norman, *A Buccaneer's Atlas, Basil Ringrose's South Sea Waggoner.* Berkeley und Los Angeles 1992.

Johnson, Charles, *A General History of the Robberies and Murders of the Most Notorious Pyrates.* London 1724. Das Buch ist in zahlreichen Ausgaben erschienen. Ich habe die von Manuel Schonhorn herausgegebene Fassung unter dem Titel *A General History of the Pyrates* verwendet; dort ist als Autor Daniel Defoe genannt (London 1972, zahlreiche Anmerkungen); dt. Teilübersetzung: *Eine allgemeine Geschichte der Piraten,* Münster und New York 1996. Weitere Übersetzung: *Leben und Thaten der berühmtesten Straßen- und Seeräuber,* Leipzig 1817.

Lavery, Brian, *The Ship of the Line,* Bd. I: *The Development of the Battle Fleet 1650–1850.* London 1983.

– *The Arming and Fitting of English Ships of War, 1600–1815.* London 1987.

Lee, Robert E., *Blackbeard the Pirate: A Reappraisal of His Life und Times.* North Carolina 1974.

Linebaugh, Peter, *The London Hanged: Crime and Civil Society in the Eighteenth Century.* London 1991.

Lloyd, Christopher, *English Corsairs on the Barbary Coast.* London 1981.

Lucie-Smith, Edward, *Outcasts of the Sea.* London 1978.

Lyon, David, *The Sailing Navy List. All the Ships of the Royal Navy – Built, Purchased and Captured – 1688–1860.* London 1993.

Marley, David F., *Pirates and Privateers of the Americas.* Santa Barbara, Kalif., 1994.

Middleton, Arthur, *Tobacco Coast: A Maritime History of Chesapeake Bay in the Colonial Era.* Baltimore 1984.

Mitchell, David, *Pirates.* London 1976.

Murray, Dian H., *Pirates of the South China Coast 1790–1810.* Stanford, Kalif., 1987.

National Maritime Museum, *Piracy and Privateering,* Bd. IV des Katalogs der Bibliothek des National Maritime Museum. London 1972.

Pawson, Michael, und Buisseret, David, *Port Royal, Jamaica.* Oxford 1975.

Platt, Richard, *Piraten.* Hildesheim 1995.

Pringle, Patrick, *The Jolly Roger: The Story of the Great Age of Piracy.* London 1977.

Pope, Dudley, *Henry Morgan's Way: The Biography of Sir Henry Morgan 1635–1684.* London 1977.

Rediker, Marcus, *Between the Devil and the Deep Blue Sea: Merchant Seamen, Pirates, and the Anglo-American Maritime World*. Cambridge und New York 1987.

Ritchie, Robert C., *Captain Kidd and the War Against the Pirates*. Cambridge, Mass., und London 1986.

Rodger, N. A. M., *The Wooden World: An Anatomy of the Georgian Navy*. London 1986.

Rogers, Woodes, *A Cruising Voyage Round the World*, hrsg. von G. E. Manwaring. London 1928.

Senior, Clive, *A Nation of Pirates: English Piracy in Its Heyday*. Newton Abbot, London und New York 1976.

Shomette, Don, *Pirates on the Chesapeake: Being a True History of Pirates, Picaroons and Sea Raiders on Chesapeake Bay, 1610–1807*. Maryland 1985.

Uring, Nathaniel, *The Voyages and Travels of Captain Nathaniel Uring*, hrsg. von A. Dewar. London 1928.

Vanderbilt, Arthur T., *Treasure Wreck: The Fortunes and Fate of the Pirate Ship Whydah*. Boston 1986.

Villar, Roger, *Piracy Today*. London 1985.

Wheelright, Julie, *Amazons and Military Maids*. London 1989.

Williams, Neville, *The Sea Dogs: Privateers, Plunder and Piracy in the Elizabethan Age*. London 1975.

– *Captains Outrageous: Seven Centuries of Piracy*. London 1961.

Wilson, Derek, *The World Encompassed: Drake's Great Voyage, 1577–1580*. London 1977.

Bildquellen

Privatsammlung: S. 11, 20, 126, 153, 166

National Portrait Gallery, London: S. 22, 87

National Maritime Museum, Greenwich: S. 24, 53, 65, 66, 91, 152 oben, 156, 203, 213

Peter Newark's Historical Pictures: S. 56, 179

Delaware Art Museum, Wilmington: S. 131, 183

United State Lighthouse Board: S. 152 unten

British Film Institute: S. 161

E. T. Archive, London: S. 185

Mary Evans Picture Library: S. 209

Falls es uns nicht gelungen ist, alle Rechteinhaber zu ermitteln, bitten wir diese, sich mit uns in Verbindung zu setzen.

Namen- und Sachregister

Dieses Register enthält verschiedene Namen und Begriffe, die wie folgt gekennzeichnet sind:

London Orte
Stevenson Namen von Personen, Firmen oder Organisationen
Hispaniola Namen von Schiffen, Zeitschriften, Filmen oder literarischen Werken
<u>Sloop</u> Sach- und Fachbegriffe